一个人，遇见一本书

TopBook

颦书客

TopBook
饕书客

叶舒宪
学术文集

现代性危机与文化寻根

XIANDAIXING WEIJI YU
WENHUA XUNGEN

叶舒宪
著

陕西新华出版传媒集团
陕 西 人 民 出 版 社

图书在版编目（CIP）数据

现代性危机与文化寻根 / 叶舒宪著 . —西安：陕西人民出版社，2019

ISBN 978-7-224-13350-9

Ⅰ. ①现… Ⅱ. ①叶… Ⅲ. ①文化研究—世界 Ⅳ. ① G112

中国版本图书馆 CIP 数据核字（2019）第 193075 号

出 品 人 | 宋亚萍
出版统筹 | 关 宁 韩 琳
策划编辑 | 王 凌 张启阳
责任编辑 | 王 倩 晏 藜
整体设计 | 开朗文化

饕书客

微信扫一扫，关注饕书客

现代性危机与文化寻根

作　　者 叶舒宪
出版发行 陕西新华出版传媒集团 陕西人民出版社
（西安北大街 147 号 邮编：710003）
印　　刷 中煤地西安地图制印有限公司
开　　本 787mm × 1092mm 1/16
印　　张 21
字　　数 280 千字
版　　次 2020 年 8 月第 1 版
印　　次 2020 年 8 月第 1 次印刷
书　　号 ISBN 978-7-224-13350-9
定　　价 78.00 元

如有印装质量问题，请与本社联系调换。电话：029-87205094

叶舒宪

北京人，文学博士。

现任上海交通大学资深教授。

曾任中国社会科学院比较文学中心主任、研究员。

兼任中国民间文艺家协会副主席、文学人类学研究会会长、中国比较文学学会副会长。

1999—2000 年美国耶鲁大学客座教授；

2001 年英国学术院、剑桥大学访问教授；

2003 年、2010 年荷兰皇家学院访问教授；

2009 年台湾中兴大学客座教授。

著作有《玉石神话信仰与华夏精神》《图说中华文明发生史》等 50 种，译著 7 种。

丛书总序

GENERAL PREFACE

1966年夏，我挥泪作别生活了12个年头的首都北京，独自登上绿皮火车，观望着“西去列车的窗口”，转学来到陕西西安。这便是个人命运中与陕西这个省份结缘的开端。当时根本无法预料的是，1971年从西安市第四十一中学毕业时，本应随应届毕业生去安康修三线铁路，但因为体重不足80斤，没有去成安康，阴差阳错地被分配到昆仑机械厂当工人。1977年侥幸通过十年空缺后刚恢复的高考，1978年春季步入大雁塔南侧高校；1982年毕业留校任教。直到1993年“自我流放”海南岛，我连续在陕西生活了27个年头，其间只有一年在北京师范大学学习，半年在北京语言大学修英语，还有半年在澳大利亚访学。

这里的个人学术文集，是我早年写的十部书汇总，其中多为学术著作，有六部在上世纪90年代出过第一版，2005年由陕西人民出版社再版，作为“新世纪学术文存”的个人著作选粹。当时再版的六部书是：

1.《英雄与太阳：中国上古史诗原型重构》，上海：上海社会科学院出版社，1991年。

2.《中国神话哲学》，北京：中国社会科学出版社，1992年。第二版，社会科学文库版，1997年。

3.《〈诗经〉的文化阐释——中国诗歌发生研究》，武汉：湖北人民出版社，1994 年。

4.《高唐神女与维纳斯——中西文化中的爱与美主题》，北京：中国社会科学出版社，1997 年。

5.《〈庄子〉的文化解析——前古典与后现代的视界融合》，武汉：湖北人民出版社，1997 年。

6.《老子的文化解读》，与萧兵合著，武汉：湖北人民出版社，1994 年。

以上六书，除了合著的《老子的文化解读》一书，将本人单独写的部分提取出来，改名《老子与神话》再版之外，其他五部书都是原样再版的。此次承蒙陕西人民出版社的厚意，再度给我的学术著作结集出版，并在以上六书之外，又增加了 21 世纪初出版的四部书：

7.《两种旅行的足迹》，上海：上海文艺出版社，2000 年。

8.《耶鲁笔记》，厦门：鹭江出版社，2002 年。

9.《千面女神——性别神话的象征史》，上海：上海社会科学院出版社，2004 年。

10.《现代性危机与文化寻根》，济南：山东教育出版社，2008 年。

其中两部是学术随笔：《两种旅行的足迹》是讲述 20 世纪 90 年代访学澳大利亚、加拿大和美国的见闻和札记。这次再版又补充了 21 世纪初年访学英伦的若干则笔记。《耶鲁笔记》是 1999 年笔者调入中国社会科学院后在美国耶鲁大学短期任教时的学术随笔集。另外两部则是学术专题著作：《千面女神——性别神话的象征史》，是笔者第一次尝试出版的图文并茂之书，根据在耶鲁大学期间收集到的资料，用数百幅彩图呈现世界各地女神的风采，并从学术上描述当代风起云涌的女神复兴运动。《现代性危机与文化寻根》则是我从海南大学调入中国社会科学院后，与文学研究所所长杨义先生共同主持的第一个院重大项目中，由本人撰写的当代文化理论专题著作。

这十部书，从1980年代最早写出的《英雄与太阳》和《中国神话哲学》，到2008年的《现代性危机与文化寻根》，前后历时约20年，总体上可以呈现出个人所经历的学术成长之路：从早年学习马克思主义原著（本人在1983年发表的学士学位论文是《马克思主义人学初探》），转向全面关注和译介当代西方文学理论，曾经特别关注的三大文学理论流派是神话—原型批评、结构主义、精神分析。本人早年的学术起步期，除了马克思、恩格斯的原著之外，也深受这三大理论流派的影响。如《英雄与太阳》和《中国神话哲学》两书，表现出神话—原型理论和结构主义理论相互融合的深刻印记；而《高唐神女与维纳斯》《〈诗经〉的文化阐释》等，则带有浓重的精神分析理论的色彩。直到同时期或稍后写的《太阳女神的沉浮——日本文学中的女性原型》《阉割与狂狷》，以及在海南大学时主编的《文学与治疗》《性别诗学》等，仍然透露出相当强烈的精神分析、女性主义或性别研究加文化分析的治学倾向。

正是由于常年沉浸在多种理论与方法思路的训练和运用实践中，因此个人在问学道路上能有某种博采众长的经验积累，给后来的文学人类学一派跨学科研究，并努力创建中国版的文化理论体系，带来某种必要的前提条件。如今回头看，要总结归纳出以上十部书的共同旨趣，那就是为2009年正式提出“神话中国”理论命题，做出的前期铺垫和理论准备。从新兴交叉学科的意义看，则是给具有中国本土特色的人文新学科——文学人类学——的问世，所做的问题探索和个案研究尝试。

2010年夏，笔者在上海交通大学创建文学人类学研究中心。2017年冬，在文学人类学研究中心基础上，又组建起神话学研究院。2019年4月，神话学研究院协同中国社会科学院比较文学研究中心主办的学术专刊《神话中国》在北京的三联书店问世。其宗旨是拓展并完善文学人类学派独家倡导的“神话中国”理论：神话并不是归属于文学的一个子类；神话是文史哲、宗教、政治、艺术等意识形态的共同源头。神话讲述活动大大早于文字的起源，它先是伴随着人类语言叙述能力的口传文化传统，在文字起源后衍生为书面记录的最早的重要内容。驱动神话发生发展的是初民的信仰观念和想象。

“神话中国”论旨在突显中国文化的上古时期并没有经历类似古希腊文明的哲学—科学突破为标志的“轴心时代”，中国文化的特征是自古及今都被神话思维、神话观念和神话信仰所笼罩，包括“中”的神话地理观和“国”的神话政治观。主体民族“汉”的命名则起源于“天汉”的神话天文观。如果说中国有哲学，那一定是某种大大有别于西方哲学形而上思维传统的“神话哲学”；中国的正史则是一部名副其实的不断延续的“神话历史”。“神话中国”的第一神山昆仑，充分体现着华夏文明独有的万年玉石神话信仰驱动的国家级的资源依赖现象，其原型是盛产全球最优质透闪石玉即和田玉的新疆南疆“于阗南山”。从于阗南山即昆仑地区向中原文明输送和田玉的历史，便成为一部“玉成华夏”的4000年国史，其运输路径则成为德国人命名的“丝路”之中国本土原型。

回到对“丝路”的学术认知方面，正是在30年前陕西西安举办的一次学术会议（1989年6月，陕西师范大学中外文化研究交流中心举办的“长安、东亚、环太平洋国际学术研讨会”）上，笔者提交的论文《文化研究中的模式构拟方法——以传统思维定向模式为例》，基于对传统思维“东向而望”的定向模式的反思与超越意识，倡导一种向中国西部开放的反潮流新理念，并正式提出“重开丝绸之路”的理论设想。就连精神分析学的顶级释梦专家也不会预料到，30年前一个西部书生的斗胆梦想，竟然变成如今举世瞩目的现实景观。

如果说“神话中国”论要开启对中国文化的深度认知新境界，那么这种深度认知的模型，一定是始于30多年译介神话—原型理论和结构主义方法时摸索出的“模式构拟”研究范式。所不同的是，如今的“模式构拟”已经完全依据本土文化传统的现实，升格为前文字时代“大传统”与文字书写时代“小传统”对接的文化理论体系。

以上对这十部书的来龙去脉的简要回顾，或已引出某种学术发展的前瞻意识。窃以为，在如今这个文化变迁速率大大超常的时代，治学者十分需要的就是这种基于学术史自觉的前瞻能力。

是为序。

作　者

2019 年 4 月 25 日于上海

目录
CONTENTS

INTRODUCTION

引论

新启蒙

——文化寻根与20世纪思想的转向

- 现代性危机？文明危机？
- 作为新启蒙的文化寻根
- 20世纪思想的重大转向

一、现代性危机？文明危机？

带着忧患意识审视新世纪全球文化格局，首先不能不承认：现代性带来的危机以前所未有的明晰形式爆发出来了。从更深广的背景看，现代性的危机之终极根源是文明本身的危机，是人类自 5000 年前迈入文明门槛以来渐渐累积的，症结在人口与资源环境的矛盾空前激化情况下的大发作。

21 世纪伊始的“9・11”事件是促使人们改变现代性思考方式和观念的一个重要契机。

能否应对这种文明的危机，意味着我们人类整体性地面临着当年哈姆雷特式的选择：生存还是毁灭，这就是问题所在。

用更加明晰的表达方式，这问题就是：“一直到我们这一代，没有人有理由为下一代担忧。我们真的担忧：他们活得下去吗？他们能有一个值得生活的行星居住吗？这些问题涉及我们子女的前途，我们是第一个必须面对这些问题的一代。”[1]

20 世纪人类思想大转变所留下的资源是我们面对新世纪时的思考起点，也是应对危机的智慧倚仗。本书尝试从文化寻根的思路梳理这些宝贵的思想资源。

“世纪”作为西方文明中出现的人为的纪年尺度，本来没有多少跨文化的普遍性。就像吸烟从美洲印第安人的一个文化中的行为传播发展成为全人类性的行为，我们习以为常，以为是普遍性的现象，不会怀疑它的来源和合法性。既然如此，我们姑且用“世纪”为单位来考察文化的变迁迹象吧。新世纪如果从 2001 年算起，至今只有区区 4 年时间（该文写于 2005 年）。但是，

[1] 杰拉德・戴蒙德：《第三种猩猩——人类的身世与未来》，王道还译，海南出版社，2004 年，第 325 页。

这 4 年内发生的事件，足以令我们如梦初醒一般，对全球文化格局的认识发生巨大的转向。

如果说地球是茫茫宇宙中已知的唯一产生了生命的星球，那么，这个星球上的高级生命物种在 21 世纪的开端经历的严峻、残酷的考验是前所未有的，超出了以往的任何预测和想象。

2001 年的“9・11”事件：世界文明最高的象征——纽约世界贸易大厦双子塔在美国民航客机的撞击之下，瞬间化为瓦砾。全球的电视观众就好像观看电子游戏一样目睹了这场文明自我毁灭的直播场面。那冒烟而坍塌的摩天楼给世人留下的创伤记忆之深之广，实际上已经大大超过了 20 世纪任何一次文明自我毁灭的浩劫，不论是德国纳粹的奥斯威辛集中营，还是广岛和长崎的原子弹蘑菇云。

2003 年，世界上空前流行飞沫恐惧症，非典型肺炎的瘟疫及其恐慌似乎从天而降，一时间人心惶惶，千万人口的大都市变得万人空巷；2004 年的人们则在“非典”恐惧的阴影未消之际，莫名其妙地迎来了又一场国际性大瘟疫：媒体套用一部小说的名字“一地鸡毛”来形容这场肆虐亚洲的禽流感带来的凄凉景致。两年之间，大众不得不跟随传播媒体迅速适应和接受一系列诸如“扑杀”“消毒”“隔离”之类的新兴关键词。从 20 世纪的疯牛病、口蹄疫到新世纪的 SARS 和禽流感，大规模的集约化生产方式和高密度的人口生活与流动所造成的灾难之严重性，足以引起所有人的警觉！现代化生产生活方式的风险性质，终于从社会理论教科书上的推理，变成我们每个社会成员眼下的现实。

二、作为新启蒙的文化寻根

正是在这种涉及生存与毁灭的危机征兆中，文化寻根成为 20 世纪后期最具有普遍性、世界性的文化运动，像“新时代运动”（New Age Movement），实际上已经波及全球的宗教、政治、经济、文学、艺术，乃至社会生活的各个方面。然而，国内理论界以及广大公众对这一影响巨大的文化运动尚缺乏整体性的认识和深入的了解。本书针对这种缺失，提出从对现代性危机的回应这个理论高度来理解文化寻根运动的思路，从几个重要方面勾勒出文化寻根思潮的整体轮廓，总结其所体现的西方价值观念的突出变化特征，为新世纪全球化格局下的中国文化发展战略提供积极的理论反思性参照。

从反现代性和反叛西方资本主义发展道路的高度审视全球性的文化寻根思潮，可以把寻根的实质理解为西方文化再认同的过程。形形色色的“文化他者”成为西方人反思与再认同的镜子。而对非西方的民族国家来说，文化寻根可以视为对全球化的逆向反应，用社会学家罗兰·罗伯森的术语，又可以称为“全球地方化”（glocalization）[1]的具体表现。这个词由“全球化”与“地方化”两个词根组合而成，浓缩了相辅相成的两种倾向之间的张力，具有辩证的说服力，可以避免单向思维的偏执和盲视。从这种辩证的意义上看，非西方民族国家当代的文化寻根，也不妨理解为回应全球化冲击的本土文化自觉过程。

就西方社会自身而言，文化寻根与文化再认同分别在以下几个层面展开。

针对欧洲中心主义、白人种族主义、男性中心主义和文明优越主义的复合性价值体系，当代寻根运动者反思和批判的锋芒也主要集中在种族、地理、历史观、性别、宗教和文明起源诸方面。形形色色的“文化他者”成为文化反思与再认同的镜子。

下面是笔者概括的西方文化寻根思潮与运动的一些主要分支潮流：

[1] 罗兰·罗伯森：《全球化：社会理论和全球文化》，梁光严译，上海人民出版社，2000年，第249—250页。

1.“黑色风暴”。比如，从种族再认同方面看，西方文化寻根运动中有一股以黑非洲“文化他者”为再认识焦点的思想流派，笔者称之为一场“黑色风暴”。为了针对白人种族主义和欧洲中心主义的长久统治，寻根运动则在白人居住的欧洲大陆之外寻找更深远的文明脉络，重构在东方古文明播化、殖民、影响下的西方文明发生史的轮廓，揭示在欧洲中心主义想象支配下的观念生产与知识生产逻辑。较为激进的观点认为，连基督教的核心形象耶稣也应当被溯源到黑非洲文化传统中去。[1]

2. 凯尔特复兴。针对白人人种内部盎格鲁—日耳曼种族优越论，发掘和复兴西方文化自身的非主流的少数族裔文化他者的传统，用以抗衡种族主义价值观。例如，在美国 NBA 篮球赛和苏格兰超级足球赛都可以看到“凯尔特人队”这样的命名。然而，这种命名的深刻历史蕴涵和文化蕴涵却不是一般观众能够理解的。其实，它与 20 世纪凯尔特文化复兴运动具有内在的联系。该运动的宗旨就是要在希腊罗马文明和希伯来文明之外重新确认对于西方传统同样重要的凯尔特文化。

3. 女神复兴。受到 20 世纪风起云涌的女性主义思想洗礼，从性别学的立场反思 5000 年以来确立的父权制文明的统治与压迫，希望在阳刚的、暴力的、攻击性文化价值之外找回史前的女神文明的阴柔的、和平的价值，同时恢复女神信仰时代尊重大地母亲、自然母亲的古老生态智慧，这是当代思想中女性主义和生态主义两大势力逐渐合流的深刻原因。我们也因此将作为文化寻根之一翼的女神复兴运动看成 20 世纪思想史上的生态转向和原始转向的双重作用之标志。从性别立场看，是借重新发掘远古的女神来对抗父权制的男神中心神谱；从生态立场看，是要复兴男性文明价值建立以前的更加符合自然状态的生命观与敬畏情怀，使今日百孔千疮的地球母亲得以在工业

[1] 参看拉尔夫・伊利斯：《耶稣：最后的法老》，李旭大译，陕西师范大学出版社，2003 年。

文明的摧残浩劫之下保持生命存续的可能。[1]

4. 东方转向。既然认为导致现代性的西方自身的传统并不是人类未来唯一的和完美的生存选择方向，那么，向西方文明以外的人类传统寻求新的价值就成为顺理成章的事情。于是，20 世纪的学院派精英思想家与民间有识之士不约而同地把希望的目光转向东方文化，乃至更加广义的非西方文化，寻求拯救现代文明病症的异文化药方，以及引导人类走出物质主义和消费主义生活误区的路径。这是新时代的又一场启蒙运动。对于盲目追随西方现代性道路的东方国家尤其值得格外的关注和自我反思。

苏格兰的新时代思想家雷米苏瑞尔（Peter Lemesurier）所著《新时代的事业》一书第二章标题为“现在重新来：东方的时代”，其中指出，如果有世界上大多数最古老的先知传统都认同的一个观点，那就是：“事物在变好之前，不得不变坏！”这种循环的世界历史观与我们今天信奉的直线进步观不同。相比之下，在思想渊源方面，循环历史观要比进步历史观更加古老也持久得多。[2]进一步的审视可以发现，直线历史观是典型的西方文化的产物，而循环观则是源远流长的、东方特色的，包括世界另外的部分的更古老的传统——如美洲。按照循环的历史看法，如果说未来有千年审判和黄金时代，那么，现存的文明是必须面对毁灭的“地面上的地狱时代”。从但丁的《神曲》叙事模式中我们已经知道，地狱和炼狱是通向天堂的必要途径。新时代人已经将 2001 年的千禧年转折当作新循环周期开始的时间标志了。也就是说，接下来的时代是“东方的时代”（The Ages of the Orient）。像印度圣者克里希那穆提（J·Krishnamrti，1895—1986）的灵性教诲著作先是风靡北美，后被翻译成 47 国文字在全球流行，似乎可以预示新时代人如何殷切期待“东方的时代”之到来。

---

[1] 参看叶舒宪：《千面女神——性别神话的象征史》，上海社会科学院出版社，2004 年。

[2] Peter Lemesurier，This New Age Business， Findhorn Press，1990，pp.24—37.

5. 原始转向。从西方文明的开端古希腊时代起就有所谓“原始主义”的文化怀旧情结。由于现代文化人类学的拓展，西方人关于原始文化的认识发生了根本的转变，作为文化他者、殖民征服对象和传教对象的原始人（原始文化），第一次成为陷入现代性危机而不能自拔的西方人需要重新学习和效法的正面形象。西方关于原始人形象与价值的这种一百八十度的转变是非常深刻的。这种作为天人合一榜样的原始人形象，也是给试图追随西方资本主义道路的后发展国家提供的文化多样性生存的选择范例。使其在现代性与本土文化的两种生存方式之间有了重新加以权衡选择的参照契机和可贵空间。

6. 生态转向。无论是生态女性主义呼唤的女神复兴，还是东方转向和原始转向所追求的非西方价值观念，都与重建西方人的自然观与世界观的强烈需求息息相关。这种观念的重建是以如下意识觉醒为前提的：西方传统观念所导致的人与自然的对立成为现代性危机的一个深层的根源。所以价值观的重建意味着西方思想有史以来最深刻的一次生态转向。

以上六个方面的文化寻根的表现并不是截然孤立的现象，而是相互交织与呼应的文化潮流。它们共同体现着20世纪后期西方思想回应资本主义和现代性危机的重要变革趋势，或者可以进一步简化概括，称之为“三大转向”，即：东方转向、原始转向和生态转向。西方思想的这三个重要转变势必影响到21世纪的世界文化走向的基本格局和内在张力，对于非西方的民族国家的文化发展战略具有非常必要的和及时的参考意义。

经历了这三重思想转向的洗礼之后，人们终于第一次明确意识到：现代社会的根本弊端在于它必然在资本和利润的追逐中彻底改变亘古以来的人与自然的均衡关系，以及人与人之间的关系，从而将人类引向无法在这个地球上持续生存的危险境地，更谈不上什么“可持续发展”了。我们在几个世纪的现代性角逐中付出了资源枯竭和环境破坏的巨大代价之后，今天总算有了关于“增长”和“发展”之极限的认识。

回顾世界性的文化寻根思潮大背景，有必要从现代性的起源与反思入手。西方社会科学的奠基人、现代性的理论先驱马克思·韦伯曾经用一个比喻，把资本主义看成对传统社会的宗教精神的一场空前“祛魅”。在追求利润最大化资本增值的世俗需要面前，以往的一切价值都要退避三舍，一切神圣都变得微不足道了。宇宙万物的存在似乎也只是为现代生产和消费增长而准备的资源而已。然而，在资本主义确立的300年里，这场“祛魅”运动的结果是什么呢？我们的文明在现代性的世俗化的进程中发生了根本性的危机。我们明白了：资本主义社会的生产生活方式在对一切传统社会“祛魅”之后，迎来了一个人类不受任何精神约束的放纵欲望与技术无限膨胀的时代，300年来对地球生态环境的改变和破坏程度超过了以往的5000年乃至1万年。我们还明白了：在自然状态中，物种与物种，以及物种与环境，都必然保持平衡的关系。只有人——经历了“祛魅”之后的现代人——不懂“平衡”为何物？只有人——今天的现代人——对宇宙自然已经全然没有了敬畏之心。文化寻根的意义就在于重新唤醒人类的敬畏之心，重新估价自己的所作所为对自然资源与环境的不利影响，调整我们的文化价值观和我们的生活方式，使之适应在这个唯一产生了生命的星球上可持续生存的需要。

三、20世纪思想的重大转向

如此看来，文化寻根作为现代性危机的直接回应，已经不再是18、19世纪的浪漫主义乡愁的情绪化无病呻吟的延续，而是当代性的充分理智反思的结果和表现。这种高度宏观的自我反思视野中的历史性判断，可以用人类学家杰拉德·戴蒙德如下的话来代表：

我们这个物种（智人）目前以人口论、以地理分布论、以掌握的力量论、以支配的地球产值论，都处于全盛时期。那是好消息。坏消息是：我们也正在逆转进步的进程，速度非常快，不仅抵消了目前的进步发展，还侵蚀了往日的业绩。我们掌握的力量威胁了我们的生存。我们不知道我们的结局是一场突然发生的热爆（核子战争），还是漫长的老牛拉破车过程，因为无力应对长短期环境问题而陷入不可逆转的衰败结局，大气升温、污染、栖境破坏、人口爆炸引起的粮食不足、粮食生产不足造成的饥荒、食物链中关键物种被消灭导致的食物资源锐减，都把我们引入那个死胡同。[1]

关于现代性社会进入“死胡同”的意识，说明了转向的深层原因。那就是对生存前景不可持续的忧虑与必须改变现代生活方式的觉悟。面对环境日益恶化的问题，知识界的回应有截然不同的派别：如技术乐观主义设想，在理论上认为将来的技术进步足以产生保证经济不断增长与环境协调的资源与手段。对此，多数学人以为是过分乐观和不可信的。“这是资本主义社会受益者最为赞同的设想。这种设想的功能就是，使处于支配地位的经济集团剥削环境取得的利益永久化。很清楚，这样的态度比关心后代福祉的开明的环境政策更符合资本主义追求利润的目的。”约翰·贝拉米·福斯特（John Bellamy Foster）指出，这种设想的不现实性在于：资本主义不断追求高效率，从而导致生产得更多而不是更少。虽然资本家主观上想节省由于稀缺而昂贵的自然资源，但高效率的历史性后果常常使这种资源更便宜，因而提高了而不是降低了资源消费和总的生产水平。由技术驱动的资本主义效率在过去没能阻止生态恶化，将来也不太可能做到。[2]

与技术乐观主义设想相对的是反消费主义设想。该设想认为资本主义

[1] 杰拉德·戴蒙德：《第三种猩猩——人类的身世与未来》，王道还译，海南出版社，2004 年，第 323 页。

[2] Costas Panayotakis，《资本主义的“稀缺”与社会主义的前景》，康瑞华编译，《社会科学报》2004 年 11 月 25 日。

的扩张政策将不可避免地继续造成全球生态系统和整个生物圈的恶化，不仅威胁人类的生存，也威胁资本主义积累的继续。詹姆斯·奥康纳（James O' Connor）把生态恶化威胁资本主义积累称为资本主义的“第二个矛盾”，并阐明了新社会运动兴起是这个矛盾的表现。反消费主义设想还认为，由于生物圈是有限的，资本主义扩张必有其生态极限。要想在生态上可持续，必须降低世界上最富裕的那部分人的物质资料消费，也就是要引导人们从消费主义中解放出来。

马克思当年曾尖锐批判了资本主义社会中的异化现象，包括商品拜物教。但是那个时代还完全没有出现资源与生态危机的问题，所以马克思一厢情愿地把技术进步和生产力膨胀看成可以无限持续的过程。这一过程给物质财富的积累带来美好憧憬也就顺理成章。而一个多世纪后的今天，资本主义造成的生态破坏在理论上终结了生产力无限进步的神话。同时，生态危机也使“社会主义的物质极大丰富”这一传统目标化为不现实的乌托邦幻影。针对这样严酷的现实，当代马克思主义生态政治学家恩泽斯贝格尔（Hans Mangus Enzensberger）提出，新社会主义的目标应该重新设定为“力求人类在生态上继续生存”[1]。就此而言，新社会主义思想已经同生态主义和环境主义相互认同为一体了。生存才是第一位的，脱离了这个前提去谈增长和发展，其虚妄的性质就可想而知了。最可悲的是，陷入物质主义进步观和消费主义幻觉中的人，实际很难从拜物教痴迷中获得自我觉醒。因此，当多数人在生态灾难教训下亡羊补牢地最终意识到生存重于发展的道理时，很可能为时已晚了！

意识到自己行为的后果和能力的限度，是人类在20世纪后期开启的反现代性的新启蒙运动之出发点。对于300年前曾经给现代性奠基的那场旧启

[1] Costas Panayotakis，《资本主义的“稀缺”与社会主义的前景》，康瑞华编译，《社会科学报》2004年11月25日。

蒙运动来说，新启蒙运动似乎刚好是一种否定之否定。这不应当理解为理性的退步，而是在人为灾祸和生态灾难的双重夹击之下，理性反思深化的必然结果。

从 20 世纪的现实来看，旧启蒙运动所树立的乐观进取的历史理念在残酷至极的世界大战的血泊中宣告终结。历史进步观、普遍历史观（法国大革命的信念）的瓦解，成为奥斯威辛之后的西方思想的正常反应。正如美国哈佛大学的林塞·沃特斯（Lindsay Waters）所说，“可以肯定，生活在 1945 年前后的成年人，几乎每一个都是在历史的概念化方面出现了混乱……进步这个词，就变成了一种诅咒。难道说，历史只不过是表示惨无人道的屠夫的名字吗？”[1]就连文艺复兴以来关于人本身的理想信念也遭遇到空前的怀疑：人类究竟是理性动物，还是和动物一样没有什么理性可言呢？如果理性是人类的最可依赖的明灯，为什么最讲究理性和最善于形而上思考的哲学大师之邦——德意志，竟然会一下子变成最令人不可思议的法西斯暴行的摇篮呢？

围绕着资本的增值需要而旋转的现代性社会制度，不仅完全打消了千百年来人对神的敬畏，而且使人完全丧失了对宇宙自然的那份敬畏之心，成了倚仗自以为无往不胜的技术手段在这个星球上为所欲为的强者。结果呢？在仅仅 100 年的时间里已经消耗了地球上 10 亿年才积累的大部分石油。为了争夺世界上日渐稀缺的石油资源，严重依赖石油的少数工业大国正在疯狂地滥用军事暴力，不惜捏造假情报和绕过联合国，在中东和伊拉克制造战争。而不明真相的后发展国家，也都迫不及待地奔向以工业化为基础的现代性方向，即加速消耗能源和资源的全球化的市场社会方向。从而更加剧了人与有限资源的矛盾，使这个世界根本无法太平！

---

[1] 林塞·沃特斯：《不可通约性的时代》，见《2003 年度新译西方文论选》，王逢振主编，漓江出版社，2004 年，第 180—233 页。

旧启蒙运动导致的世俗化“祛魅”终于把人类带进一个物质主义痴迷的不归路，那么新启蒙运动要求世界的“复魅”——自然的重新神圣化——也就相应地成为摆脱物质主义和消费主义痴迷的价值观基础了。从这种使命来看，新启蒙运动正在期待的人文建设和人文教育不可能是西方中心式的，而必然是批判性的和反思性的，是建立在文化多样性基础之上的。对于我们来说，中国人文思想传统的重估和再发掘，中华多民族文化共存与融合的历史生态遗产在全球语境中的重新审视，成为未来迫切需要探究的课题。

如今，西方发达社会中的知识分子掀起的向原始人学习的运动已经如火如荼，但是人们不会忘记，从人类中心主义的自大狂到人类自造孽的当代发现，是那些痛苦、敏感而近乎疯狂的文学家、艺术家，最先帮助我们启悟过来，完成这个重要的认识转变的。19世纪末的法国画家高更为20世纪的向原始人学习运动揭开了序幕。这位当初逃离巴黎的都市繁华，在塔希提岛的原始人部落中乐不思蜀的艺术家，被时人视为疯子，如今却被奉为反现代性的先知先觉者！因为20世纪的艺术总趋势可以被理解为是原始主义的。效法原始艺术的毕加索、摩尔等人早已成为这个趋势的代表。

为什么西方的学院派画家和学院派学者都意识到要向原始人学习呢？要向他们学什么呢？我们看看文化人类学家的一些说法就可以大致明白了。科林·特恩布尔为塞弗林的《消亡中的原始人》所写的前言指出：

一个民族不管看上去会显得何等的不可思议，不管他们的所作所为在我们眼里有何等的令人厌恶，我也会在他们中发现我从未了解的我自身中的一个新的部分……要承认这样的一个事实，即“原始（的）”一词并不用于任何一种贬义的场合；“原始人”同我们根本不是俨然异类，而有关我们自己的现在和未来如同我们的过去一样，“原始人”对我们都是大有教益的。[1]

在经历了对“现代性骗局”“发展的幻相”“过度增长癖”之类虚幻追求的觉悟之后，西方的有识之士们终于发现：原始人的生活方式与他们的宇宙观和价值观，才是引导世人摆脱生产主义与消费主义的不归路，是让日益膨胀的人口在这个资源有限的星球上可持续存活的指路灯。西方文化为了克服自身难以克服的危机而擎起了“文化多样性”的大旗，与此相应，在世界各地兴起“全球本土化”浪潮。新萨满主义（new shamanism）就是这个浪潮中引人注目的一波。因为古老的萨满式的世界观不在主体的人和客体的自然万物之间做出截然的划分，而是把人看成与万物“通灵”之一体，其本来的环境保护意蕴与西方的人类中心主义价值观相对照，显然更加符合自然生态的生存原理。这究竟是怎样一种通灵的自然观呢？1855 年美国印第安人度瓦尼许部落西雅图酋长写给美国总统皮尔士的信，可以引来作为主客体浑融、物我合一式通灵自然观的标本：

我的族人认为，地球上每个地方都是神圣的。每一根闪亮的松针，每一片沙滩、黑暗的森林，每一片薄雾，每一个嗡嗡的昆虫，在我的族人的记忆与经验中，都是神圣的……白人……是夜里来的陌生人，从土地上攫取任何他需要的东西。地球不是他的兄弟，而是敌人……继续污染你的床，迟早有一天夜里，你会在自己的废物中窒息。

今天的西方人希望通过重新学习萨满式的世界观，来恢复人与自然万物相通的那种原始的“灵性”，也就是重建人的精神神圣性，挽救由“人类沙

[1] 塞弗林：《消亡中的原始人》，周水涛译，东方出版社，1989 年，第 4—6 页。

文主义”[1]的误导给资源与环境造成的巨大危害。

2003年诺贝尔文学奖获得者、南非作家库切的代表作《等待野蛮人》（Waiting for the Barbarians），从书名上就直接回应了美国人类学家威泽福德关于《文明人与野蛮人：谁将存活？》一书的忧思和选择道路问题。现代性的生产方式正在飞快地逼近地球的生物和物理承载能力之极限。[2]全世界各国如果都按照西方资本主义的单一轨道去谋求“发展”，地球的整体灾难势必加速度地到来。因此，现代性与反现代性、全球化与反全球化的巨大张力，是这个时代最突出的矛盾力量所在，也是以政治、经济、法律、道德、种族和民族国家等各种形式表现出来的冲突的一个重要根源所在。

最严重的忧虑来自我们头顶上挥之不去的两大乌云：核子毁灭的风险与环境毁灭的风险。“与这两朵乌云比较起来，我们平时对癌症、艾滋病与减肥着魔似的关切，就未免太小儿科了，因为那些问题不会威胁全人类的生存。”[3]

在这种地球生命延续受到威胁的总体格局中，相对而言，中国文化在新世纪的道路选择呈现出更加复杂的两难的特点。

中国知识分子面对的任务是双重的重估！即对本土的古代文化传统的重估和对20世纪西化的新传统的重估。一个世纪前的新文化运动，曾经对古代传统做出极为偏激的否定式估价。中国古代传统之核心精神，可以用孔子的“仁”来概括，那是围绕着社会中人与人之关系而特别标示出的“爱人”的至高文化理念。“五四”的现代新传统则是以鲁迅关于封建社会“吃人”的发现，即对古代传统的彻底否定而揭开序幕的。从信奉“仁者爱人”的儒家信条，到反思古代传统“吃人”，国人希望借助从西方输入的新精神、新

[1] 参看理查德·罗特利等，《驳人类沙文主义》，杨通进译，见《环境哲学前沿》第一辑，陕西人民出版社，2004年，第1—23页。

[2] 查尔斯·哈伯：《环境与社会》，肖阳晨等译，天津人民出版社，1998年，第215页。

[3] 杰拉德·戴蒙德：《第三种猩猩——人类的身世与未来》，王道还译，海南出版社，2004年，第366页。

知识，告别那个可怕的旧传统，满怀希望地迎接一个不再“吃人”的新世界。科学和民主两面大旗，曾经给整个 20 世纪的中国人带来多少希望和憧憬啊！然而，时间刚刚过了一个世纪，战争和政治暴力竟然给这个星球增加了一两亿死于非命的冤魂。科学技术的飞跃发展使人类自相残杀的行为十倍百倍的增效。可知新传统的“吃人”规模与残酷程度，都要比旧传统有过之而无不及。怀抱启蒙理想的人，在这样的事实面前如何感到失落与困惑，也就可想而知了。现实的教育比任何书本、任何课堂都更加实际。做了二十几年的赶超西方“现代化”美梦，在能源短缺与环境恶化的制约下，也露出了快要梦醒的端倪。我们的可耕地是全球的 7%，严重的荒漠化使这个比例还在下降。[1]我们的人口是全球的 20%，而我们 20 年的“现代化”污染，使乙肝病毒携带者不知不觉地增加到了 1.3 亿！几乎占全世界乙肝病毒携带者总数的一半，肝癌发病率也达到全世界肝癌患者总人数的 45% 以上！如今，艾滋病感染率也以惊人的速度增加，引起高层的格外关注。这些数字虽然是冷冰冰的，但它们和各地变黑变臭的河流，雨后春笋般冒出来的艾滋病村、癌症村一起，足以显示中国人盲目追赶西方现代化道路的悲壮性，以及其代价之惨重性。

如此看来，文化寻根和文化自觉，对于我们来说，已经不再是少数文学家艺术家的雅兴，其实质是要通过文化反思而重新开启民族生存智慧的大门，应对全球化的挑战，缓解环境危机，防止生态毁灭，减少生命代价，最终求得可持续的生存。

从这一意义上看，文化寻根也就相当于反现代性的一次新启蒙。

[1] 据《瞭望》2004 年第 51 期报道，我国土地沙化速度由 1994 年前的每年 2460 平方公里，增加到现在的每年 3436 平方公里，相当于每年吞噬一个中等规模的县。荒漠化土地已经占到国土面积的 28%，13 亿国人的生存空间被加速挤压。

THE FIRST PART

第一章

新世纪文化格局与现代性的风险

——以伊拉克战争与SARS风暴为个案

- 2003之春：谁“震慑”了谁？
- 风险的必然性：现代性的本质要素
- 风险的频繁性
- 风险的不可预测性
- 风险的人为性
- 科学的悖论
- 结语：危机中的亮点

歌德曾用一个比喻告诉人们：理论如果脱离实际生活，就永远呈现为空洞的灰色。学术界近年来关于现代性的种种论述和争议，已经非常热闹。可是，不管怎么看待这些日益增多的相关著述，好像多半与千千万万人的当下的世俗生活无关，类似于某种纯粹思辨的东西了。笔者以为，2003 年春季发生在我们身边的两大国际性事件——伊拉克战争和 SARS 风暴，恰好为我们提供了“现代性的文化体验”的最佳机会。这两大国际事件的当下性和严重性，足以充当新世纪世界文化格局的标志性事件，使我们把流于玄虚和抽象的现代性理论争辩，按照现象学的“还原”方式，重新落到现实之中，获得亲身经历的体察和感觉丰富的领会。本章将主要参照吉登斯等社会学家提供的理论框架，从理论高度审视发生在 21 世纪伊始的这两大事件，期望将其诠释为重新体会现代性负面效应的生动教案。

一、2003 之春：谁“震慑”了谁？

21 世纪已经走过了它的百分之三的里程。曾几何时，世人对“千禧”之福的殷切期待尚未消退，对新世纪美好前程的艳丽憧憬之梦还没有醒来。可就在 21 世纪的第一个秋天，举世震惊的“9·11”恐怖事件，把纽约世贸中心双子塔在浓烟中倒塌的惨状空前地留在了世界文明史的记忆里。随后至 21 世纪的第三个春天，两年多来，我们这个星球已面对了太多太多的苦难：从血腥的阿富汗战争，到不断升级流血的阿以冲突，形形色色的人体炸弹和此起彼伏的自杀性攻击，从巴厘岛到车臣，还有美国航天惨剧，再到 2002—2003 的伊拉克战争和非典型肺炎在 30 余国泛滥，以及朝鲜、伊朗的核问题危机，巴以冲突，等等，这个世界由于人的“自造孽”而显得格外慌乱，让人们紧张的神经应接不暇，似乎没有了片刻的安宁。这种自造孽的灾难，其特点不同于类似“神怒”或者“天谴”的自然灾害，如地震与火山。在此时重读吉登斯的如下断言，不得不佩服其居安思危的过人洞察力：

我们今天生活于其中的世界是一个可怕而危险的世界。这足以使我们去做更多的事情，而不是麻木不仁，更不是一定要去证明这样一种假设：现代性将会导向一种更幸福更安全的社会秩序。[1]

这个多事之春是以两大恶性事件的几乎同时发作而更加显现出“可怕而危险”的。好像一个离我们近，一个离我们远。有硝烟的战争是“美国造”的，没有硝烟的战争则有“中国制造”的特色。只因当初疫情集中在广东，所以国人的主要注意力还是先被伊拉克战争吸引去了。在这个春暖花开的日子里，我们目睹了全世界各地有史以来最大规模的反战游行，而偏偏在我们这个占世界人口五分之一的大国却没有发生什么像样的群众性的反战活动。

是我们国民的忍受暴力和非正义事件的耐性超出世界其他民族吗？还是“事不关己，高高挂起”的全民性冷漠和自私的大暴露？

如果是后者，那将预示着十分堪忧的潜在精神危机！窃以为，这种人心的冷漠和良知的泯灭是远比经济放缓和失业率上升还要堪忧的现象，它非常值得全社会的认真反思。“人家打人家的，我们可以趁机搞自己的经济发展。”国人的这样一种心理，说严重一点就是幸灾乐祸，说轻一点也是一种不健康的侥幸心态。它连华夏文化中那种“天下兴亡，匹夫有责”的传统美德都完全捐弃了！中央电视台在播放伊拉克无辜的妇女儿童被炸的死伤惨状的同时，居然还在经济频道播出了中国建筑总公司某要员兴奋地预测战后重建给公司带来的商机！人家在大规模地毁灭和死伤，我们这边却想着如何发人家的国难财。改革开放以来这种只关注经济利益的急功近利的狭隘心态几乎发

[1] 吉登斯：《现代性的后果》，田禾译，译林出版社，2000 年，第 9 页。

展到丧失起码的人道天良的地步。由国家官方媒体在这样的时刻播出这样的访谈节目将会给广大民众造成什么样的影响和可怕误导呢?

面对此种情况，可以说，我们社会决策者关于物质文明和精神文明两手抓的设想，如果不是后一手的全面失败，那么至少也是一种一厢情愿式的空想了！市场无情更无义，靠经济增长拉动道德增长，结果只能是南辕北辙的。

世界上消耗能源最多的超级大国为了自己的利益公然绕开联合国，无视国际关系的基本准则，置全球人民的反对于不顾，置来自各地的和平人士志愿者的人体盾牌于不顾，不惜动用高科技的大规模杀伤性武器对一个主权国家实施什么“斩首行动”和“震慑行动”。还掩耳盗铃般地打出为了“销毁大规模杀伤性武器”的幌子。布什政府这种冒天下之大不韪的专横与霸道是对美国一向标榜“民主”的莫大嘲讽。是对启蒙时代以来西方民主理想的一次彻头彻尾的大“震慑”，是足以让所有对西方民主还抱有幻想的善良人们绝望的“震慑”。

不论萨达姆政权有多么“邪恶”，也不论伊斯兰世界的反美势力是否真的被“震慑”住了，这场在媒体上直观展现的战争至少在哲学的意义上还“震慑”了我们对科技进步的盲目乐观情绪。那些精确制导武器——数以千架次的轰炸机的狂轰滥炸和数以千计的巡航导弹，是对人类片面发展和追逐高科技的狂潮的一个莫大嘲讽。面对镜头中的废墟和焦土，无数的公民终于明白，被奉为建立现代化社会的法宝的科学技术，其成果可以被民族国家以合法的形式用作杀伤和威慑别国人民的暴力手段！

观看地球那一边的直播战争屠杀场面时，我们的军事专家找到了当众显示专业知识，指手画脚地解说各种新式武器的性能和双方战术部署的机会。那张伊拉克地图从来也没有受到过全世界的如此密集的关注！尽管最新的世界文明史已经把两河流域确认为早于古埃及的人类文明发祥地！可是观众却一次又一次被军事专家的纸上谈兵所误导：先是以为美英的武器优势将使伊拉克不堪一击，几天内以零伤亡结束战争；随后他们又根据美英联军受到顽强抵抗的现实而改变看法，有声有色地在地图上描绘伊军精锐多少个师多少坦克大炮，预言将会展开如何激烈的大战。而实际上却根本没有发生什么有规模的战役。整个战争中两次杀伤美军人数最多的事件，一次是美军内部的叛逆性攻击，一次是单人的自杀性汽车炸弹攻击。这可以说是自荆轲刺秦王以来最悲壮的弱小反抗强权的悲壮画面！战争局势的不可预测性实际“震慑”了这一批想当然的“专家”，让我们不得不重新审视吉登斯关于作为现代性特性的专家系统值得信赖的说法：“虽然我不得不信任他们的能力，但是与其说是信赖他们，不如说是更信赖他们所使用的专门知识的可靠性，这是某种通常我自己不可能详尽地印证的专业知识。”[1] 事实证明，分工过细的专业知识如果缺乏整体性的大智慧和深度历史感的指导，也完全可以蜕变成荒唐可笑的东西。还是贝克（Ulrich Beck）说的更得体一些：“在风险问题中，任何人都不是专家，也可以说任何人都是专家。”[2]

这种任何人都不是专家的情况，足以说明现代社会风险发生的不可预测性。

风险还来自政客与传播媒介信口雌黄般的欺骗性造假事件。比如战争期间，由美国军方操纵媒体导演的拯救美国女兵的闹剧居然能使美国股市的道琼斯指数一天狂涨了 300 多点。然而其长远的负面效应则是：现代性的民主社会最爱标榜的新闻自由与新闻公正彻底信誉扫地！瞒和骗，成为自上而下普遍流行的社会风气。资本主义市场社会所崇奉的诚信，已经成为商业骗子和政治流氓们糊弄公众的遮羞布。据英国《独立报》报道，面对来自下议院的指责，英国情报部门战后披露出布莱尔首相指使他们编造伊拉克武器假情报的命令，从而骗取议会通过出兵伊拉克的决定。情报部门表示，为了进行

[1] 吉登斯：《现代性的后果》，田禾译，译林出版社，2000 年，第 24 页。
[2] 乌尔里希·贝克等：《自反性现代化》，赵文书译，商务印书馆，2001 年，第 14 页。

自我保护，当初唐宁街10号来人与他们多次商谈编造假情报的时候，他们已经录下了相关的谈话证据。[1] 美国方面也有同样的情况。

可见，被巨大的风险所“震慑”的不是萨达姆政权和世界各地的恐怖组织，而是千千万万的平民百姓。尤其是那些原先用理想化眼光看待现代性、现代的民主政府及其领袖人物的所有天真人士。

按照西方社会学家的看法，现代性有两个重要的基本条件，一个是资本主义的产生，一个是民族国家的形成。而民族国家的重要标志则是对暴力工具的控制。由此带来的对内镇压与对外战争成为现代世界不得安宁的直接根源。历史学家霍布斯鲍姆把当代的民族国家之间的战争性屠杀称为“新野蛮时代”的到来；吉登斯也尖锐批评19世纪以来的经典社会学家——马克思、涂尔干和韦伯，认为他们只注意现代性的机会方面，而忽略了其“阴暗面”。

为什么是这样呢？吉登斯叫人们注意现代性的制度性维度之一就是“对暴力工具的控制”。他说：“对现代国家来说，在领土明确的国家之内对暴力工具实行成功的垄断，意义就非同一般了。同样有意义的，是暴力工具与工业主义之间存在的特殊关联，这使得军事与武装组织之间能任意渗透。战争的工业化急剧地改变了战争的性质，使其进入了全面战争以及后来的核战时代。”[2] 这种控制所导致的杀人规模由于工业化和科技化的促动而突飞猛进。这自然使人想到另一位英国社会学家——在现代性与大屠杀之间发现必然联系的鲍曼。[3] 现代性在驱动国家机器实施屠杀工程方面，确实要比以往的时代凶残十倍百倍。难怪美国前总统国家安全事务助理布热津斯基要把20世纪命名为“有组织的疯狂的世纪”“大死亡的世纪”——

[1] http：//www.sina.com.cn 2003年6月8日22：41中国新闻网。
[2] 吉登斯：《现代性的后果》，田禾译，译林出版社，2000年，第51—52页。
[3] 齐格蒙特·鲍曼：《现代性与大屠杀》，杨渝东等译，译林出版社，2002年。

这一死亡人数之巨大应用“大死亡”（megadeath）一词来表述，其中“大”（mega）字是 10 的 6 次方。[1]

20 世纪是大死亡，那么 21 世纪又会怎么样呢？头三年的情况已经表明，暴力攻击和死亡的方式仍然在与时俱进！看来，这个世纪不会比上世纪太平，核危险和生物武器的毁灭力量有增无减，而人体炸弹的同归于尽式拼命攻击如雨后春笋般大量出现。

随着伊拉克战争的逐渐平息，人们的目光自然转向波及全球 32 个国家的 SARS 瘟疫。历史上不知发生过多少次瘟疫，但是肯定没有一次像 SARS 这样体现出全球化的负面特征——疾病与恐惧的全球化。全球的生命系统从来也没有像今天这样存亡与共的整体相关性。[2]SARS 这个看不见摸不着的微小生物引起的广泛恐慌，一点也不亚于在伊拉克战争中使用的高科技武器！在一些国家和地区，对莫名的病魔的恐惧早已大大超过对战争的恐惧。因为战争是明的，而 SARS 则是暗的，无从捕捉的，不明由来的，是非常神秘又有极强传染力的超级杀手。它所造成的负面影响前所未有，而直接和间接的经济损失更是无法统计。各地的商旅团体纷纷取消或延期，重要的国际会议被终止，国际间的商业活动骤然减少，人流、物流、资金流受到不同程度的遏制。学校停课、航班取消，像北京这样的国际化大都市居然出现万人空巷。不少国家政府警告国民不要到亚洲有关国家出差旅游，更有不少国家明令禁止有疫情国家的人员入境。这一切给世界经济前景蒙上阴影，也给社会心理造成极大的冲击。

据世界卫生组织 2003 年 4 月 9 日宣称：“目前全球 32 个国家已经有

[1] 布热津斯基：《大失控与大混乱》，潘嘉玢等译，中国社会科学出版社，1994 年，第 14 页。

[2] 参看：Robert P.Clark，Global Life Systems，Population，Food，and Disease in the Process of Globalization，Rowman & Littlefild Publishers，Oxford，2000.

2601人感染此疫，有98人不治身亡，而且还在迅速传播之中。”一个月后，全球的“非典”患者与死亡人数成倍增加。而且绝大部分在我们中国。

这种被命名为“非典型性肺炎”（SARS）的怪病，于2002年11月出现在中国广东的佛山。后来逐渐流传，到2003年1—2月间，在广东省出现感染高峰，上千人被感染，数十人死亡。于是引起全民的恐慌，出现了抢购米醋和中药的现象。3月初，据香港政府及媒体称，广州中山大学一名SARS病人入境香港，将病毒带进，发病入院后不治身亡。在各路媒体大肆渲染下，香港社会产生强烈恐慌。随即出现被感染人群，以及淘大花园的集体性大感染。媒体甚至把SARS称为香港的伊拉克战争。

4月，疫情在北京大爆发。官方公布的被感染人数，一夜之间竟然像电子游戏中那样增长了10倍！都市社会终于被不对称的信息“炸弹”惊扰了。笔者在4月27日的北京太阳宫农贸市场目睹了惊慌失措的市民的抢购风波：从食盐、大米、方便面到各种蔬菜水果，都是抢购的对象。最普通的无法上席面的白萝卜，也因为媒体上的信息误传，价格近十倍狂涨。我问卖家为什么是白萝卜最受抢购者青睐，答曰：人们说白萝卜可以治感冒！

随后在5月的南方，出现了“绿豆汤和鞭炮”的又一大群体性的从众行为热潮，据说这两样东西可以抗拒“非典”病毒。这一次，官方媒体不得不出面批驳流言了。此时社会上的谣言漫天飞，恐慌迅速蔓延的情况是非常惊人的。对于敏感的作者来说，足以写出一部和孔飞力的名著《叫魂：1768年中国妖术大恐慌》相媲美的书来。2003年5月6日的《北京晚报》上的一则幽默短信说：“最新消息：我市目前“非典”恐惧症患者已达250万例，具体症状为：乱吃药，戴口罩，皱着眉头不会笑，抢油抢粮抢中药，昼夜消毒不睡觉。”

话虽具有玩笑的口吻，但其所反映的问题还是实实在在的。比如，一部分心理素质有问题的人怀疑“非典”已上身，在热线电话中惊疑地哭诉求救；

还有一些平常有洁癖的人很容易转化成强迫性的消毒癖。北京某高校老师的非典 E-mail 说：

学校里出现“非典”，大家都多少感到恐惧。有天我得知邻居就是被感染者，你们可以想象我当时的心情……尽管两家从来没有打过交道，但我感到窒息，我觉得周围的一切是那么可怕。我们甚至不敢走进自己的家。但又能去哪儿呢？我们只能回去一次又一次地消毒。[1]

笔者（2003 年）5 月 20 日乘国航 4102 航班自北京去成都，机场仍然空荡荡的，每个乘客都要先后三次测体温。从当日的《华西都市报》上看到因过度使用过氧乙酸而导致的中毒和伤害的报道，还有有关方面对消毒液使用的补充规定。到本章完成的 6 月初，全国的疫情得到控制，恐慌逐渐消退。至于突如其来的灾害在人们心理上的“震慑”后遗症却不容忽视。可以肯定的是，民众中大面积感染“非典恐惧症”的人数，要比实际感染“非典”病毒的人数多得难以统计。由此留下的长久的救治任务，绝不是十所八所突击建成的类似小汤山医院的精神医院所能完成的。

二、风险的必然性：现代性的本质要素

古代社会发生天灾人祸，要有社会的最高首脑站出来，举行象征性的自我牺牲仪式，或用象征性的文字下“罪己诏”，用“罪在一人”的忏悔来求得天神的宽恕，以此象征行为来解除全民的危难。[2] 而今的两场灾祸既然不是天灾而是人祸，那就更有必要追索出其元凶，以昭示天下之民。究竟是“文

[1]《和非典面对面》，载《青年时讯》2003 年 4 月 24 日。
[2] 参看弗雷泽《金枝》，郑振铎《汤祷篇》。

明危机”之表征呢，还是“人性弱点”使然呢？如果我们从现代性本身去寻觅元凶，一定有人会发出“有没有搞错”的疑问。然而事实却是，已经有不止一位社会学者从理论上论证了风险是现代性和现代社会的本质要素。如德国的乌尔里希·贝克就在1992年推出了《风险社会：新现代性初探》一书，明确把巨大的风险性视为他所称的“新现代性”的根本特性之所在。[1]在此前一年，另一位德国社会学家卢曼也发表了以《风险社会学》为题的著作。[2]

人无远虑，必有近忧。沉溺在GDP无限增长迷茫中的当今国人，一心只想着如何在个人拥有的物质财富方面加速赶上现代化的步伐。因此，在我们心目中的现代性，就多半只是早日实现汽车、洋房的世俗理想。而一旦面对突如其来的打击，肺炎症状是“非典型”的，心理上的慌乱则是最典型的。这几个月来，“突如其来”这个词，一时间成了媒体新宠的高频率习语。“突如其来”的说法显然大大突出强调了灾难的突发性和不可预料性。但是细心推敲，我们说这话的时候也无形中暴露了我们对灾害毫无准备的茫然心态。如果我们能够对时刻埋伏着高度风险的现代生活的本质有所洞察的话，那就不至于在始料不及的危机事件降临时感到突兀和偶然了。

理论上看，是我们的社会高层领导者、大多数作为文化精英的科学家和知识分子，以及我们的整个社会，对现代性社会的风险本质缺乏足够的认识，以至于在SARS事件初起广东时毫无心理准备，估计不足，麻痹大意，而在疫情迅速蔓延全国时又慌乱无措，封锁消息，乃至因社会群体的非理性恐慌导致间歇性的社会失序现象。因此，如何从理论上论说现代性的风险性，从整个社会舆论方面增强全体公民对这种现代生活必然风险的自觉意识，培育居安思危的文化忧患情怀，应该是人文社会科学工作者的一项迫切任务。

德国社会学家乌尔里希·贝克提出：“认为现代化是一个自我创新过程

[1] Risk Society：Towards a New Modernity，London：Sage，1992.

[2] N Luhmann，Soziologie des Riskos，Berlin：Springer，1991.

的人必定会考虑到，即使工业社会也会被淘汰。工业社会被淘汰的另一面是风险社会的出现。”[1] 贝克接着说，“作为一种社会理论和文化诊断，风险社会这个概念指现代性的一个阶段，在这个阶段，工业化社会道路上所产生的威胁开始占主导地位。这就提出了发展的自我限制问题以及从潜在的威胁出发对已获得的标准进行重新制定的任务。”[2] 那么，风险作为现代性的一个阶段是由何时开始的呢？卢曼从词源上推测，结论比较早：

“风险”这个词似乎在 17 世纪才得以变为英语，它可能来源于一个西班牙的航海术语，意思是遇到危险或者触礁。[3]

并非巧合的是，一般认为的现代性也是起源于同一个时段的欧洲。如吉登斯所说，“现代性指社会生活或组织模式，大约 17 世纪出现在欧洲，并且在后来的岁月里，程度不同地在世界范围内产生着影响。”[4] 可以这样看，现代性与风险本来就是一对形影不离的孪生兄弟，或者干脆说就是同一事物的两个方面。如果现代性的必然后果之一是全球化，那么风险也和其孪生兄弟一样，必然从航海探险和贸易的个别活动的风险变成整个资本主义世界的风险，乃至我们全体人类必须面对的风险。为什么会这样呢？

根据卢曼的语源学研究，“风险”这个概念的诞生是随着人们意识到这一点而产生的，即未能预期的后果可能恰恰是我们自己的行动和决定造成的，而不是大自然所表现出来的神意，也不是不可言喻的上帝的意图。神灵的隐退说明只有人自己需要站出来对自己的行为后果负全责。

卢曼和吉登斯紧紧把握住了现代性的风险实质，其不足在于过分关注了核战争的风险方面，而相对忽略了其他的风险方面。倒是华勒斯坦，较有远见地把全球性的瘟疫流行视为未来 30 年内世界资本主义体系毁灭的一个可

[1] 乌尔里希・贝克等：《自反性现代化》，赵文书译，商务印书馆，2001 年，第 8 页。
[2] 乌尔里希・贝克等：《自反性现代化》，第 10—11 页。
[3] 转引自吉登斯：《现代性的后果》，第 27 页。
[4] 吉登斯：《现代性的后果》，第 1 页。

能的重要原因。[1]

根据前贤的见解，可以归纳出两个比喻，有助于对现代性的利弊得失的理解：

比喻之一：现代性如同列车的提速。从技术进步方面看，当然是好事，但同时也潜伏下了更大的风险。因为驾驶机动车的人都知道，“减速慢行”是确保行车安全必需的权宜条件。现代性的根本特性就是社会生活方式发展变迁的不断加速度。既然科技进步无止境，那么加速度也就没有止境。这里自然预设了非常可怕的一面。我们都挤到了一辆卸掉了刹车装置的飞驰列车之上，呼啸前行，看上去很酷，也十分过瘾，然而，风险之大，可想而知。用博德里亚尔的话说：“技术正在变成一个不可思议的冒险。”[2]

比喻之二：现代性如同赌博，要冒血本无归的巨大风险。这不是什么创新的说法了，只是物质繁荣科技进步的美梦让当今的人们忘记了自己就置身于赌局之中。重温一个老比喻，问题就清楚了：“资本主义（都市）是冒险家的乐园！”我们如今常说的“风险与机遇并存”，也是赌性语言的变体。这类说法本身都已经预设性地把行动者必须面对的危险认可下来了。而科学所具有的赌性，可以从科学家好打赌的事实中窥见一斑。武夷山《科学与打赌》一文指出：西方科学家似乎有围绕科学问题打赌的传统。据分析，游戏态度其实是最好的科研状态之一，这也许就是打赌成风的原因吧。[3]把比喻还原为理论的说法：“在今天的新情况下，科学进步参与了，然而也揭示了现代性的限度——禁区已经随着反思的发展和人为风险的出现被突破了。现代性本身已经成为实验性的了——是所有人的生活都被卷入进来的宏大实验。但是在任何意义上这都不是一种在可控制的条件下进行的实验。”[4]吉登斯一

[1] 华勒斯坦等：《自由主义的终结》，郝名玮等译，社会科学文献出版社，2002年，第47页。
[2] 博德里亚尔：《完美的罪行》，王为民译，商务印书馆，2000年，第42页。
[3] 武夷山：《科学与打赌》，载《科学时报》2003年4月25日。
[4] 吉登斯：《超越左与右》，李惠斌等译，社会科学文献出版社，2000年，第227页。

再强调，人类尚做不到掌握自己的命运。我们今天生活在“一个失去控制的世界”里，人类对社会与自然实行“控制性干预”，其后果却不可预测。

三、风险的频繁性

高科技战争的攻击和新产生的冠状病毒的攻击几乎是接踵而至的。以收看电视为主要信息接收方式的市民都有这样强烈的印象：实况播出的巴格达轰炸场景突然间成了最具有“看点”（节目主持人语）的节目，战争就在全球看客的关照之下按部就班地展开。而军事专家和国际问题专家的身影还没有完全从我们的视野中退场，医学专家和流行病学家们已经开始占据屏幕中央的位置了。不论是新闻工作者还是一般观众，这个春天在屏幕上学到的东西远远超出了从前，也超出了我们的想象。

我们明白了：战争是现代性的必要前提——民族国家彼此之间利害冲突的最后解决方式。过去的 20 世纪被称为战争的世纪，在无数的军事冲突之中命丧黄泉的人比以往任何一个世纪都要多得多。在电视转播的实况中观看战争与屠杀的场面，是信息时代人特有的专利。可是这又是一个非常可怕的专利，它将使无数的观众变成麻木不仁者，让他们习惯目睹流血，习惯欣赏爆炸和瓦砾，乃至于根本分不清屏幕中出现的杀伤场景究竟是虚拟的电子游戏场景还是现实场景！郑州街头出现了使用仿真警服与仿真武器的中学生枪战，必须真的警察赶来才能够制止。

“今天，当一种风险接近零时，我们可以以此赶走批评者，但由于误解了可能性论断，明天灾难发生后，我们便只能为公众的愚昧而哀叹。风险具有无限可再生性，因为在多元社会里我们能够而且必须根据某些决策和观点对决策做出评价，而风险则随着这些决策和观点而自我繁衍。”[1] 自我繁衍的风险具有防不胜防的性质。稍有粗心大意就往往是顾此失彼，灾难接踵而来。这个多事之春也许算得上一个典型时刻了。打了一个月的高科技战争，美英联军方面死亡的人数 100 多人，其中自己误伤的就有几十个人。而我们在家门口的一次潜艇训练事故也居然有 70 名官兵遇难。科技双刃剑的性质在这里得到分明的昭示。在各领域毫无遮拦地飞速发展的科学技术本身，成了有史以来最具毁灭性的潜在风险力量。

30 年前的艾滋病病毒至今还没有找到对付的办法，而肝炎病毒的种类已经从甲乙丙丁，扩大到了戊己庚辛近十种之多。其中治疗使用的生化药物所催生的变异起到了推波助澜的作用。我们目前根本无从知道，SARS 以后袭击人类的将是什么新的怪病。但是可以肯定的是，新的病毒和细菌正在随着人类与生物世界关系的改变而不断地产生出来。

不论是B52轰炸机的超重磅炸弹，还是微小的冠状病毒，其威胁的首要目标都是人的身体。福柯在《规训与惩罚：监狱的诞生》中写道：“历史学家早就开始撰写肉体的历史。他们研究了历史人口学或病理学领域里的肉体；他们把肉体看作是需求和欲望之源、心理变化和新陈代谢之所、细菌和病毒的侵害目标；他们揭示了历史进程在多大程度上涉及似乎纯粹生物学意义上的生存基础，在社会史中，诸如杆菌的传播或寿命的延长这类生物学‘事实’应占有何种地位。但是，肉体也直接卷入某种政治领域：权力关系直接控制它，干预它，给它打上标记；训练它，折磨它，强迫它完成某些任务、表现某些仪式和发出某些信号。”[2]如果和文明以前的部落社会相比，今人的寿命肯定是增加了，但是今人的身体所承受的种种压迫、所面对的频繁的威胁也无数倍地增多了。人体炸弹和病毒是当下最难防备的隐患。

[1] 乌尔里希·贝克等：《自反性现代化》，赵文书译，商务印书馆，2001 年，第 14 页。
[2] 福柯：《规训与惩罚》，刘北成等译，三联书店，1999 年，第 27 页。

四、风险的不可预测性

现代性风险的不可预测性，一方面宣告了理性和科学的有限与无奈，同时也注定了这样的一点：亡羊补牢是人类步入现代社会后的必然宿命。1997年的亚洲金融风暴，教训人们必须注意随时警惕国际资本市场上兴风作浪的金融大鳄；谁知1998到来的不是金融冲击，而是罕见的大洪水袭击。长江、嫩江、松花江边的百万军民冒着人体大堤的灭顶风险，才换来了增加的投资修筑防洪水利设施的后知后觉的措施。

为什么人类总是跟在灾祸后面做一些“马后炮”式的补救工作呢?

这一次SARS风暴就更是如此了：就在瘟疫快速蔓延，医院成为主要感染源之际，要求拨款改善城市公共卫生防疫的应急系统的呼声才显得有充分理由；国家财政部门提出改变国债投向，增加公共卫生设施的建设；教育部发文件要求医学院校增加预防医学方面的课程和教育改革等等。这些虽然不能说错，但毕竟显得有些事后诸葛亮之嫌，或者是刻舟求剑之嫌。因为这些举措无法面对如下的质疑：你怎么知道下一个危机从何而来呢?

现代社会的危机多变量大部分出于不可预测的人为因素，特别是人破坏了自然生态关系以后的无常报应，用贝克的话说：风险的威胁“不仅难以察觉，超出了我们的想象力，而且也不是科学所能决定的”[1]。虽然人们努力防范，结果在灾害面前却总是显得防不胜防。似乎应验了古人说的“人算不如天算”！

吉登斯在一系列著述中反复强调说，当今生活中后果严重的风险清楚地体现出不确定性，它超出了专家们的现有经验和预测能力。

---

[1] 乌尔里希·贝克等：《自反性现代化》，赵文书译，商务印书馆，2001年，第11页。

潜在的灾害越大，管理的权威和技术上的专家就越有可能说它“不能发生”。而且，在许多时候，我们甚至不知道究竟什么是“不能发生”的东西——无法预料的后果成堆。或者换一种方式说，它们是反事实（counterfactual）的可能性，过去的经验几乎没什么指导作用，对于萦绕在我们头上的所有最大的威胁来说，也是如此。像切尔诺贝利核电站泄漏这样的灾难带来的后果在未来的影响是无法估量的。如果安全专家的判断是误入歧途，那么“它（切尔诺贝利事件）不能发生”变成了“在这里不能发生”。[1]

五、风险的人为性

人为性，这是现代风险区别于传统的危险的标志特征。率先关注现代性与风险关系的卢曼就指出，由于风险概念的产生是近期才出现的，把风险从危险中分离出来的可能性必然源于现代性之社会特征。从本质上说，它产生于人们对以下事实的认识：大多数影响着人类活动的突发性事件都是人为造成的，而不是由上帝或大自然所造成的。[2]风险区别于危险的这种人为性特征，在20世纪80年代的拉美金融风暴、90年代的亚洲金融风暴，以及日本持续几十年的经济衰退等事件中充分展现了出来。

在现代性条件下，工业主义构成了人类与自然之间相互发生作用的主轴线。在大多数前现代文化中，甚至在那些强大文明中，人类也多半把自己看成是自然的延续。他们的生活与自然界的波动和变化联系在一起：人们从自然资源中获取食物的能力、庄稼的丰收与歉收、畜牧繁殖的多寡，以及自然灾害的冲击等等。由于科学与技术的联盟所构筑起来的现代工业，却以过去世世代代所不能想象的方式改变着自然界。在全球的工业化地区，人类开始

[1] 吉登斯：《超越左与右》，李惠斌等译，社会科学文献出版社，2000年，第7页。
[2] 卢曼：《熟悉、信心与信任》，转引自吉登斯：《现代性的后果》，第28页。

生活在一种人化环境之中——它再也不仅仅是自然的了。[1]

保持“零疫情岛”美称的海南，过去一直为没有工业而焦虑，这次才知道没有工业也是莫大的幸运！其他无疫情的省区——西藏、云南、贵州、青海，原来也都是国内科学技术与现代工业最不发达的地区，同时也成了最安全的地区。而率先发病的广东，同时也是我国经济率先发达的地方。每天的疫情报告催促我们思考：为什么物质繁荣、科技发达的地方（包括香港、台湾）疫情严重，这是否和人们更大程度地生活在“人化环境”有关呢？从人与自然的长远性关系看，如何才能权衡出现代性的利与弊之比例呢？

今日的都市建筑，不论是高层住宅还是写字楼，均离不开空调器，特别是中央空调器，一直被视为是现代科技文明的标志。这一次灾难洗礼才教训了人们：中央空调可以成为催命杀手！大自然提供的天然环境与工业化的人为环境，究竟孰优孰劣，工业主义的拥戴者和自然主义者之间一直争论不休。现在，残酷的现实教训终于强迫我们不得不改变以往流行的看法了。上古文献中描述的帝王的神圣居所——明堂，为什么有“四面无壁”类似凉亭的特点，现在也可以有新的理解了：自然通风是先民设计居所的防疫考虑。

“人化环境”当然也包括传媒对风险的人为放大与渲染。“飞沫”“咳嗽”“喷嚏”从来也没有像今天这样可怕！“他人即地狱”的存在主义名言，再度成为群体生存危机的表征。可以肯定的是，诸如假日经济和人口大规模流动等过去受到鼓励的社会现象，今后不得不加以重新权衡和适当的限制了。

其实，从死亡率上看，SARS 远不是那么可怕，是人性的弱点——对未知事物的莫名恐惧，通过现代传媒的放大，大大增加了这场瘟疫的可怕程度。根据世界卫生组织的数据，截至 2003 年 6 月 10 日，全世界感染 SARS 的确诊患者为 8430 人，死于 SARS 的人一共是 789 个。按照疫情在主要国家

[1] 参看吉登斯：《现代性的后果》，第 53 页。

和地区已经被控制的情况判断，估计2003年全年世界死于SARS的人数在1000上下。也就是说，这个数字只相当于一个中等城市大地震(如唐山大地震)死亡人数的百分之一，或者相当于60年前那场南京大屠杀死亡人数的三百分之一，或者相当于在德国法西斯毒气室里死亡的犹太人总数的五千分之一。

我们还可以改换另外的参照系来看SARS的危险性怎样被人为的恐慌成倍地夸大了：如今全世界每年死于交通事故的人数是45万，欧洲每年死于环境污染的人数是6万。[1]用一个不尽恰当的对比：给今日社会造成极大恐惧的SARS，其对我们生命的实际威胁程度，只相当于交通事故之威胁的四五百分之一。当人们为了减少搭乘公共交通工具而转向购买私人轿车的时候，他们只知道可以在一种场合躲避感染病毒的风险，却没有想到同时增加了交通事故的风险，以及汽车尾气污染的危险。如果把私人汽车当作物质生活现代化的一个标志，那么必须教育购车人的是：他面对死亡威胁的几率不是降低了，而是成倍增加了！当人们用空前大量的消毒剂来污染自己身边的环境时，他们万万不会想到，他们是在冒更大规模和更长远的风险来试图消除眼下的风险！工业主义给现代生活造成的负面依赖效应，是一种恶性循环的怪圈。

六、科学的悖论

现代性的风险在多大程度上来自科学的发展呢？亡羊补牢的现实，表明了科学权威虚假的一面。我们虽然已经成功地登上了外星空间，但是关于自身社会明天会发生什么情况，我们还几乎是一无所知的。

当理性的欲求替代了传统的欲求时，它们似乎提供了某种比先前的教条

[1]阿根廷《号角报》2003年5月13日文章《欧洲每年有6万人死于空气污染》，《参考消息》2003年5月23日。

更具有确定性的知识。但是，只有我们无视现代性的反思性实际上破坏着获取某种确定性知识的理性，上述这种观点才显得具有说服力。[1]

甚至那些最坚定地捍卫科学必然性学说的哲学家，也都承认这一点。如卡尔·波普尔就说过："所有的科学都建立在流沙之上。"按照科学的观点，没有什么东西是确定的，也没有什么东西能够被证明，尽管科学一直尽力地在提供我们所渴求的关于这个世界的最可靠的信息。在不容怀疑的科学的心脏地带，现代性自由地漂移着。[2]

必须承认的是，不确定成为我们科学知识的特征。比如，我们都被科学告知：服用维生素可以增强肌体健康活力和免疫力。在"非典"的治疗和预防措施中，理所当然地包括摄入各种维生素。药店里的维生素也和中药一样销量激增。各生产厂家当然乐此不疲。可是，就在此时，科学家又出来告诉人们："没有任何迹象表明复合维生素药物能够防病，而且某些维生素和矿物质很容易就会过量，反而会增加患病的危险。"[3]

由此可见，知识的不确定性不光使社会科学面临伪科学的尴尬，就连一向受人推崇的自然科学也在丧失着科学性。在这种现实中，遵从现代科学知识大量服用维生素以求防御"非典"病毒侵袭的人们，还有被大量抗生素药物包围的患者，实在不比按照传统习俗大喝绿豆汤以求消灾解难的人们高明多少。一位留美的医学家发问说："哪位医生能够回答我，已经死亡的病人中有多少是真正死于 SARS，又有多少是死于至今还没有任何科学证据证明可以杀灭 SARS 病毒的抗生素和类固醇等药物呢？我想所有临床医生，包括世界卫生组织的官员们都清楚地知道，大剂量使用抗生素是可以直接致人死亡的，即便没有直接导致病人的死亡，大剂量抗生素也会变成人体免疫力的

[1] 吉登斯：《现代性的后果》，第 34 页。

[2] 吉登斯：《现代性的后果》，第 35 页。

[3] 吉娜·多拉塔：《维生素多则无益》，载《纽约时报》2003 年 4 月 29 日，《参考消息》2003 年 5 月 23 日。

强烈杀手，而一些病人的病情迅速恶化甚至死亡与药物导致的免疫力全面下降有没有关系呢？”[1]如此的质询虽有些刺耳，还是耐人寻味的。

如果不确定的知识无法维系人的精神安全，那么求助于某种信念，也就理所当然了。按照威廉·詹姆斯（Williams James）的看法，宗教大致告诉我们两件事：（1）永恒的东西总是比临时的东西更好；（2）哪怕只是相信永恒的东西的存在性也比不相信它要好。对于这位哲学家而言，当我们必须在一切知识能够提供的“确定性”以外决定取舍时，我们所能够听从的，只是我们的“心灵”而不是我们的“头脑”。

人为的“补牢”结果可能引发新的“亡羊”，甚至是更加严重的“亡羊”。生态人类学在这方面已经提供了足够的教训。可惜，在危机面前慌不择路、饥不择食的人们根本没有受过这方面的教育。生态人类学侧重论证人类行为与特定环境下的生存挑战之间的关系。人类行为方式可以解释为适应环境的方法。如果SARS的发生和艾滋病的发生一样，同人类自身的生活方式有关，那么深层的病源学追溯可以扩大眼界，参考生态人类学关注的三方面：

1. 该社会群体在其特定的生态系统中地位如何？

2. 该群体的某一行为特征如何形成对某一环境的适应？

3. 如何理解这一群体适应过程中的行为和生物的多变性？

如果说人冒犯了狒狒的生活领域而从这种动物身上染上了艾滋病，那么滥用抗生素或狂吃野味或许是我们染上SARS的起因。SARS既然是冠状病毒的一个新的变种，那么，怎样才能保证人类的行为不会催生出类似冠状病毒的新的生物种呢？剿灭果子狸和蛇，乃至于乱杀宠物，难道就能阻止新的危险吗？我们曾经倚仗技术手段去消灭我们认为有害的生物，而如今我们在付出代价之后不能轻易这样做了，甚至随意使用杀虫剂和化学农药都会带来

[1]《一位在美专家评论SARS在广东和香港的两种状态》，见新浪网。

意想不到的恶果。

20世纪60年代，世界卫生组织为防止疟疾在婆罗洲蔓延发起一场灭蚊运动。当时最有效的科技手段是滴滴涕。但是没有料到，滴滴涕在木屋被蟑螂吸收，毒液随即集中在食蟑螂的壁虎体内，又进入食壁虎的猫的体内。这时滴滴涕中毒素高度集中，可以灭绝整个猫族。猫灭绝后，这一带立即鼠害为患，鼠身上的寄生虫和跳蚤构成对人类健康的新公害，也使野生动物中瘟疫流行，对人类造成新的威胁。一种新的科技产品——杀虫药的使用，无形中造成婆罗洲生态系统复原力的大破坏，变得不适合人的生存了。

人们的主观动机没有错，但是专家给出的灭蚊计划，却导致了更大的灾难性后果！此事留下的教训是深刻的：人不要过高估计自己的能力，更不要以为倚仗科技的发展就可以为所欲为！自然生态是一个完整互动的系统，其中任何一个环节的改变都可以导致整个系统的破坏。已有医学家提出告诫说："SARS应该是某种感冒病毒在各种药物作用下的变种，SARS病毒的出现，是人类滥用药物引起的必然结果，如果人类不警觉，依然无节制地依赖生化药物，必然导致人类自身的免疫力进一步抑制和退化，同时促使各种细菌病毒的加速进化与变种，并产生强烈的抗药性。"他还呼吁人类应节制用药，应重视保护和锻炼自身的免疫力和自愈力去对抗疾病，理由是："人类不能试图去杀灭所有病毒，各种细菌病毒也是地球生态的组成部分，也有在地球上生存的权利，人类应和微生物界和平共处，共同生活在这个地球环境中，否则，人类必将遭到自然的惩罚。因为药物的无节制使用，只会导致人类自身免疫能力日益低下和各种细菌病毒加速进化的两极发展，这种竞赛的结果是不言而喻的，必然以人类的最终失败而告终。"[1]给包括病毒和果子狸在内的所有生物留下生存权利，真正做到道家圣人所向往的"天人不相胜"，

[1]《一位在美专家评论SARS在广东和香港的两种状态》，见新浪网。

或许是我们痛定思痛之后的明智选择吧。

七、结语：危机中的亮点

西藏、海南、云南、贵州与青海，这些GDP增长值在全国所占比重最小的省区，这次有幸成为成功地对SARS说“不”的地区，这个事实是发人深省的。它似乎从反面把片面追求经济增长、盲目发展现代化的风险和恶果昭示给世界了。至于中草药和中西医结合在治疗“非典”、降低病死率方面的卓越效果，也使传统文化的资源价值得到凸显。

带着沉痛的现实教训重温西方理论家关于现代性的论述过程，就容易理解为什么会从坚定不移的、占据首要地位的现代性，转换到自我批判与自我解构的“第二现代性”（second modernity）[1]，又到新世纪“现代性的全球危机”的总体性反思。[2] 在此，我们总算意识到在繁荣中体察潜伏危机的重要性。

针对现代性的当下后果而提出“极度现代的世界”命题的生态后现代主义代表查伦·斯普瑞特奈克（Charlene Spretnak）指出，现代社会把目光集中在物质扩张的过程上，假设一切社会和个人的问题都可以通过物质产品的不断增长而得到解决，根本不考虑耕地、空气和水这些实际的物质条件。为了满足那不断增长的消费水平，这个星球的生命维持系统受到了贪婪的破坏。人作为假想中的自主个体越来越疏离。然而，这一模式在生态学上永远错误，因为宇宙中所有生命形式都不能纯粹自主地存在，它们在分子水平上是与一切宇宙生命联系在一起的。[3] 与之相应的，迄今的人类学报告已经提供了不

[1] 齐格蒙特·鲍曼：《流动的现代性》，上海三联书店，2002年，第9页。

[2] A Companion to Cultural Studies, ed., Toby Miller, Blackwell, London: 2001, p.223.

[3] 查伦·斯普瑞特奈克：《真实之复兴：极度现代的世界中的身体、自然和地方》，张妮妮译，中央编译出版社，2001年，第2页。

少关于现代性文化变迁导致传统社会灭绝的事例。人与动植物世界之关系的改变如何导致古老文明的衰微和灭亡，目前的环境史学也给出了非常清晰的新认识。正如《绿色世界史：环境与伟大文明的衰落》一书的作者庞廷（Clive Ponting）所说："人类社会到目前为止还没有崩溃这一事实，并不保证崩溃将不会发生。以往的许多社会都相信，他们在以后的一段时间就会发现可持续的生活方式，但结局并非这样。""现代工业化社会以其极高的能源和资源消耗速度，极高的污染程度，以及世界其他地方的人口迅速增长，断定其为生态上可持续的，这显然太早。"[1]如果承认目前的现代工业社会在生态上不可能持续很久，那么，究竟是踩油门还是踩刹车的选择，就成为全人类性的难题了。可以说，"野蛮人与文明，谁将存活"的人类学悖论问题，已对现代性的风险做出了真切的回应。物欲与生命孰轻孰重，会成为更多人们的存在性权衡。

关于对现代性的两面性之认识，无论我们套用人类学家萨林斯的说法，叫"甜蜜的悲哀"[2]也好，还是认可后现代理论的代表博德里亚尔的说法，称为"完美的罪行"[3]，都已经明确地表现出一种过来人体验之后的觉悟。比起过去单纯的乐观期待与渴望，只知甜蜜而没有悲哀，或只要完美不认罪行，这显然是一种成熟的表现。

也许，只有当我们眼前不断浮现出伊拉克战争期间小鹰号航空母舰上试图跳海自杀以求解脱精神压力的美军士兵的身影，或是梦见百孔千疮的巴格达市的废墟与硝烟；只有当我们经常性地穿着类似防毒面具般的隔离服上班，闻着过氧乙酸的刺鼻味道出入电梯，不厌其烦地经过电子测温仪、红外线测温仪去登车或乘机，才会把所谓现代性问题最终理出个清楚的头绪来！因为

[1] 参看克莱夫·庞廷：《绿色世界史：环境与伟大文明的衰落》，王毅等译，上海人民出版社，2002年，第429—430页。

[2] 萨林斯：《甜蜜的悲哀》，王铭铭等译，三联书店，2000年。

[3] 博德里亚尔：《完美的罪行》，王为民译，商务印书馆，2000年。

除了那些写在书本上的大道理，所有这些真切无比的“现代性的文化体验”，也是我们理解现代性的必要前提。

剩下的问题已经变成这样：为了追求现代性的完美前景，我们究竟能够忍受多少罪行？为了品尝现代性的甜蜜，我们还需经历多少意想不到的悲哀？

THE SECOND PART

第二章

反现代性：文化寻根的全球浪潮

——审视“新时代运动”

一、小引：叶芝的预言

西方人自启蒙运动以来确立了直线进步的历史观，但是在此之前的循环历史观并没有完全被遗忘。从哲学家尼采到历史学家斯宾格勒，循环历史观念仍然发挥着原型作用。文学家中相信这套观念的人也更加常见，如英国诗人布莱克、爱尔兰诗人叶芝。

叶芝在1920—1925年完成的象征性长诗《幻象——生命的阐释》第三卷第二节题为“巨轮与历史”。其开篇写道：

人们必然记住，基督教时代就像公元前的两千年，是一个完整的轮子，其每半也各是一个完整的轮子。

……文明是一种保持自控的斗争。在这一点上，它特别像某些伟大的悲剧性人物。比如说一个尼伯（希腊神话中的底比斯王后，因哀哭被杀的子女而化为石头）式的人物，不得不显示出超人的意志，否则她的哭泣就无法打动我们的同情心。思想的失控是在末期出现的，首先是道德生命的沉沦，而后便是最后的投降，丧失理智的吼叫，启示——朱诺的孔雀的尖叫。[1]

中国古人较为熟悉的时代单位是500年和1000年。如“五百年必有圣人出”以及“千年河清”一类说法。所以，对西方的“千禧年”的概念还容易接受。但叶芝说的“基督教时代就像公元前的两千年”，对于中国人是难以理解的。两千年作为一个完整的轮子，是什么意思呢？加拿大文学理论家弗莱在《叶芝与象征性语言》一文中指出：“《幻象》提出了一套关于人类

[1] 叶芝：《幻象》，西蒙译，国际文化出版公司，1990年，第173页。

历史的占星学理论；根据这套理论，历史的发展是通过‘反相’循环和‘原始循环’交替地进行的：前者是主观的、贵族式的、暴力的及唯信仰论的，后者则是客观的、民主的、自我牺牲的及有神论的。每次循环的周期为两千年。从公元前2000年到公历元年的古典时期属于‘反相’循环，而从公历元年到公元2000年则为‘原始’循环。每个周期都在其半途也即第15相时达到顶点，这时它也最接近相反的极点。例如，公历纪年到拜占廷时代达到最为对立的关键；在叶芝的作品中，拜占廷多少成了历史上的一块仙境，令人联想起劳伦斯的伊特鲁利亚神话。”[1]

这种两千年一个循环周期的历史观念本来属于基督教的时间信念，也是我们理解叶芝的名作《拜占庭》和《驶向拜占庭》的观念背景。叶芝认为，进入20世纪的人正处在这一基督纪年的最后一个世纪，也即原始抽象的最低点，并正在接近即将复归的对立时代。叶芝像尼采那样，厌恶商业社会的世风日下，预言一个全新的时代即将来临，到那时，基督教的上帝信仰将让位于一种由傲慢美女与无情暴力构成的反相的文化。

叶芝去世（1939）后不到40年，一场呼唤新时代降临的运动果然在欧洲开始兴起了。这就是新时代运动，它自20世纪六七十年代以来，经历30多年的迅猛发展，从西欧和北美扩展到世界各地，形成风靡全球的反现代性的文化寻根大潮。影响所及，在学术、思想、宗教、科学、法律、商务、文学艺术和日常生活等领域都引发出巨大的冲击波。新时代运动的前身是资本主义社会内部具有反文化性质的嬉皮士运动，如今成为对抗物质主义的超越种族和国界复归东方思想和原始宗教（以萨满教和巫术为代表）的精神觉醒运动和泛生态运动，以“灵性”“治疗”“整合”等观念为依托，试图在传统基督教信仰之外重新找回人类与宇宙自然的精神的和谐状态。

---

[1] 弗莱：《叶芝与象征性语言》，《诺斯洛普·弗莱文论选集》，吴持哲编，中国社会科学出版社，1997年，第382页。

可以说，不了解新时代运动及其深远的社会反应，就无法真正了解今日的西方社会，甚至也无法看清《哈利·波特》热潮一类的流行文化现象的思想底蕴。

二、初识“原始的激情”

1999年在耶鲁大学期间，笔者读到美国杜克大学英语系主任、女学者玛丽娜·托戈尼克（Marianna Torgovnick）的《原始的激情》（Primitive Passions）一书，第一次看到“新时代（New Age）运动”这个词。托戈尼克作为大学教授参加了1992年美国的新时代（New Age）运动组织的一次会议，主题为“滋养灵魂：在日常生活中发现精神性”（Nourishing the Soul：Discovering the Spirifual in Everyday Life）。出席会议的人百分之九十九是白人，多数为女性。他们“滋养灵魂”和“发现精神性”的重要手段就是与美洲本土的原住民——印第安文化相认同。“美洲原住民文化的器物被认为具有提升精神品性的功用，在会场的内外到处摆设着。像巫医之轮的形象、彩绘的木棒、羽饰、横笛音乐与颂诗录音带等均在现场出售，琳琅满目，摆成一长串展台。”[1]

拥有这些原始道具的现代人似乎把握住一种转换文化身份的契机，凭借这些器物所承载的魔法力量去解脱沉陷于消费社会物质主义枷锁中不能自救的灵魂，抵抗由“现代性”负面效应所导致的种种心理失衡和精神危机。这种现象很容易令人想起分析心理学家荣格对西方患者的一个忠告，必须从内部而不是外部去吸取东方的价值，必须从自己的内心去寻求它们：

[1] 托戈尼克：《原始的激情》（Primitive Passions），阿尔弗雷德诺夫出版公司，1997年，第177页。

人们对这些问题必须格外谨慎，因为模仿的冲动和主动的病态，渴望把异国风味的羽毛据为己有，并用这些异国情调的羽毛装饰他们自己外表的贪婪，会把许多人引入歧途，使他们只知攫取这些“有奇异魔力”的观念，并把它们运用于外部，就像涂用药膏一样。[1]

西方中产阶级家庭往往收藏和摆设某些来自异国他乡的地方工艺品，这也许就是荣格所说的“从外部”展现文化他者的价值，如伦敦、巴黎和纽约等地的博物馆，皆以收藏世界各地珍稀文物、宝石为荣耀。而托戈尼克教授参与的“新时代”运动的“滋养灵魂”会议却不仅仅如此，组织者希望借助印第安文化的道具与仪式，帮助人们洗刷西方工业文明之污垢，重建精神性的人格。令托戈尼克感受最深的是会间举行的一个仪式。153 名与会者在黑暗的大厅中排列为三个同心的圆圈，其中两个圆圈是就地而坐，另外一个是坐在椅子上。圆圈的中心就是被称为巫医之轮的东西，用石头摆成辐射状，它象征印第安的圣地，在更一般的意义上也标示美洲原住民的生活。圆环形状暗示传统的印第安生活的和谐与统一。演讲人站在巫医之轮的南端，她说那是淳朴无邪的象征。在她的引导下，大家做出一系列的练习：

我们敲打石头以便使房间纯洁，驱走能量。我们中的每个人都抓住另一人的膝或肩，期望得到他或她的“至善”；然后反过来向对方施予“至善”。大家悄然无声，默默不语，唯有大人在敲击印第安鼓。我们咀嚼圣叶子，齐声歌唱，然后在最终的仪式性动作中，向祈祷之钵说出一个词，代表我们最需要的东西。那祈祷之钵从一人手中传到下一个人，转满整个圆圈。人们说出最多的词是“治疗”（healing）（而不是“健康”。二者之间有区别），

[1] 荣格：《心理学与炼金术》（Psychology and Alchemy），转引自莫阿卡宁《荣格心理学与西藏佛教》，江亦丽等译，商务印书馆，1994 年，第 137 页。

其次较多的是“清净”（clarity）和“声音”（voice）。新时代运动者为什么如此看中美洲原住民的理想化景致呢？我相信在那祈祷之钵中可以找到答案。他们专注的词语是“治疗”“清净”和“声音”。[1]

治疗与健康的区别究竟何在？一个健康人也可以预见日后的健康，但只有病人才需要治疗。现代西方人已经意识到文明病是不能靠传统医学方式治疗的，所以他们才诉求原始的仪式，诉诸美洲印第安人的“巫医之轮”，期望在当代世俗生活的喧嚣之外倾听到来自荒远绝域的原始的“声音”。

我们所熟悉的拉丁美洲魔幻现实主义小说借助于巫术思维在虚构中追求的目标，新时代运动的追随者们借助于印第安仪式而得到现实的效果。如果我们能够从这两种不同的文化现象之中看到原始认同的共同价值取向，那么对于其对抗现代性、拯救文明症患者的灵魂的实际功效，就不难领会了。

在新时代运动者眼中，现代性的病态除了物质主义与金钱崇拜之外，还表现在性别歧视与压迫、残害动物、毁坏地球等方面。因此，反对性别压迫的女性主义同反对破坏环境的绿色运动相互认同，组合成“生态女性主义”的新流派便不是出于偶然了。新时代运动和生态女性主义的信奉者们对印第安原始文化的另一个认同理由是，印第安文化是母系的或母性中心的。他们强调像谷物母神（玉米妈妈）和易洛魁部落女性长者统治等印第安人生活的方面。在保拉·艾伦（Paula Gunn Allen）的笔下，印第安人是“美国人之中大多数的运动所要寻求的梦境的所在。一个主要差别在于，印第安人千百年来一直把社会体系建立在仪式的、以精神为中心的、女性定位的世界观之基础上。”[2]出于现实批判的需要，原始文化中一切与当代社会相对立的成

[1] 托戈尼克：《原始的激情》，第180页。

[2] 艾伦：《圣环：重审美洲印第安传统中的女性》（The Sacred Hoop：Recovering the Feminine in American Indian Traditions），波士顿，烽火出版公司，1992年，第2页。

分都有可能获得“重审”和“再发现”，变成某种取之不尽的价值资源。换言之，原始性成为疗治现代性病患的灵丹妙药。

在某种意义上，西方人对“原始”的发现是近代以来“全球”观念形成的基础要素之一。从今天的知识全球化的宏观背景上看，文化人类学发展出的“反思人类学”一派，要求打破西方传统的欧洲中心主义价值观，摆脱社会达尔文主义的单一进化模式，提出重新认识所谓“原始人”和“原始文化”的时代课题，希望从中发现足以纠正西方文化偏向和克服现代性危机的精神取向和文化价值，在资本主义生产生活方式之外寻找更加符合人的自然天性的生活理想。该派研究对整个西方思想和社会科学各个学科产生了巨大震动和深远影响，也直接刺激新时代人在资本主义现实之外寻找人类未来道路的多样可能。形形色色的土著文化和部落社会均可成为渴望治疗的当代人投射其理想的反光镜。女性主义者从这面反光镜中看到的是母性中心文化和性别平等理念；环境主义者从中看到的是人与动植物世界的依存与共生；信仰追寻者从中看到的是圣洁的精神性；价值失落者从中看到的是滋养生命的原始魂灵；身心受害者从中看到的是疗救之希望；后现代哲学家从中看到的是解决人类现实困境的永恒之和谐……

美国人类学家戴蒙德在20世纪70年代发表的《寻找原始人——对文明的批判》一书中，对西方话语中的所谓“原始”做出完全颠覆性的解说，使“原始/文明”二分的价值模式与思维模式翻转过来，其文化寻根的意义不容低估。戴蒙德对“原始的”再定义是：

原始的=文明前的；异化前的。[1]

具体说来，原始的不再具有贬义，其特征有四方面：（1）用仪式来表达人在自然和社会中的基本需要；（2）强调存在（existence）而不是本质

[1] Diamond: *In Search of the Primitive: A Critique of Civilization*, New Brunswick, New Jersey: Transaction Books, 1974, p.xi.

（essence）；（3）个人对自我和社会负有责任；（4）缺乏对分析式的思维方式的关注。

《寻找原始人——对文明的批判》这个标题也具有号召性。人类学家往往为了专业需要而离开自己的文化，深入到边远的异文化中去。而形形色色的原始主义者们却是出于精神治疗的渴求才放弃文明人的城市生活，到部落社会乃至人迹罕至的野生丛林中去。他们宁愿选择与古朴的原始人为伍，甚至与大猩猩、猿猴等高等动物为伍，从中发现伊甸园罪恶之前的纯真生活体验。《原始的激情》中写到的纪德与荣格在非洲的体验，D.H.劳伦斯在新墨西哥的体验，珍妮·古多尔（Jane Goodall）和狄安·弗西（Dian Fossey）在非洲灵长动物中的迷狂般体验，可以说都是前一个世纪高更在塔西提岛的灵魂探险之翻版，西方知识分子为了在非西方文化中找回已经逝去的理想所经历的地理探求与精神探求之旅，看来至少在目前还远未终结。

这种探求的未来发展会给全球化的世界带来哪些变化和哪些启示，仍是值得文化研究者高度关注的课题。

三、对待“新时代”的两种态度

2001年去英国访学，特别留意实地考察学院派以外的民间思想运动的情况。在牛津、伯明翰、爱丁堡等地访问咨询了有关专家，也读到一批与文化寻根运动有关的书，对新时代的了解有所深入，过去弄不懂的一些文艺和文化现象现在终于有了贯通理解的头绪。

比如说，以前看未来学家托夫勒（Alvin Toffler）继《第三浪潮》之后的《力量转移：临近21世纪时的知识、财富和暴力》一书。该书结尾题为“对一个新的黑暗时代的渴望”。当时怎么也看不大明白。托夫勒把新时代运动所代表的20世纪晚期的全球精神复兴运动看成是以嬉皮士运动为先导的抨击世俗主义和工业文化的社会运动。在他看来这是一个相当危险的势力，因为其性质就在于，它是继共产主义的集权主义之后，能够与西方资本主义及其民主政治体系相敌对的替代力量。托夫勒写道：

与长头发同来的还有强烈的技术恐惧症和对神秘主义、毒品、东方崇拜、占星术以及杂牌宗教的普遍兴趣。这个运动仇恨它所看到的工业社会的一切，极力鼓吹返回某种罩着光环的神秘的过去。它所崇尚的重返现实主义、奶奶的老花镜、印第安念珠和头带都是嬉皮士抗拒整个大烟囱时代、渴望返回工业化前的文化的象征。当今这一正在蔓延的方兴未艾的“新世纪”运动就是由上述嬉皮士运动的种子生成的。[1]

这里的“新世纪”运动就是新时代运动的另一种译法。中国的读书界乃至大众传媒对这个词组还十分陌生，很容易被托夫勒的一面之词所蒙蔽。这个运动在西方世界已经风行了好几十年。作为对资本主义工业化和现代性的反拨，其影响力所及，上自大都市的知识界精英，下至乡镇社区百姓，日益形成声势浩大的思想文化风潮，至今尚看不出有衰减的迹象。对待这一运动的态度在欧美社会的朝野之间有很大差异，梳理这方面的思想线索，关注其发展趋势，是我们了解西方当代文化格局及其内在矛盾的一个重要视角。

托夫勒把“新时代”这个词解说为“新的黑暗时代”，可以说在很大程度上代表了学院派和准学院派，官方或半官方对待民间思想文化运动的看法。如果我们没有忘记托夫勒不仅当过杂志主编、大学客座教授，还是美国国际战略研究院研究员的话，他的身份立场就和他的这种观点吻合起来了。从冷战时代的反对共产主义态度，到后冷战时期的反对“新的黑暗时代”的立场，

[1] 托夫勒：《力量转移：临近 21 世纪时的知识、财富和暴力》，刘炳章等译，新华出版社，1996 年，第 409—410 页。

托夫勒这位预测学家的意识形态背景表明他的预测还远远达不到科学的价值中立要求。不过他的这些看法可以代表某些置身于这场运动之外的局外旁观者的评价。

无独有偶，另一位具有官方背景的美国学者、文明冲突论的倡导人亨廷顿也使用了类似的比喻措辞来指称威胁当代文明的野蛮势力。他在《文明的冲突与世界秩序的重建》结尾处写道：“在世界范围内，文明似乎在许多方面都正在让位于野蛮状态，它导致了一个前所未有的现象，一个全球的‘黑暗时代’也许正在降临人类。”[1] 尽管这两位影响力很大的美国学者所担忧的降临世界之“黑暗时代”在内容上不尽相同，但是他们自诩为文明代言人的那种身份认同，他们对“野蛮”和“神秘主义”的敌对态度却显出惊人的一致。借用艾里克·切菲兹的术语，这种代文明立言的做法可以归入“帝国主义诗学”话语一类，该话语从莎士比亚时代起就一直把白人以外的有色人种视为野蛮文化的代表。[2]

2001 年 12 月，曾担任过三届美国总统首席政策顾问的帕特里克·布坎南（Patrick Buchanan）出版了《西方之死》（The Death of the West）一书，把当年德国人斯宾格勒的“西方的衰落”说又更加耸人听闻地推进了一层。在他看来，导致西方文明走向死亡的根本原因就是两个主要方面：肉体上，白人的生育率下降（避孕药充当了西方的自杀药），而大量非白人移民的涌入逐渐改变着美国人的种族成分；精神上，传统基督教信仰的终结与新兴宗教势力的迅速扩张，使西方精神不复存在。他所说的与传统基督教对立的新兴宗教势力，当然包括新时代运动在内。布坎南这样一种与民族主义与反全球化主义纠结在一起的政治态度，已经把托夫勒、亨廷顿的观点推向极端。

如果把托夫勒与亨廷顿的观点看成是人类学考察文化现象的“外部方

[1] 亨廷顿：《文明的冲突与世界秩序的重建》，周琪等译，新华出版社，1999 年，第 372 页。
[2] Eric Cheyefitz，The Poetics of Imperialism， Oxford University Press，1991，p.4.

法”，也就是帝国主义诗学的一面之词，那么下面还要引用与之相对的“内部方法”或“内部视点”，用我们熟悉的话叫作“同情之理解”。笔者带着疑问在伦敦大学读了苏珊·格林伍德（Susan Greenwood）的著述，才意识到为什么亨廷顿等人对新时代如此惧怕。苏珊·格林伍德虽然出身学院派，但却是对新时代运动抱有同情的英国人类学博士，也是这方面最活跃的理论代表之一。她刚在《超越新时代：探求多样的精神性》论文集中发表了《巫术实践中的社会性别与能量》一文，最近又推出了介绍新时代的专著《魔法与巫术百科全书》[1]。这本书可以说是女人类学者重写女巫的大成之作。我们从这本图文并茂的巨著里可以较为直观地了解当代欧美方兴未艾的社会运动的巨大潜流，有助于对西方当代的文化寻根思潮做整体性的观照。根据她提供的全景式概观，我们不难理解，为什么西方的书店里有那么多的“身心（BODY AND MIND）”“精神性（SPIRITUAL）”“女性研究（WOMEN STUDIES）”的书，为什么西方人对东方的禅、易经、老子与道教、太极术、武术、象征、星相学、风水以及各种灵学、元心理学、未来学、外星探索与世界神秘探索的热情与日俱增。为什么以传播异教知识而著称的荣格、坎贝尔等的著述在英美的书店那么畅销。在号称世界最大的学术书店的伦敦的 WATERSTONS 书店 3 楼的宗教与心理学厅，畅销展示台上陈列的是坎贝尔的《神之面具》4 卷本和弗雷泽《金枝》1 卷本，心理学厅则永久地为弗洛伊德和荣格开设专柜。而在新时代运动的英格兰朝圣地格拉斯顿伯里的书店里，更充斥各种神秘主义、神话、法术、占卜和异教知识的书刊资料。连基督教的核心神话形象耶稣，也被好事的学者重新还原为一位上古时代功力超凡的大巫师。[2]

[1] Susan Greenwood：*The Encyclopedia of Magic & Witchcraft*， Lorenz Books Ltd.，2001.

[2] 参看 Morton Smith：《巫师耶稣》（Jesus the Magician，Charlatan or Sun of God，Berkeley：Seastone，1978，1998）。该书举证于《福音书》（内外像中国训诂学讲的内证与外证），尤其是耶稣的神奇行为方面的多种证据，说明耶稣的真实身份是巫师，甚至是一个 Trickster。

看来在学术与非学术的互动中，史前学与生态学的升温不是偶然。看到英国的民间自发集合起来的舞蹈者围着史前巨石而举行仪式的场景，就容易理解为什么关于斯通亨机（stonhenge）或克里特岛一类的考古书在欧洲就像关于印第安文化的书在美国一样也常年有其市场了。

四、“新时代”的文化冲击波

如果说嬉皮士运动当年的参与者主要是都市青年人，那么如今的新时代运动则波及更广大的社会与文化层面。可以说，不了解新时代运动，已经无法了解当今的西方文化。以下略举宗教、科学、文学、艺术诸方面的出版物，描述其文化冲击波的力度和范围。

不少人像托夫勒那样把新时代运动当作一种新兴宗教运动。原因之一就是“新时代”这个词针对基督教而言：基督纪元以 2000 年为一个循环周期。从公元元年到 20 世纪结束正好完成一个循环。新时代人认为 2001 年以后将不再是基督教信仰的天下，取而代之的将是一场人类精神的大转型。所谓“新时代”也就是指一个后基督教的时代正在和 21 世纪一同到来。有人将新时代定义为“促使人类思想意识转型的所有活动”，把新时代人的使命确定为促进这种转型的进行。这样的一场心灵革命或精神转化主要体现为：像萨满教、禅宗、瑜伽、巫术、太极拳等非基督教的身心修行方式重新得到推崇，借此来恢复人类与万物相沟通交感的灵性状态，也就是恢复人与自然、宇宙的原初和谐，重新安顿被资本主义现代生活割裂的心灵。

我们或许由此可以悟出新时代运动与亨廷顿文明冲突说的对应之处：东方宗教的现代复兴将取代基督教文明而成为人类新千年的精神向导；威胁基督教权威的是古老的异教传统之当代大普及。

布鲁斯在《新时代与世俗化》中把新时代的宗教特征归结为三：其一，

相信自我的神圣性（无罪感）。人人可以成佛。其二，整体观。人与宇宙万物处于同一整体之中。其三，在新时代中，没有比个人的自我更高的权威。[1]这样的自我意识犹如宣称“真理就在你的脚下”。如果你想了解为什么大批心理自助或者自我治疗类的出版物十分流行，那么根源就在于此。以上三点都是东方思想影响的结果。从叔本华到荣格，19—20世纪思想史上的东学西渐，是否足以构成和“语言学转向”相比的“东方转向”，值得我们深思。

赫奇斯与贝克福德合写的《整体观、治疗与新时代》提出，新时代的基本特征有如下四个方面：

1.一种希望。希望改善人类生活品质的种子已经播下了，对于那些把知识、信任、勤勉和耐心结合起来的人类个体，那些可以向真实的自我进行表白，而不是盲从习惯和规则的个人来说，这些种子是现成的，可以培育的。

2.一种批判。批判发达工业社会中流行的生活方式的某些方面，如物质主义，浅薄、不能反思自身、不能满足人类创造性的自然潜力的发挥，怜悯之心和游戏精神均被窒息。还批判那种宗教和伦理体系：凡冒犯了绝对的纪律、教规或标准就会引发负罪感。

3.一种开放性。向如下新思想开放：所有的生命形式之间具有内在联系；每个人要对自己的生活负起责任，加入和维护一个更加有序和更加完美的世界，在那里真实的自我能够实现更高的价值。在新时代人中，普遍对新思想、经验和实践持一种同情的和实际的态度。

4.一种赞赏。赞赏那些减少人类分裂、腐败和开发榨取自然界行为的功绩。如某些前现代的信仰体系中所象征表达的那样，把自然界理解为一个复杂而和谐的自我均衡的系统。[2]

---

[1] Steve Bruce，The New Age and Secularisation，Beyond New Age：Exploring Alternative Spirituality，ed.，Steven Sutcliffe and Marion Bowman，Edinburgh University Press，2000，p.227.

[2] Ellie Hedges and James A.Beckford，Holsm，Healing and the New Age，Beyond New Age：Exploring Alternative Spirituality，p.169—187.

这四个特征有效地说明了精神转型的实质内涵。至于精神转型的具体追求，中国的新时代人纳新有如下三点说明：

第一，人类感官所能觉察的存在只是宇宙所有存在中的一环。要承认对于我们看不见的东西的存在，而且不排斥不同的人因自身感受能力的不同在对宇宙的感觉范围上有所不同。坚持以理性、科学的态度来描述把握我们所正在进行的变革并不断调整自己的世界观是新时代人的首要使命。

第二，当然，在这一过程中因为地球能量的巨大变化以及当代科技的发展，给大众的生活方式带来巨大影响，很多我们前辈所不能得到的知识和能量在我们现在可以轻易地使用，而我们的生活节奏将继续日益加快。所以，在保持理性的同时，我们还要注意开发自身的直觉力和潜能。非但要将自己的思想转变为以内在为导向，将人生看作是在物质系统中学习驾驭能量的过程，而且要将我们实际的觉察能力和意识调控能力也提升到一个新的水平与之呼应。这具体可以表现在对“通灵（Channeling）”、“濒死状态（Near Death Experience，NDE）”、“清明的梦（Lucid Dreaming）”、“灵性康复治疗（Spiritual Healing）”、外星生命（飞碟、UFO、人类之前的文明等）等神秘问题的探研和实践上。

第三，这种对自身潜能的开发也可以在日常工作和生活中进行。如果认真体会我们时代经济、文化、政治，乃至日常生活、艺术人文、人事管理等领域的运作，你会发现我们的时代的确不同于以往的任何时代。真正要在日常生活、事业爱好中有所成就，游刃有余，就需要对人类目前的物质和能量运作方式有深入的体察和把握，而这一过程本身其实就是一种修炼。所以是说新时代人第三个重要使命就是“生活”本身。[1]

在我们看来，新时代对生活的强调多少有点类似禅宗对正统佛教的改造。

[1] 参看新时代中文网站。

在新时代人看来，这场转变是有史以来惊天动地的大事。只有自觉地顺应这场在人类进化史中早就已规划好了的变革，才不至于在这场转变中被动乃至灭绝。他们由此而建立起一种类似宗教情感的使命感与认同感。不同种族、国籍的人很容易在这种共同使命的召唤下走到一起来。我们在斯通亨机史前巨石阵周围看到，来自世界各地的朝圣者手拉手旋转舞蹈，就是这种教堂以外的精神凝聚力的生动景象。对此，基督教教会和神学方面有不同程度的反应。

针对基督教方面对新时代运动的误解、批评和攻击，底特律慈善大学宗教学教授约翰·萨里巴（Jhon A. Saliba）所著《基督教对新时代运动的反应》一书，于1999年在伦敦出版。该书对新时代的总结性评价有四点：

（1）它不是一个通常意义上的组织。它没有中央和领袖，没有法定的专家实体，因此也没有普遍的统一的政策。

（2）它不是一个要占领哪个国家或地区的秘密组织。

（3）没有人被强迫接受其思想或加入其组织，其成员大部分为成年人。

（4）它与恶魔主义（Satanism）之间没有直接联系。除非你假定任何非基督教的一定同恶的、魔鬼的势力有关。[1]

虽然有一些学者把新时代归入新兴宗教的范围，但是从以上四个特征来看，它既无统一的教义也没有自上而下的组织和领导，所以还是看作文化思潮和民间性的社会运动更为合适。

科学与科学家在这场运动中并不一定扮演对立的角色，某些科学新发现和新理论反而激发和助长了新时代人的激情。著名物理学家卡普拉（F.Capra），在风靡西方的《现代物理学与东方之道》一书之后，又于1982年出版了《转折点：科学、社会与新兴文化》。这本书奠定了新时代人世界观的基础：打破牛顿式的机械论的世界观，代之以整体的有机系统观。该书扉页上印的是

[1] Jhon A. Saliba，Christian Responses to the New Age Movement，London：Geoffrey Chapman，1999，p.27.

周易的“复卦”，把现代社会处于重大转折即文化寻根的主题和盘托出了。[1] 另一位深受新时代人推崇的科学家是洛夫洛克（James Lovelock）。他提出的“盖娅假说”（Gaia hypothesis）同样影响巨大。洛夫洛克分别在1979年和1988年由牛津大学出版社推出两部书：《盖娅：地球生命的新观照》与《盖娅时代：我们地球生命的传记》。其主旨是：一切生物赖以存活的这个地球，不仅是宇宙之间仅有的一个发生了生命的环境，而且她自身也是一个生物有机体，一个能够自我适应和自我调节的体系，一个可以改变自身环境使之顽强存活下去的系统。这样一种全新的自组织的地球生态观，很容易让人联想起古希腊神话时代的大地母神盖娅，于是借助于洛夫洛克科学著作的广泛影响，复活的盖娅女神成为20世纪末期西方民间崇拜的一个新的核心偶像。

在英格兰西部的新时代运动的重要朝圣地格拉斯顿伯里（Glastonbury），大小商店里都可以看到这位大地母神的塑像。在各种有关神话与新宗教的出版物里，盖娅的形象也随处可见。女性主义神话学家更是对这个新复活的女性偶像推崇备至。

新时代人为什么与环境主义相互认同？因为新时代人通过卡普拉和洛夫洛克等人，从印度教和佛教那里借来了整合的世界观；他们意识到我们自己、物质世界和超自然世界都是一个单一的实体。这就使许多新时代人对环境主义抱有强烈兴趣。我们应该保护物质世界不受无节制的开发，不仅是为了我们自己未来的利益，因为按照“盖娅假说”，我们这个星球就是一个灵性的存在。正因为如此，许多新时代人是素食主义者和绿色运动的中坚，还有许多人毕生贡献给环境保护事业。

20世纪90年代中期以来，新时代人在各大报刊上发出声音，美国的新时代出版物激增，而且成为一项市场潜力巨大的新产业。影星Shirley

---

[1] F. Capra，The Turning Point：Science，Sociology，and the Rising Culture，London：Flamingo，1983.

Maclaine 公开宣称新时代已经到来。媒体上出现诸如“新时代精神”“新时代健康”“新时代政治”“新时代词典”，甚至“新时代婴儿起名书”一类说法，五花八门，不足为奇。国际互联网上与之相关的内容更是浩如烟海。在这种氛围中，有一部广为流传的预言式小说，承担起新时代精神代言人角色，它就是 1994 年在美国问世的《塞莱斯廷预言》，作者为詹姆斯·莱德菲尔德（James Redfield）。这部小说成功地结合了新的科学观和古老的启示预言传统，并且采用了能体现异国情调的探险故事的外在结构，在图书市场上大受欢迎，持续畅销不衰。该书在 1997 年有了中译本，但是由于文化的隔膜，背景知识的缺乏，中国的读者基本上只能像“外行看热闹”一般欣赏其悬念式的写法。和英文版 600 多万册的发行量相比，中文版的市场反应显然是失败的。

莱德菲尔德在《塞莱斯廷预言》的前言部分对新时代运动做了回顾性的概括，他用富于激情的语调写道：

半个世纪以来，一种新的意识进入人类社会，这是一种只能被视为超验的、精神的新意识。如果你开始读这本书，那也许你已经觉察到某种变化，内心已经感受到这一点。

这种意识源于我们对生活发展方式的更高层次的感悟。我们注意到那些偶然事件，在特定的时刻发生，引出特定的个体，猛然间将人的生活引向一个新的重要的方向。也许，我们比以往任何时代任何人更能感知到这些神秘事件的深刻意义。

我们知道，生活其实是一种精神性的展现，这是个体的展现，它充满魅力。直到今天，任何科学、哲学或宗教都未能完全阐明这种精神性的展现。我们也知道，我们一旦明白正在发生的变化，一旦明白怎样参与这一隐秘的进程，充分重视生活中的这些神秘现象，人类社会就会有一个质的飞跃，进入一种全新的生活方式。这种生活能够吸收传统的精华，从而创造一种人类有史以来孜孜以求的文化。[1]

新时代人对“精神性”的高度关注在这里表现得十分清楚。在如今这个物欲横流的时代和社会里，对“精神性”的向往和追求是使不同国度和不同种族的新时代人彼此认同的法宝，也是他们最看中未经文明污染的原始部落文化的原因所在。新时代文学在美国的另一位代表人物卡斯塔尼达（Carlos Castaneda），便是这场西方文明人向原始文化学习“精神性”的最好的一个现身说法的代表。他的系列小说第一部《唐望的教诲：亚基文化的知识系统》在美国问世后，迅速引起读书界的巨大轰动。这促使他又写了第二本书《另一种真实》，以及第三本《前往伊斯特兰的旅程》。这些书细致地记录了他放弃理性自大的架子，通过学习巫术思维重新获得精神自由的历程。下面引述的就是他的开悟之语：

人类的意识原本无所限。在言语性的思考之外，还有更深沉、更直接的知觉方式。那是言语所无法掌握、无法描述的。文字出现后，描述渐渐取代了直观的知觉。于是人类渐渐远离直观，而渐渐熟悉言语文字的间接，古老的精神智慧在文字的影响下渐渐变质，于是产生了宗教。

宗教是人类试图回归本来面目的向往，也是古老直观知觉苟延残喘。原本对于完整意识的追求变为权力欲望的满足。言语文字的思考萌生了理性，理性的力量终于在欧洲启蒙时代以科技的形式开花结果，船坚炮利的强国开始掠夺纵横世界，欧洲文化对于美洲新大陆的侵略是不折不扣的浩劫，原来残存的古代智慧被视为异端，几乎遭到赶尽杀绝的命运。在这种极端的压力下，古代智慧残存的知识分子以生命为代价，开始对他们的传承进行彻底的

[1] 詹姆斯·莱德菲尔德：《塞莱斯廷预言》，张建民、唐建清译，昆仑出版社，1997 年，卷首。

检讨；结果他脱胎换骨，放弃了宗教的形式，诞生出一种抽象而极有效率的修行之道，重新强调完整意识的追求及精神上的最高自由。[1]

萨义德在其后殖民理论的奠基作《东方学》中提到，欧洲人的东方学在19世纪的作用是为欧洲人恢复人性中已经失落的那一部分，但它在20世纪则变成了一种政治工具，一套欧洲可以用来阐释自己以及为自己阐释东方的符码。[2]现在，作为“原始人”的印第安人是不是继承了“东方”在19世纪的职能，成为西方人恢复人性中失落部分的新的文化借镜呢？卡斯塔尼达的答案显然是肯定的：作为受过西方式大学的理性教育的白人学者，他拜倒在“野蛮人”代表印第安巫师唐望的脚下。在他笔下，与古老的印第安秘传智慧所达到的思想境界相比，西方的知识和理性、科学的价值竟然变得像无知和狂妄一样可笑又可怜。也许迄今还没有一位人类学家的文化认同能够像卡斯塔尼达这样转换得如此彻底。

一大批不愿意沉陷于物质主义生活的美国人，就这样效法他的榜样，从印第安人那里寻求精神拯救之方。以至于这方面的出版物激增，形成一股印第安文化复兴热潮。[3]

至于新时代对当代艺术的巨大影响，尤其是在流行音乐和绘画方面的表现，限于篇幅，这里就不细述了。有心的读者只要留意一下英格玛（Enigma）这支德国的乐队，以及1996年的美国亚特兰大奥运会宣传片的主题曲《Return To Innocence》（《回到纯真》），就可以略窥一斑。英格玛乐

[1] 参看卡斯塔尼达：《前往伊斯特兰的旅程》，鲁宓译，内蒙古人民出版社，1997年，第7页。

[2] 萨义德：《东方学》，王宇根译，三联书店，1999年，第324页。

[3] 分别参看：1. Raymond Buckland，Witchcraft from the Inside，Origins of the Fastest Growing Religious Movement in America，Llewellyn Publications，St. Paul，Minnesota，2001.

2. Joan Parisi Wilcox，Keepers of Ancient Knowledge：the Mystical World of the Q'ero Indian of Peru，Element Books，Inc.，1999.

3. Benedict Allen，Last of the Medicine Men，London：BBC，2000.

4. Dorothy Morrison，Everyday Magic：Spells & Rituals for Modern Living，Llewellyn Publications，St. Paul，Minnesota，2001.

5. Vivianne Crowley，A Woman's Guide to Earth Traditions，London：Thorsons，2001.

队通过西方流行音乐节奏表现出遥远的非洲部落的原始宗教的回声。它的制作人在过去的8年中一直在西班牙的伊维萨特岛上过着与世隔绝的生活！

五、“新时代”的社会功能

有人这样评价新时代的社会功能：新时代认识论的最大功绩是解决了文化的多元主义问题。如果每一个人都相信同一个事物，用同一种眼光看世界，那么一个社会就很容易信仰唯一的神、唯一的真理、世上唯一的存在方式。然而，当那个单一的文化碎裂成一系列相互矛盾的景观，你可能就要面临无穷无尽的争论和冲突。一个可行的办法是改变基本的知识观，以便使我们成为相对主义者。我们承认不再有唯一的真理或唯一的通向神的方式，而是存在一整套的同样有效的方式。相对主义还适应了一种对知识的全然民主的态度：我们可以把新时代的“新科学”和“新医学”描绘为一种积极抛弃权威的第三舞台。曾几何时，文化是由专家们来解说的。现在，我们享有了个人趣味的自由：“我也许不大懂艺术，但是我知道我喜欢什么。”20世纪60年代后期转到了自决性的行为选择：“我也许不大懂伦理道德，但是我知道我喜欢干什么。”如今，我们看到在第三舞台上出现了对专家知识领域的同样态度：“我也许不大懂神经系统，但是我知道我喜欢相信按摩和针灸。”[1]由此可见，在如今的全球化情景中，文化多样性的选择已经不仅仅是国家的策略问题，也成了个人日常生活中的选择问题。

在英国谢菲尔德大学常年开设“异教哲学”的霍恩（Richard Herne）教授，在《巫术、萨满教与道教》中也强调，东方思想对于开启人类生活的新纪元

[1] Paul Heelas, Expressive Spirituality and Humanistic Expressivism: Sources of Significance Beyond Church and Chapel, Beyond New Age: Exploring Alternative Spirituality, ed., Steven Sutcliffe and Marion Bowman, Edinburgh University Press, 2000, pp.237—242.

至关重要。中国的《易经》不能仅当成占卜之书，它也是完美的宇宙象征系统的呈现。古代的法术师通过《易经》来把握宇宙的力量，完成人与超自然的沟通。今天我们可以通过《易经》的学习来引导深思冥想，学习接近宇宙的基本力量。[1] 美国加州的亚历山大·艾利奥特则在《永恒的神话：古老传说如何影响现代世界》一书中，遵从约瑟夫·坎贝尔的神话主义，根据自己的切身经历，富有创意地解说了东西方的若干神话，提出“Mythosphere”概念，认为我们现代人不是神话的遥远旁观者或探索者，而完全是神话的局内人，因为我们就生存于 Mythosphere 之中。古老的神话依靠宗教仪式、民间故事、童话、文学、绘画、雕塑和音乐而传承不息，至今仍然是引导我们生存智慧的灯塔。给这部书作序的一位美国教授说：当代解释学家伽达莫尔对 Mythos 与 Logos 做了经典性的区分：确认 Logos 为真的叙述；Mythos 为假的、迷信基础上的叙述。这样的区分显然是有问题的，因为真与假的区分不适宜神话。如果用艾利雅德和利科的观点看，“神话讲述神圣的历史”（Myth narrates sacred history）[2]，因此现代人应放弃理性的偏见，重新理解神话的意义。这种要求一方面回应着叶芝当年对随着新时代到来的非理性潮流的憧憬，另一方面也给近年来日渐流行于世界的所谓“新神话主义”风潮，提供了合理的注脚，同时对应着后现代主义者抗议理性异化的思想取向。

新旧世纪之交，一部轰动世界文坛和影坛的超级畅销作品《哈利·波特》，显示了新神话主义在文化市场上的巨大号召力。它也再度以魔幻想象的形式展现出新时代的文化多元主义功能：异教原型全面登场。用心的人们似乎可以从作者的想象背后明白一个道理：现代性的危机必定要由西方资本主义机体之外的文化元素来加以拯救——如果危机真能获得拯救的话。

[1] Richard Herne，Magick，Shamanism & Taoism：The I Ching in Ritual and Meditation，Llowellyn Publications，St.Paul，2001.

[2] Alexander Eliot，The Timeless Myths：How Ancient Legends Influence the Modern World，Truman Talley Books，1997.

THE THIRD PART

第三章

“新时代”的文学浪潮

- “新时代”的文学热与评论缺席
- 《塞莱斯廷预言》的寻根意识
- 《哈利·波特》：魔法反叛现代性
- 莱德菲尔德：诊治现代文明病
- 由俗返圣与精神的回归
- “东方转向”与文化整合

一、“新时代”的文学热与评论缺席

作为对资本主义工业化和现代性的反思，新时代运动自20世纪六七十年代在英、美等发达国家产生，几十年来迅速发展，其影响力所及，上自大都市的知识界精英，下至乡镇社区百姓，日益形成声势浩大的文化风潮。这一运动与全球化潮流一起给后现代文学艺术的发展带来巨大影响。可惜，目前我国对全球化问题和文化冲突论都有相当多的关注和讨论，而对新时代运动却几乎没有什么介绍和了解，因而使我们无法看清某些重要的文艺现象（如前章提到的“新神话主义”）所代表的西方非学院派的思想潮流，不能正确理解和评价某些影响力巨大的文学作品，如美国的《塞莱斯廷预言》（又译《圣境预言书》）、《第十种洞察力》、《达·芬奇密码》和苏格兰的《哈利·波特》系列。

20世纪90年代中期，《塞莱斯廷预言》一书就发行600多万册；世纪之交，以巫术思维和魔法奇迹为背景的《哈利·波特》，能够在英美同时风靡影坛和书市，发行连创历史纪录，多卷本的总数达到3600万册。新世纪的2003年，美国小说《达·芬奇密码》又连续50多周高居畅销书榜首，一年的印数就直逼800万册。可是，学院中的人文知识分子对这些现象似乎无动于衷，评论界也是相当耐心和沉寂。似乎矜持的学者不愿对当下流行的小说作品加以评判。然而，以异教的凯尔特人的巫术传统为背景的《哈利·波特》旋风，以及由此引出的思想文化现象却绝不是局限在儿童文学的范畴里所能理解的。

梳理新时代运动的思想线索，关注其发展趋势，是我们了解西方当代文化格局及其内在矛盾的一个重要视角。权威的未来学家托夫勒如何把新时代人的希望说成是“对一个新的黑暗时代的渴望”，以及继共产主义之后与资本主义及其民主政治体系相敌对的替代力量，已在上一章有所介绍。为什么具有半官方身份的托夫勒对新时代运动如此担忧呢？托夫勒的这种态度使我们想起文化人类学家马文·哈里斯以维护科学的立场对所谓新蒙昧主义社会运动的批评。这其实就是指新时代运动。马文·哈里斯的《文化唯物主义》一书第十一章标题就是“蒙昧主义”。

他认为，蒙昧主义者是当代崇尚神秘主义现象的人，他们对所有的现存的科学理论表示怀疑。在普通情况下，蒙昧主义具有社会运动的许多特征。在星相学、巫术、救世论、颓废派、原教旨主义、个人崇拜、民族主义、民族自我中心主义和其他数以百计的思维模式——崇尚通过灵感、启示、直觉、信仰或符咒得到的知识，而反对遵从科学研究的原则所得出的知识——的主位因素中，蒙昧主义是一个重要的成分。[1]我们从这个描述中就可知道，其中的许多内容是指新时代人的芜杂信仰。这些内容与正统学院派人士显然是格格不入的。而在1923年诺贝尔文学奖获得者、爱尔兰文艺复兴运动的代表叶芝的《幻象》中，恰恰充满着诸如此类的内容。马文·哈里斯还分析说：“所有的非科学的策略不一定都是蒙昧主义的。就像我以前说过的，存在着一些通过科学研究无法取得经验和知识的领域。神秘主义者和圣徒的入迷，吸毒者和精神分裂症患者的幻觉，艺术家、诗人和音乐家的审美洞察力，当然不会因为它们不是建立在科学的原则上就是蒙昧主义的。只有在以非科学的手段获得的知识被有意地用于对适合于科学探讨领域中的科学知识的正确性加以怀疑的时候，才会出现蒙昧主义问题。换言之，蒙昧主义的研究策略必然是反科学的而不仅仅是非科学的。”[2]与马文·哈里斯维护西方科学权威的立场不同，托夫勒主要是从政治意义上反对新时代运动的。

根据“新时代”理论，基督教的历史观把2000年当成一个重要的时间轮回周期。从基督的公元纪年以来，到20世纪结束，一个完整的时间周期

---

[1] 马文·哈里斯：《文化唯物主义》，张海洋等译，华夏出版社，1989年，第368页。
[2] 马文·哈里斯：《文化唯物主义》，第365页。

循环就结束。所谓"新时代"，与叶芝所构想的一脉相承，指的就是一个完全不同的后基督教时代的来临，是一个与追求物质繁荣的资本主义现代性相背反的、叛逆基督教价值观并且对抗官方意识形态的时代，也是一个让精神性占主导地位的时代。套用叶芝诗中的话就是：

当新的年代带着非理性力量流出时，它将像基督教所经历过的那样，发展它的哲学已经给少数人留下深刻的印象……但它必须从昏睡中恢复生命，不是丢勒的生命，不是布莱克的生命，不是弥尔顿来自神圣的人类，也不是尼采的超人，而是有机的组织，冻结的群众中溶化出的有生理或理智的血缘关系的大聚会。[1]

新时代来临的一个重要标志就是非基督教文化即东方宗教、原始宗教和民间传统的全面复兴。与此相关的还有对人与自然关系的重新建构、生态主义与女性主义的大联合等。

进入 20 世纪 90 年代，由于新时代所期待的重大转折时刻的临近，美国的新时代出版物激增，在各大报刊上发出声音，甚至成为一项市场潜力巨大的新产业。影星 Shirley Maclaine 公开宣称新时代的到来。媒体上出现诸如"新时代精神""新时代健康""新时代政治""新时代词典"，甚至"新时代婴儿起名书"一类语汇。互联网上与之相关的内容更是浩如烟海。在这种氛围中，美国的一部广为流传的预言式小说，承担起新时代精神代言人的角色，它就是詹姆斯·莱德菲尔德 1994 年推出的《塞莱斯廷预言》[2]。该书被视为新时代的代表作，并且使新时代的思想普及到更加广泛的社会成员之中，对该运动起到了推波助澜的作用。

[1] 叶芝：《幻象》，西蒙译，国际文化出版公司，1990 年，第 201—202 页。
[2] 詹姆斯·莱德菲尔德：《塞莱斯廷预言》，张建民、唐建清译，昆仑出版社，1997 年。

二、《塞莱斯廷预言》的寻根意识

从西方的神话时代，到中世纪的传奇，一种追寻宝物或者探寻秘密的主题模式成为西方叙事文学最常见的一种范型。古今流行的各种叙事作品，从伊阿宋寻找金羊毛的神话，到弗雷泽的学术著作《金枝》，都可以看作是这种寻宝探秘主题原型的变奏曲。新时代文学的代表莱德菲尔德的成名作《塞莱斯廷预言》也不例外。这部小说市场成功的秘诀不能简单地判定为异国情调或传奇写法，而应该从新时代思想潮流这个大背景上去发掘。新时代人在科学观方面的一些重要见解被作者巧妙地纳入启示预言式的叙事传统。这部小说在距离千禧年不远的时候问世，也是它特别受欢迎的重要因素。

莱德菲尔德善于运用生动而概括的叙述方式，几分召唤，几分神秘，有时耸人听闻，有时又循循善诱。把半个世纪以来逐渐形成的新时代人的世界观介绍给小说的读者，让他们从内心产生某种感应，启发他们加入这个新觉悟的大众行列中来，即加入一种全新的生活方式。作者期望诱导读者“对生活发展方式的更高层次的感悟”。从以往无法理解的神秘事件中真正领会到深刻的意义。为了实现这个诱导和启发的初衷，小说中大量采用了人物的内心独白和人物之间的问答对话。在独白和问答中宣讲出秘鲁秘传手稿的要义。“手稿预言，在现今这个阶段，人类将一个接一个，依次把握这些真知，我们的文化也将由此发展为一种完全精神性趋向的文化。”[1]

塞莱斯廷是秘鲁境内古代玛雅文明遗留下来的一个废墟所在。相传在那里发现了一部手稿。全书的故事即围绕寻觅和理解这部神秘手稿的过程而展开。手稿共由九条真知组成，每一条真知分别讲述一个重要的启示性道

[1] 詹姆斯·莱德菲尔德：《塞莱斯廷预言》，张建民、唐建清译，昆仑出版社，1997 年，第 5 页。

理[1]。手稿预言，人类面临一场意识的复兴。这不是宗教性质的，而是精神性质的复兴。这种意识将改变我们的文化。“根据第九条真知，到 2500 年，人类会生活在有 500 年树龄的森林中，生活在经过精心修理的花园内，但离技术发达的都市很近。到那时，诸如食物、衣着和交通等生存方式完全自动控制，而且各取所需。我们的需要可以完全得到满足，而无须通过货币交换，当然也不能纵欲和贪婪。我们的人生追求会因我们自身进化产生的兴奋而得到满足，就是说，我们获得直觉时的欣喜，然后密切注视我们的人生归宿。”

玛雅人在正统基督教信徒们眼中，原来不过是一些异教的“原始人”，也就是西方帝国主义诗学所要征服和藐视的对象。现在由这些“原始人”异教徒来为新时代的到来提供启示，其神秘性之中也就同时体现出神圣性。昔日文化价值的颠覆与倒置，表明了从殖民主义到后殖民主义的时代变迁给传统基督教世界观、种族文化观带来巨大变革的迹象。维赫斯特（Thierry G.Verhelst）《没有无根的生命：文化与发展》一书指出，西方的发展主义神话对于不发达国家来说是有害的。他针对“发展中的”（Ddeveloping）常用概念，提出“过度发展”（Overdevelopment）的概念，揭示文化帝国主义的统一逻辑支配下的流行观念。“发展”被第三世界视为西方化的特洛伊木马。西方一厢情愿地输入“发展”，它给未发展地区带来的不是消除贫困，反而是毁坏了当地人民赖以生存的环境，把他们从传统的生活方式中连根拔起。还有，西方对未发达国家的援助总是我族中心主义的，它假定只有一种社会是全球效法的范式。[2]作者争辩说，没有一种生命能够离开它的根，地方知识、地方文化的认同成为抵抗文化帝国主义的源泉。《塞莱斯廷预言》

[1]第一条真知：大众觉醒；第二条真知：漫漫千年；第三条真知：能量问题；第四条真知：权力之争；第五条真知：神秘信号；第六条真知：认清过去；第七条真知：汇入洪流；第八条真知：人际伦理；第九条真知：新兴文化。

[2] Thierry G.Verhelst，No Life Without Roots，Culture and Development，Translated by Bob Cumming，Zed Books Ltd，London，1990.

在西方文化以外寻求未来社会前景的做法，可以说提供了对抗“过度发展”的生态乌托邦的具体样本。

三、《哈利·波特》：魔法反叛现代性

如果说《塞莱斯廷预言》的生态乌托邦设想中还保留了西方科学的某种成分，那么《哈利·波特》则与西方科学思维针锋相对，大力倡导前科学时代的法术思想。这是一部在世纪之交的新千年期待中给世界带来精神躁动的书，以惊人数字刷新着文学艺术史和出版史上的纪录，在文艺早已失去轰动效应的后现代社会里如此强烈地吸引着千千万万少年和成人，以至于被译成三四十种文字而风行世界。这完全是新时代运动几十年铺垫的结果。

笔者以为，当今评论界局限在儿童文学领域讨论此书，不能从深远的社会背景上思考魔法文学热背后的文化蕴涵。《哈利·波特》的作者罗琳来自苏格兰首府爱丁堡，而苏格兰正是 20 世纪 70 年代以来新时代运动在英国的一个主要发源地。可以说，《哈利·波特》旋风背后有更强大的文化思想风潮在起作用。从新时代运动的文化寻根性质及其对后现代艺术发展趋势的巨大牵引作用着眼，《哈利·波特》恰好同时满足了新时代理念的几个重要特征。它的轰动不只是文学艺术的成功，而且是一个标志着新世纪文化冲突与文化走向的重要信号。

打开已问世的四卷本《哈利·波特》，最吸引人的奇妙世界莫过于那一所霍格沃茨魔法学校。该校与近代教育传统的根本不同就在于，它不传授任何现代科学知识，专门传授法术和咒术一类前现代的秘传知识。该校全体学生用的课本《标准咒语》《魔法史》《魔法理论》《魔法药剂与药水》《怪

兽及其产地》[1]等，几乎没有例外都是新时代书店里的常备书和热销书。

对于熟悉现代学校的美国或中国的儿童来说，似乎《哈利·波特》这样的幽暗写法带有典型的魔幻想象背景，读者难免会惊叹作者出奇的幻想编造能力。可是到过苏格兰城市爱丁堡的人都会理解，这个中世纪古城本身就以古城堡建筑为特色。作者的这种表现不是虚构的产物，而是以真实的生活实景为原型的。爱丁堡人不仅和我们一样生活在计算机和互联网的时代，同时也生活在古堡幽灵般的中世纪文化氛围之中。假如你在参观了中央城堡那中世纪的建筑群后，顺便去体验一下街边出售古董和各种巫术道具、苏格兰氏族名称和家谱书籍的小店氛围，再到巫术博物馆看看，那么你就会充分体悟到，给《哈利·波特》全书蒙上一层神秘、幽暗乃至阴森的背景色调的，与其说是女作家罗琳，倒不如说是爱丁堡那深厚的凯尔特文化传统。

作为对抗现代性和片面发展的高科技社会的内在要求，自现代主义和后现代主义以来，一种文化寻根激情激荡在处于迅猛文化变迁中的人们心底，使他们在审美趣味上自觉地要求复归传统，重新通过艺术感知来寻找和确认自己的文化认同。弥漫在整个20世纪艺术中的原始主义风潮，不妨看作是这种以归根复古来抗拒激烈变迁引起的心理不适的自发反应。《哈利·波特》这部书的思想倾向，只有还原到反叛现代性的激进民间运动的脉络里，才能获得充分的理解。例如，西方基督教文化背景中的传统文学作品，总是千篇一律地丑化女巫，把巫婆刻画为邪恶形象，甚至称之为“撒旦的情人”[2]。可是我们在《哈利·波特》中看到了新的巫师群体形象。巫师不但不再令人厌恶，反而是引导俗人超脱于单调乏味的麻瓜世界的真正精神导师。这可以说是自文明史以来对巫师形象的重新建构。其意义，既是对基督教文明在历史上残害数以百万计的女巫罪行的彻底忏悔，也是新时代文化寻根在非基督

[1] 罗琳：《哈利·波特与魔法石》，苏农译，人民文学出版社，2000年，第40—41页。
[2] 参看骚尔曼《女巫：撒旦的情人》，马振骋译，上海世纪出版集团，1999年。

教世界发掘传统价值的表现。

《哈利·波特》在文化寻根方面的又一层意义是凯尔特文化的复兴。我们知道，大英帝国作为现代工业革命的主要动力和全球化进程的先导力量，其古代的扩张动力始于对土地的需求。英格兰人对可耕地的需求导致对苏格兰和爱尔兰的凯尔特人领地的侵占，民族矛盾的历史根源就在于此。出自苏格兰的詹姆士六世即位英王后，反过来压迫苏格兰和爱尔兰人，理由就在于他们是“原始人”。英格兰人用武力侵占的方式来夺取他们的土地，把他们赶到少数保留地，“就像后来到美洲夺取印第安人土地一样”[1]。现在为了反叛麻瓜的现代性，《哈利·波特》的主人公不得不回到前基督教时代，从“原始的”民俗宗教的巫术传统中汲取力量。还原到殖民者与“原始人”的数百年文化冲突格局中，《哈利·波特》这部魔法文学书的自觉文化认同也就很明确了。

不论是《塞莱斯廷预言》从玛雅废墟的神秘手稿寻求启示，还是《哈利·波特》为凯尔特的魔幻世界招魂复魅，这种世界文学想象的新变化从一个侧面体现着新时代运动的价值倾向。

四、莱德菲尔德：诊治现代文明病

以詹姆斯·莱德菲尔德的《塞莱斯廷预言》《第十种洞察力》为代表的文化寻根小说，代表着世纪之交西方思想的重要动向。作为反叛西方资本主义和现代性生活的先锋，小说从三个方面体现了西方价值观的变化：对文明病的诊断与治疗；由俗返圣与精神的回归；对东方思想和原始文化的再认识。

采用小说形式表达某种思想理念，在文学史上自古有之，启蒙主义时代

[1] Robert Brain，*Into the Primitive Environment：Survival on the Edge of our Civilization*，London：George Philip，1972，p.50.

以来尤为常见。在 20 世纪最后的几年，美国的预言小说家詹姆斯·莱德菲尔德连续推出《塞莱斯廷预言》（1994）和《第十种洞察力》（1996），在整个英语读书界连续掀起文化寻根的阅读热潮，并迅速翻译成数十种文字，风行全球。那正是网络新经济席卷全美乃至全球之际，传统文学写作和文学接受方式正面临重大挑战，莱德菲尔德能让人们在千年期待和困惑中重新掀起一股文学文本的阅读热，确实值得批评界刮目相看。

值得认真对待的，首先不是此类小说的纯文学方面的技巧与革新，而是其所代表的一种时代精神动向。分析和把握这种有巨大的市场和广泛共鸣的流行文化现象背后的西方思想价值变化，对于我们体认世纪之交的全球文化格局，可以说是一个难得的便捷窗口。以下主要从三个方面来透视这种思想价值观的变化。

莱德菲尔德的文化寻根不同于我国寻根文学以乡土民俗、传统民族性精神的发掘与再现为特色，而是以人类文明的回顾与前瞻为宏观构思框架，试图引导人们觉悟到作者所坚信的新世界观——新时代运动的思想。因此，西方 20 世纪后期的寻根文学不仅是文学现象，同时也是代表着西方民间思想运动的重要文化现象。

新时代这个提法本身就意味着一种清醒的历史划界意识，即把人类以往的文明史看成一个即将终结的旧时代。以西方文明来说，就是把基督教文明的历史看成以 2000 年为周期的单位时段。从 2001 年开始的将是一个与以往基督教文明完全不同的时代。莱德菲尔德作为新时代观念在美国的重要代表，用他的预言小说为向世界普及新时代思想立下了汗马功劳。我们看他的《塞莱斯廷预言》和《第十种洞察力》，如果脱离了新时代运动的大文化背景，是无法得其要领的。

新时代人虽然没有统一的组织机构和纲领，但他们普遍认为西方现代性的社会及其发展方向是不健康的、错误的，需要从根本上加以疗治，最终扭转其大方向。《塞莱斯廷预言》通过在秘鲁发现的古代玛雅人的手稿，用“九条真知”来完成对现代人精神的拯救计划。

打开《塞莱斯廷预言》的第一条真知“大众觉醒”，似乎有一点让人摸不着头脑：觉醒什么？或从什么样的迷茫中觉醒呢？

仔细品读作者的叙事，才会逐渐明白，原来是要从西方传统思想的基本价值观中觉醒出来。那是怎样的传统价值观呢？简言之，就是从人与自然关系上的人类中心主义，到人与人关系上的个人主义。发展到今日，在资本主义、物质主义的生活方式的催化作用下，这种价值观似乎已经成了现代人精神萎靡困顿的根源。作者形象地把它描述成一种“我第一”的病态心理，其基本的病态症状就是普遍的焦虑，或者用更通俗的说法叫焦躁不安。

“我们在生活中不断追求更高的目标，而难以容忍那些会使我们走下坡路的因素。近一二十年来，那种典型的‘我第一’的姿态正是人们焦躁不安、有所企求的反映；从华尔街的金融家到城市犯罪团伙，每个人都受到影响。”[1]当人们带着这种态度来处理人与人之间的关系时，由于期望过高，每个人都从“我第一”的幻觉出发，这就使得人际关系的和谐相处变得不可能。“从华尔街的金融家到城市犯罪团伙”，这一句概括极有震撼力，因为它一下子把包括我们自己在内的社会各色人等全涵盖进去了。换句话说，这种犯罪的潜在动因，其实不只是在地下黑社会的犯罪团伙那里才有，在华尔街主宰世界市场沉浮的金融巨头们那里同样也有。看看当今书店里琳琅满目的所谓成才教育、励志读物、成功学、富豪传记、经营秘诀一类东西，不都是传授和助长“我第一”的竞争哲学吗？

当每个人在交往过程中都期望很高，要求别人按照自己的意愿来行事，那么，这个社会就成了一个以自我为中心的战斗场所了。社会交往变成了权

[1] 莱德菲尔德：《塞莱斯廷预言》，张建民、唐建清译，昆仑出版社，1997 年，第 6 页。

力之争。作者试图用新时代人的宇宙能量说来解释社会病态的根源。第四条真知说：“人类最终会明了宇宙是由一种能动的能量构成的，这种能量支撑我们的生命，并对我们的期待作出反应。然而，我们也将明白，我们与这种能量的主要源泉仍然隔绝，我们将自己孤立起来，所以我们感到软弱、没有信心、空虚。面对这种匮乏，我们人类总是设法增强我们个人的能量，通过我们所知的唯一方式，从心理上设法窃取他人的能量——这是一种无意识的争夺，世界上一切人与人之间的冲突缘此而起。”[1] 传统的人性善恶之争论，由于这种能量窃取说的出现，显然要导向人性恶一边了。

焦躁的根源既然在于“我第一”心态引发的能量冲突，治疗的可能也就呼之欲出了。那应是人的精神变革。“当现代社会的大部分弊病能归结到人的焦躁不安和有所企求时，那么，与人交往方面的问题就有了解决的可能。我们最终会意识到我们所追求的真正目标，意识到那种特别的给人以满足感的体验的真正含义。当我们充分把握这种体验，我们就达到了第一条真知的境界。”[2] 在《第十种洞察力》中，在焦躁之外又提到了“紧张”，并且把对个人现代病的诊治与现代社会病联系起来：“你是否读过有关紧张的调查，紧张得已经离了谱，没有人会感到安全，而且最糟的还没开始呢！人口在爆炸，另外，由于技术在不断发展，受过教育的和未受过教育的两者之间的差距不断加大。富有的将越来越多地控制全球经济，而吸毒和犯罪率却随着穷人人数的加大，与日俱增。”[3] 看来，个人心理的焦虑、紧张与社会关系的紧张成为相互作用的因素。社会关系的紧张有两个主要动因，即阶级上的贫富悬殊和文化上的族群与宗教冲突。作者写道：20 世纪的大部分时间里，西方国家一直存在着一个人口众多的中产阶级，这个阶级提倡秩序和理性，并

[1]《塞莱斯廷预言》，张建民、唐建清译，昆仑出版社，1997 年，第 71 页。
[2]《塞莱斯廷预言》，张建民、唐建清译，昆仑出版社，1997 年，第 7 页。
[3] 莱德菲尔德：《第十种洞察力》，李松梅译，昆仑出版社，1997 年，第 49—50 页。

维系着一种普遍的信念：其经济制度该为众人效力。“而现在，这一制度正开始崩溃，此种情况处处可见。现在相信这种制度或遵照其规则行事的人与日俱减。究其原因，那是因为中产阶级正在萎缩。技术的发展使得劳动毫无价值。并把人类文化分为两个部分：富有的和贫穷的。富有的在世界经济中有投资和财产，贫穷的却仅局限于从事服侍人的服务性行业。再联想到教育上的失败，你就可以看出问题的普遍性了。”

至于文明间的冲突，似乎与亨廷顿的说法呼应，作者把目光转向不发达国家，发现中东和非洲的大部分地区都已掌握在宗教性的原教旨主义手里，他们的目的是要毁坏有机的文明，并认为那是一种邪恶的王国，要用神权政治来取而代之。

总之，资本主义的世界统治到了最后关头，“法律、秩序和对人类生活的尊重已脱轨，世界正堕落得日趋符合暴民的心理状态，由妒忌和复仇者所统治，由狡猾的假内行所领导；恐怕现在阻止它，时间已经太迟了。政客们不会做任何事，他们所关心的是个人的加官晋爵，及如何保持自己的官位。这个世界变化得实在太快，没人能赶得上，这就使得我们一味地追求第一，竭尽所能攫取我们能得到的东西，否则就时过境迁，为时已晚了。这种情感渗透到整个文明及每一职业群体之中”。[1] 我们把作者对现实的认识归结为一点：社会的整体腐败是人性异化和非精神化的原因造成的。

上述诊断既已做出，那就是物质主义滋生的“有所企求”的贪欲，缺乏精神追求的现实紧张与焦躁不安。至于现代文明病的病史，作者是这样看的：“如果从千年的历史视野回看，西方人在近 400 年走入了一种偏执的歧途，那就是只关注经济发展的严重偏执，导致人痴迷于物质增长，因而迷失了自我。”[2]

《塞莱斯廷预言》随后就提出了治疗的可能，那就是借用古代异教秘传

[1] 莱德菲尔德：《第十种洞察力》，李松梅译，昆仑出版社，1997 年，第 50 页。
[2] 莱德菲尔德：《塞莱斯廷预言》，第 30 页。《第十种洞察力》，第 133—134 页。

的手稿的再发现，来向世人宣讲如何建立新的精神生活理念。其实用不着等到读完全书的九条真知，第一条真知的结尾，已经预演性地提示了治疗的方式，那是类似于精神分析学的潜意识梦境的发掘：

第二天早晨，我从梦中突然醒过来，望着卧室的天花板，回忆起这个梦。我正穿过一片树林寻找着什么东西。林子很大，景色异常优美。

我拉开窗帘，看到外面蓝色的天空和明媚的阳光。蓦地一阵柔风吹来，枝叶摇曳；湖水泛起涟漪，波光粼粼。我走出门，跳进水里。我浮出水面，游到湖中央，翻过身躺在水上望着我熟悉的群山。这片美丽的湖水位于三座山峰汇合处的深谷之中，这地方是我的祖父年轻时发现的。

自从他第一次踏上这块山地，已经有一百多年了。对一个少年探险者而言，能在一个有着美洲狮和野猪、北边山上的原始小木屋里住着克里克印第安人的蛮荒世界中成长起来，确是个奇迹。那时他就有个心愿，有朝一日能住在这个有着参天古树和七条溪流的幽美山谷之中。后来，他修筑了这个湖，盖了间木屋，同年轻的孙子一次又一次地散步。我从没有完全理解祖父对这个山谷的迷恋，但我一直尽力保护这片土地，即使文明向这儿逼近，形成包围之势。

我爬上山，走近那块突兀的岩石，想从所见的景色、所闻到的气味和山风在树梢回旋的姿态之中体验自然的和谐。我坐在岩石上，遥望着那片湖水和山谷下面茂密的树林，感觉慢慢地好起来，仿佛自然的伟力和开阔的视野正在消解我心中的不快。几小时后，我赶去同沙琳谈话，并听说了手稿的事。手稿断言能揭示人类存在的秘密。[1]

[1] 莱德菲尔德：《塞莱斯廷预言》，第16—17页。

从这一段叙述来看，主人公“我”的自我治疗有如下的文化医学特点，那就是发掘原始智慧来治疗现代病，还有让“蛮荒的”自然来疗救文明之弊。这也正是全书的主旨。可以说，莱德菲尔德的小说对新时代思想的关键词“治疗”（Healing）做出了形象生动的诠释。

五、由俗返圣与精神的回归

由以上分析可以看出，新时代人治疗的实质，就在于用前现代的、非西方的思想来补救误入歧途的西方工业文明对人性的扭曲。

如果把资本主义看成对人类生命和生活的一场空前规模的“还俗”——用物质主义的追逐和利润最大化的原则放任生产和消费的洪流，那么现在需要的则是精神的回归，将被放逐了的精神由“俗”的世界返回到神圣的世界。由此可见，作为治疗的文化寻根，就是要找回被资本主义破坏了的那种人与自然的依存关系。

神圣的世界何处求？既不用像基督教那样期待死后的天国，也不用像其他宗教朝圣者那般远足跋涉，神圣就潜存在每个人面前的大自然万物中。只要人们放弃人类中心主义和物质主义的“开发”“占有”的眼光，那么同样的，自然就会重新恢复其原有的美和圣性。莱德菲尔德通过小说主人公之口，表达出一种“觉今是而昨非”的幡然悔悟：

我们决心为我们自己和我们的后代创造更舒适和更快乐的生活，在短短400年的时间内，我们的偏执创造了这样一个人类世界，这个世界可以生产出一切的生活舒适。问题是我们征服自然和让自己更舒适的执拗、狂热的冲动，已使地球的生态系统遭到污染并面临崩溃。我们再也不能这样下去了。[1]

我们知道，引导20世纪西方思想关注东方哲学与宗教的最重要的思想家，一个是心理学家荣格，另一个是宗教学家艾利亚德（M.Eliade）。前者呼吁为现代人寻找失落的灵魂，后者的宗教理论强调“神圣”与“世俗”两种范畴。在《圣与俗：宗教的本质》一书导言中，艾利亚德提出神圣显象（hierophany）的概念，认为现代西方人很难体认到神圣显象了，而在原始人那里，当石块或树木受到膜拜，“并不是因为它们是石块或树木，而是因为它们是圣石与圣树。因为它们是神圣显象，它们显示出了不是石不是树的某种圣性。”[2]神圣只能借着世俗的事物来表现，它是被赋予“躯体”的神圣而显现的。人不会在宇宙中感到孤立，原因是他因着象征符号而迎向一个熟悉的世界。艾利亚德认为，前现代的人和原始人一样，都能直接从自然中领悟到神秘和神圣。这种直觉悟性在只关注世俗生活的现代社会中几乎退化殆尽了。资本主义的出现改变了人看待自然物的这种原初方式，“圣”不见了，只有功利的、使用价值的“俗”的一面。神圣显象则被蔑视为低下的原始思维现象。

关于现代思维与原初宗教思维的这种实质差异，在美国比较宗教学家休斯顿·史密斯《人的宗教》一书中有精当的解释。他在论述原初宗教的特征时指出：图腾崇拜这样的部落社会宗教现象表明，有关动物和人的区别，初民们全部抱着无动于衷的态度。动物和鸟常常被称为“人们”。在某种情况下，动物和人还可以互换形状而转换成对方。动物和植物之间的区别同样是微弱的，因为植物也像我们这些人一样有灵。史密斯进一步描述说：“原始人并不是无视自然的差异性，他们观察的能力是有名的。问题毋宁是他们视差异为桥梁而不是障碍。生殖的周期，伴随着庆祝和支撑它们的仪式，在人

[1] 莱德菲尔德：《塞莱斯廷预言》，第32页。
[2] Mircea Eliade, *The Sacred and the Profane*, Harcourt, Brace & World, Inc., 1959, p.11—12.

类和其环境建立起创造性的和谐，有神话来确定每一转换中的共生现象。男女平等地对宇宙力作出贡献。一切存在，并没有忽略了天体和风雨的元素，大家都是兄弟姐妹。样样东西都是活的，而每一样东西都以各种方式依赖着其他的一切。”[1] 他们为物质真实加上了一个现代人看不见的“精神向度”。这也就是艾利亚德所强调的能够洞见现实中神圣的那种精神悟性。

从这两种不同的人格心理素质看，《塞莱斯廷预言》和新时代人讲的“精神进化”其实是精神回归，他们对现代文明社会病的治疗希望就寄托在这种回归上。于是，我们可以理解，为什么当今西方发达社会中兴起了新萨满主义的学习热潮。鲍伊《宗教人类学》第七章“萨满教”区分了“北极地区的萨满教”与“西方工业化社会的萨满教”两个领域：北极地区的萨满教或古代的萨满教是以少数萨满—巫师为核心的宗教文化现象，而当代流行西方的萨满教则确信一种个人精神觉悟之工具的萨满术，只要学会此种身心自我调控技术，人人都可成为萨满。鲍伊指出：“新萨满教本身是一个诱人的研究课题。它对理解人类心灵的能量提供新的启发，同时提醒我们赋予新萨满教以现有形式的特殊西方文化和历史背景。”[2] 旧的萨满经验如今成为新时代人重建新的精神向度的文化资源。用《第十种洞察力》的话说，这是一场重要转变，即从旧有的物质主义观念向新的精神观念的过渡，“在这一变革中，我们需要承认传统意识中的精粹，并将其融入正出现的新观念之中”[3]。无疑，萨满式思维已成为这种正在融入新观念的传统精粹。如鲍伊对新时代文学的评价所说：“他们成功地把新时代思维同精神分析活动、大众文化以及对异国情调的史前的和原住民的‘他者’的向往结合了起来，同寻根和探求古代智慧的激情结合了起来。”[4] 当代人借助复兴萨满教能够治疗文明病，首要

[1] 休斯顿·史密斯：《人的宗教》，刘安云译，海南出版社，2002 年，第 404 页。
[2] Fiona Bowie：The Anthropology of Religion，Oxford：Blackwell Publishers，2000，p.197.
[3] 莱德菲尔德：《第十种洞察力》，李松梅译，昆仑出版社，1997 年，第 141 页。
[4] Fiona Bowie：The Anthropology of Religion，p.214.

的一点就是能从萨满式思维中获得超越的契机，有效地摆脱物质主义的痴迷，特别是摆脱资本主义的痼疾——商品拜物教。晚近的身体人类学研究提出，人和客体可以相互转化。“最值得一提的是萨满（shaman），据说他既可以是动物，也可以是客体。这种转换性的世界，实际上与马克思所说的商品拜物教的观点是相对立的，商品拜物教是一个过程，在这个过程中，人们之间的社会关系表现出了一种看待事物之间关系的虚构形式。”[1] 相比之下，萨满教的物我合一式感知世界的方式反而是非虚构的。神圣显象式的原始思维根本不知道从使用价值上去关照事物。如果商品拜物教是人及其产品的异化，那么现代人如何能够超脱这种异化，逃离物对人的统治呢?

莱德菲尔德提醒人们反思基本的存在问题：活着的目的为何？海德格尔面对大机器生产的喧嚣，却要人们去关注寂静无声的“林中路”，关注诗人荷尔德林空灵的诗，希望从中重新体认“诗意的栖居”境界。这其实也是对抗资本主义的商品拜物教，引导人们弃俗返圣的另一种方式。中国道家圣人早就把这种超然的心态称为“心斋”“齐物”，或“物我合一”。在新时代人的人生态度上，我们看到的正是对存在哲学家提出的生活理想的实际回应。

《塞莱斯廷预言》转述的玛雅手稿认为：人类对宇宙间能量的认识主要依赖的不是逻辑分析，而是直觉的审美敏感。在第一章结尾处，主人公“我”如何在蛮荒的自然景色中开始觉悟，从美的体验中得到治疗，已如前述。这里再看第五章对类似萨满式体验的又一描述：“我这么坐着，深为远处紫色的丘陵所产生的亲近感而感动……头顶上飘过几朵白云，让我产生了同样的感觉。我感到好像自己可以够到这些云朵，可以用手去触摸……我得到的并非是一种视觉体验，而是一种切肤之感。那些迎风摆动的树林就好像我身上的毛发一样，我感到周围的一切是我的一部分……我意识到，我的生活事实

[1] 大卫·帕金：《英国的当代人类学中存在一种新物质性吗？》，见《21 世纪：文化自觉与文化对话》（一），北京大学出版社，2002 年，第 262 页。

上并非始自我的意识和始自我降生到这个星球。我的生活，在我其他部分形成时，也就是我真正的肉体——宇宙本身形成时就开始了。”[1]这样的物我合一的神秘体验对于陷于物质主义而寻求灵魂解脱的现代人来说，是有充分诱惑力的。它似乎在召唤人们走出制造焦虑和紧张的社会关系，走出竞争激烈的都市，回归大自然怀抱，寻求超然脱俗的灵性生活。

“你得放开自己，与万物保持联络，运用你的鉴赏力，就如同你看见田野那样。”“当你欣赏到万物的美和独特性时，你便接受能量。当你达到了爱的境界时，只要你愿意，你便可以将能量送回去……我在树边坐了好长一段时间，我越是将注意力集中到树上并赞叹其形状和色彩，我产生的爱意也就越多。这是一种极不平常的体验。我想象自己的能量流过去，充满了那棵树……”[2]我们在这里看到，新萨满主义者宣称的人人可以成为萨满的理想是怎样通过“我”的潜心尝试而得以实现的。不过，此处的一个问题是：假如这种在人与物之间流动的“能量”无法被物理学所证实，那么我们在科学和神秘体验之间究竟相信哪一方呢？是不是每个人不论天资如何都能把握这种能量呢？

如果说《塞莱斯廷预言》突出了那种既启发人深思又令人感到神秘的“能量”，那么在《第十种洞察力》中，则又出现了更加玄妙的“来世”“魂群”和“全球想象”。由于作者写的是小说，我们也无法胶柱鼓瑟地去一一落实了。

值得注意的是，作者对现代文明人与大自然的关系的看法有了新的批判性表述：“西方思想已失去了和神秘的联系，把密林中的神秘魔力变成了木材，把原始生命中的神秘变成了驯养的美丽的动物。城市化已把绝大多数人隔离开来，所以我们现在把到大自然中的旅行当作是高尔夫球场上的挥击。”“现在我们的人口太多，而仅存的荒野又实在太少。等待到公园去参观的人们甚

[1] 莱德菲尔德：《塞莱斯廷预言》，第106—108页。
[2] 莱德菲尔德：《塞莱斯廷预言》，第121—123页。

至一年前就做好了登记；而政客们却似乎决心要卖掉越来越多的公共土地。因此，我们中的许多人被迫从动物纸牌中，为我们来日的生活寻找些动物的象征，而不是到世界上的真正荒野之中，寻觅治愈的真谛。”[1]如此这般的议论，如不细看出处，人们也许会以为出自《哲学走向荒野》一类生态理论著作。也难怪作者会真诚地期待：未来的人类会居住在500年树龄的大森林里。

六、“东方转向”与文化整合

《塞莱斯廷预言》曾表达作者的一个判断：“东方与西方的思想确实可以融合成一个更高层次的真理”。[2]面对西方社会的病态现状，作者虽然痛心疾首，却并没有悲观绝望，反而怀抱着前瞻性的乐观精神，就因为他和所有新时代人一样，坚信未来的世界将揭开崭新的一页。疗救现代文明病症的似乎不是空幻的新乌托邦梦境，而是具有文化整合意义的未来方案。这种整合已经不是在西方文化自身中汲取非西方文化的营养成分，像在传统西餐的面包黄油牛奶烤肉的食谱之外添加上一些中餐炒菜，而是要创造出一种前所未有的新的文化。“我们看到人类意识开始进入另一层次，在此同时，集体人类文化也从基本上是经济信息共享，前进到精神真理的同步交换。”[3]早在20世纪初，一些有过出入东西方文明经历的思想先驱，如泰戈尔，就指出，西方文明重物质与科学，东方文明重精神与审美。未来的人类文化整合必然建立在两大传统的互补上。20世纪60年代任印度总统的哲学家拉达克利希南（V.Redha Krishna）（1888—1975）在他的《东方宗教和西方思想》一书中阐释着这样的观点：“这个星球上的居民，最初是作为一个整体存在的，

[1]《第十种洞察力》，第238—239页。
[2]《塞莱斯廷预言》，第157页。
[3]《塞莱斯廷预言》，第226页。

其中任何一部分都和其他部分的命运连在一起。这既是人类历史的起点，也应该是人类命运的归宿。科学和技术尽管不能把它作为目标，然而却有可能为它的实现提供条件。”尝试东西方思想对话的日本池田大作先生也非常赞赏这个观点，呼唤在世界上构建“一条精神的丝绸之路”。这预示着21世纪东西方文化沟通与融合的美好前景。他在《佛法·西与东》的前言中写道：“人类不会停留在已经过去的历史上。我认为，东方与西方进行真诚的对话与交流，就是适合一个‘命运共同体’，建筑一个世界的最富有成效的行动。这也是人类未来的一个最重要的课题。”[1]“通过与西方学者的一系列的对话，我越来越坚信：经过东西文化的交流来联结人类之心灵是当务之急。”

在《第十种洞察力》中，作者从一个西方知识分子的立场出发，对这种重新发现和理解东方思想以便纠正西方文明偏向的知识整合运动，提出了自己的见解。书中不少直接的议论，可以代表20世纪西方思想的“东方转向”。例如：“在我继续观察时发现，根深蒂固的本能中的分析与评判的趋势，已在新一代人身上冉冉升起，他们认为，生活的内涵远不止古老的物质现实，并感到，新的精神内容正在地平线上升起，并开始探求其他的不被众人所知的宗教和精神观点。东方宗教首次被众多人理解。意识的转变是使人感到，一个人的特征与目的发生了根本性的变化。”又如：“此时，从人文科学和当代物理学中不断传来新的信息，先后出现了社会学、精神病学、心理学和人类学。这一切都为人的意识和创造力本质问题，指明了方向。这些思想的积累，连同东方所提供的前景，渐渐便具体形成后来称之为‘人类潜能活动’的东西。这一新出现的思想认为，人类目前实际上仅使用了他们那巨大的生理心理和精神潜能的一小部分。”[2]作者还认为，文艺复兴以来的西方科学主要探究的是物质世界的奥秘，而精神世界的开发则相对受到排斥。基督教

[1] 池田大作：《佛法·西与东》，王健译，四川人民出版社，1996年，第2页。
[2] 莱德菲尔德：《第十种洞察力》，李松梅译，昆仑出版社，1997年，第137页。

教会方面对此也无能为力。这个任务只是到了今天才有可能打开新局面，原因就在于东方思想的再审视和上述学科知识的新进展。

其中人类学的作用非同小可，因为它第一次把我们的目光带向地球上的现存“原始人”。《第十种洞察力》不止一次地谴责白人对美洲土著的战争和压迫，并且希望白人能从土著人那里学到精神生活的方式。作者通过人物之口发出感叹：“400 年过去了，欧洲人和土著人的真正结合才刚刚开始。”

为什么西方发达资本主义文明的反叛者要在纪元以前的玛雅手稿和形形色色的原始文化中去寻找“真知”呢？我们读了比较宗教学家史密斯的如下一段话，也许会有所领悟，西方人转向“原始”和转向“东方”是出于同样的道理：

由于对科技社会毫不留情的功利主义及它似乎无节制的摧毁人类和地球的力量感到惊慌，城市人现在希望或许能有一个基本上不同的生活方式，他们拉上原初人来支持这个希望。

从正面来看，我们现在承认我们对这些人的评价是错了。原初人并不是原始和不文明的，更不是野蛮的。他们并不落伍；他们只是不同。我们由于工业化生活的繁杂和错误而不再存有幻想，对于它所造成的人类和自然之间的断裂以及那断裂所产生的苦果都已了解，于是因为反作用而产生了部落民族是完全自然的形象。我们把他们当作是天地的儿女，是动物和植物的兄弟姐妹，他们按照自然的方式来生活，而没有扰乱他们生态范围的微妙平衡。温和的猎人仍然与我们自己极端需要的魔术和神话保持着接触。看到他们如是，我们假定我们的祖先在这些方面也类似他们，而把他们推崇为我们的英雄，我们本身亦不例外，都需要善视其起源；它乃是健康的自我形象的一部分。因此，现代人不再自信自己是神创造的，而把一部分神的高贵性转移到他们假定自己所自来的源头之上，即是早期的人类。这就是 18 世纪所发明的“高贵野蛮人的神话”背后的最深的冲动。[1]

在这里，我们不仅看到了西方人消解传统的欧洲中心主义价值观的尖锐批判态度，而且也看到了文化寻根的历史哲学蕴涵。借用一位曾管理印第安事务的白人官员的话说：“他们（指土著）具有现代世界所丧失掉的东西：对人的人格性那种古老的、失去了的崇敬和激情，再配合对土地及其生命之网那种古老的、失去了的崇敬和激情。自石器时代以来，他们就把那种激情照料成一道核心的、神圣的火。重新把它在我们身体之内点燃起来，该是我们长久的希望。”

西方文明历经两千多年的发展，如今已经显露出其自身难以克服的危机征兆。西方知识分子中的有识之士希望能够在西方文明之外重新找到拯救现代文明的物质主义和消费主义癌症的灵丹妙药，于是就有了像莱德菲尔德和卡斯塔尼达这样的小说创作。看起来这只是以想象力为特色的文学书写，但是其背后潜含的重要文化再认同倾向，才是理解这类文学作品能够不胫而走、获得广泛共鸣的原因。

[1] 休斯顿·史密斯：《人的宗教》，刘安云译，海南出版社，2002年，第410页。

THE FOURTH PART

第四章

西方文化寻根的“黑色”风暴

——从《黑色雅典娜》到《黑色上帝》

- 人类学的“走出非洲说”
- 大学里的异端：《黑色雅典娜》冲击波
- 《黑色上帝》与黑色风暴神
- 结语：“超越东西方区别”是否可能？

文化寻根是全球化趋势下一种反叛现代性的普遍反应。作为文化寻根的终极之根，人类起源与现代人种的起源当然是最具本源性的基础知识。本文对20世纪西方文化寻根中的“黑色风暴”的认识也就从人类起源研究的“黑色风暴”开始。

一、人类学的“走出非洲说”

自达尔文以来，人类学关于人类起源问题的探讨就始终牵动着知识界的一根最敏感的神经。20世纪中期以后，借助于考古学的伟大发现，人类起源的理论建构逐渐形成了多数学者达成共识的主流观点，那就是所谓“走出非洲”命名的一种假说：人类祖先最初诞生在非洲大陆，后来逐渐走出来，迁移分布到世界各地。

构成这一理论假说的一个重要支点就是关于欧洲旧石器时代晚期人类化石标本——尼安德特人的人种属性的认识。克里斯托福·斯特林格（Christopher Stringer）与克利夫·甘布尔（Clive Gamble）合著的《寻找尼安德特人》（In Search of the Neanderthalos）是这一领域的集大成的新成果。两位作者是旧石器人类学研究领域的领袖人物，也是坚持“走出非洲”（Out of Africa）一源说的重要代表。他们对尼安德特人的起源与消亡做了精深的研究，书中的资料新鲜而且翔实，对于该专业以外的读者来说，具有一种令人不得不信的说服力。

自1856年考古学家首次发现尼安德特人骨骼化石以来，关于尼人在人类进化史上的地位与作用的讨论就一直是起源研究争论的焦点。尼人是谁？他们与现代人类的关系如何？什么原因使他们在35000年前神秘地从地球上消失了？持多地区起源说的学派认为，尼人的多数发展为现代人。而斯特林格则认为，今日的欧洲人并不是当年尼安德特人的后代。尼人早在4万年前，就被来自非洲的原始移民所灭绝。因此，从血缘上判断，现代欧洲人也是最早的非洲移民的后代。[1] 他的合作者甘布尔（Clive Gamble）曾于 1993 年出版《时间穿行者：全球殖民的史前史》（Timewalkers：The Prehistory of Global Colonization）一书，指出尼人与现代人有着不同的解剖学特征。新的遗传学方面的证据也可以支持人类的非洲单一起源说。在《寻找尼安德特人》中，两位作者密切配合，依据新材料得出推测说，尼人在生产能力和大脑智力上都无法同来自黑非洲大陆的后来者相竞争、相抗衡，他们终于被社会组织更佳、装备也更精良的移民所消灭、所取代了。[2]

除了对尼人兴衰史轮廓的清晰描述以外，《寻找尼安德特人》还对人类进化史上几次“走出非洲”的重复路线表现出极大的关注：中东地区作为欧、亚、非三大洲的十字路口，具有文化地理上至高无上的重要性，那里不仅是人类走出非洲最初的必经之路，而且也是有史以来东西方问题的终极根源所在。换言之，中东地区不仅是 1 万年以来最重要的地区，也是 100 万年以来人类从非洲走向世界的最重要地区。[3] 犹太人的《旧约・出埃及记》叙事似乎是以压缩的形式重演着人类进化的旅程。

无独有偶，人类学的人类起源假说同西方文明的起源假说形成某种有趣的同构对应现象。猿人先祖走出非洲导致了人类文化的全球扩展，而非洲文明祖先的走出非洲直接或间接地催生了西方文明。

二、大学里的异端：《黑色雅典娜》冲击波

20世纪中期以来，西方的学院派知识分子反思西方人对东方文化的认识

[1] Christopher Stringer & Clive Gamble，*In Search of the Neanderthalos*，Thames & Hudson，London，1994.

[2] *In Search of the Neanderthalos*，p.11.

[3] *In Search of the Neanderthalos*，p.96.

过程以及在此基础上的学科建构，取得了非常重要的学术成就。像马丁·伯纳尔（Martin Bernal）的《黑色雅典娜》（Black Athena）和朱利安·包迪克（Julian Baldick）的《黑色上帝》这样为西方文明两大源头——希腊文明和希伯来文明重新寻根溯源的著作，就在文明起源研究领域回应了人类起源观中的“走出非洲”说。不过，在这两部以“黑色”为题的翻案著作问世之前，还有两部奠基性质的书不能不提。它们分别是1950年问世的法文著作：施瓦布（R. Schwab）的《东方文艺复兴》（La Renaissance Orientale, Paris：Bibliotheque Historique 1950）；1978年问世的英文著作：萨义德（Edward W. said）的《东方主义》（中译本又名《东方学》）。

从今天的知识全球化的宏观背景上看，过去的两个世纪正是东西方文化全面打破隔绝状态，开始相互认识和相互交流对话的两个世纪。在这一过程中，外向型的西方强势文化对于内向型的东方弱势文化总是充当探险家、探宝者、开辟者的主动性探求角色。欧洲中世纪寻找圣杯的传奇故事模式伴随着近代殖民化历史的展开而兑现为寻找财富与新知的现实冲动。西方知识人眼中的东方异族也就自然地伴随着文化误读的节奏效应而呈现为一种在乌托邦化与妖魔化之间的往复运动：西方知识人对自己文化现状的失望和不满通过文化期待心理的投射作用，总是能够把处在遥远异国他乡的文化他者加以美化、理想化，建构出诗意的、乌托邦化的“高贵的野蛮人”想象景观；而现实的接触（不论是传教活动、商业贸易还是冲突与殖民战争）和霸权话语中的欧洲中心主义偏见又总是将乌托邦化的他者打翻在地，使之呈现出“丑陋”“原始”“怪异”的一面。

施瓦布认为，西方人对东方的发现是近代以来全球观念形成的基础，而这一发现的思想背景与18世纪的浪漫主义运动有着密不可分的关系。他指出，在浪漫主义时代之前，欧洲的男男女女并不知道，也不会关心东方的存在及其价值。就在启蒙运动时期，埃及还被看作属于西方文明，而不是东方文明。

这种空间错位的现象一直延续到19世纪东方学大盛时才纠正过来。德国浪漫主义者曾认为，人类和白种人（the Caucasians）均起源于中亚的高原山区。而古代印度的书面语言——梵语及其使用者雅利安人也被看作是起源于中亚高原的游牧者群落。这一巧合使自认为是雅利安族后代的欧洲人极度兴奋，由此诱发的文化归根的认同激情弥漫在诗人和学者、政治家的言论之中。英国湖畔派诗人几乎全体拜倒在新翻译过来的印度古诗之下；德国的歌德撰写出面向东方和拥抱东方的《东西合集》；就连叱咤疆场的军事领袖拿破仑1798年远征埃及时还随身带着一本《吠陀》。在德国的大学里，研究梵语和古代印度文学一度成为人所仰望的显学，梵文教授的职位之荣耀甚至盖过希腊文、拉丁文教授们。

在这样一种“东方复兴”的学术风潮熏陶百年之后，爱德华·W·萨义德以一个旅居美国的巴勒斯坦裔学者的身份面对和施瓦布同样的东方学史课题。尽管他在书中多次提到施瓦布的著作和观点，并且还有大段的引述，但是他的著述宗旨截然不同。我们可以得出这样的比较判断：施瓦布是东方学这门学问在西方的发生史的讲述者，而萨义德则是在欧洲中心主义历史观土壤中所滋生的这门学问的批判者和颠覆者。这其间的变化是如何产生的呢？美国人类学者詹姆士·克里福德（James Clifford）评价《东方学》时说：

萨义德的话题常被认为是同19世纪的语言学、东方语言文本的收集和整理相关的一门相当陈旧的学科。雷蒙德·施瓦布的百科全书式的《东方文艺复兴》（1950）当然是这个领域的经典性历史，其中包括了汉学家、伊斯兰学者、印欧学家、文人、旅行者等等。萨义德无意去修订或增补施瓦布的书，因为他的方法不是历史学的或经验式研究，而是演绎的和建构式的。萨义德效法福柯把这个整体称为"话语"。[1]

用话语建构分析方法去透析潜藏在"知识"假面背后的权力关系和利害关系，这与其说是学术史的思路，不如说是自福柯以来第二代知识社会学的系谱学思路。在萨义德这里，我们可以看出，福柯的学术叛逆性格和系谱学方法使《东方学》实际上揭露了西方人通过建构东方学来对东方实行文化殖民的真相，并将批判的矛头指向冠冕堂皇的"知识"和"科学"的虚构性与虚伪性的一面，以及学术话语后面的霸权主义价值观。萨义德在绪论中写道："简言之，将东方学视为西方用以控制、重建和君临东方的一种方式。我发现，米歇尔·福柯在其《知识考古学》和《规约与惩罚》中所描述的话语观念对我们确认东方学的身份很有用。我的意思是，如果不将东方学作为一种话语来考察的话，我们就不可能很好地理解这一具有庞大体系的学科。"[2]

一位过去名不见经传的、曾在东方留学（在北京大学修习汉语）的英国人伯纳尔（Martin Bernal），充分继承了这种知识社会学的批判思路，改行研究古希腊历史，花费十年心血撰写成《黑色雅典娜》这部为整个西方文明重新寻根的巨著，在国际史学界引起了轩然大波。起初时，争议的焦点集中在伯纳尔书中关于古希腊文明起源的观点，后来则波及看待历史的方法，乃至当代知识分子的政治责任问题。1999年，美国的罗杰斯大学出版社出版了一部名为《大学里的异端：〈黑色雅典娜〉争论与美国知识分子的责任》[3]的书，作者伯里诺伯劳（Berlinerblau）是霍夫斯特拉大学犹太研究所主任，他对由《黑色雅典娜》引发的激烈争论做了全面评述，认为伯纳尔代表了后殖民时代西方学院派内部的立场分化与阵营重组。一部分较为激进的学人冲

[1] James Clifford，On Orientalism，The Predicament of Culture，Harvard University Press，1988，p.257.

[2] 萨义德：《东方学》，王宇根译，三联书店，1999 年，第 4 页。

[3] Jacques Berlinerblau，*Heresy in the University：The Black Athena Controversy and the Responsibilities of American Intellectuals*，Rutgers Univ. Press，New Brunswick，1999.

出西方社会科学的营垒，自觉地站到了批判与解构西方身份的立场上。

《黑色雅典娜》计划写 4 卷。已出的第一卷长达 575 页，第二卷更膨胀到了 732 页，而且仅书后附录的参考文献就长达 70 多页，这多少会使非专业的读者望而却步。第一卷中多次提到和引用萨义德和施瓦布的话，不难看出伯纳尔对这两位先驱的熟悉和敬佩。而第二卷的书后评语中也有萨义德亲自题写的赞美之词："一部里程碑式的开辟之作"。如果不是出版家安排的溢美表演，那就可以看作是两位著者精神上相互理解和相互呼应的信号。伯纳尔把《黑色雅典娜》的副题叫作"古典文明的非洲亚洲之根"（The Afroasiatic Roots of Classical Civilization），好像要明确地告诉世人，作为西方文明开端的古希腊文明之根并不在西方自身，而在东方。而且，从他使用的"根"（roots）这个关键词的复数形态来看，希腊的东方之根是一种复杂的盘根错节，而非单一的根脉。而 30 年前美国近东考古学专家、宾夕法尼亚大学的克拉莫尔（S.N.Kramer，又译克雷默）发表的《历史始于苏美尔》（History Begins at Sumer，1958）一书，似乎重演了当年泛埃及主义或泛巴比伦主义的文明单一根源论。伯纳尔用一个言简意赅的合成新词"非洲亚洲"来替代形形色色含混的"东方"（east，oriental），似乎要把北部非洲和西部亚洲看成与欧洲不可分割的地中海文化传播区的根源地带，这就从历史深度方面和论述范围上都超出以印欧文化和阿拉伯文化为研究主线的《东方文艺复兴》和《东方学》。我们可以说，伯纳尔的《黑色雅典娜》不是在陈述或者颠覆欧洲人的东方学，他是在重构东方学，使它成为与西方学不可分割的知识，成为重新理解的西方文明史的基础。

《黑色雅典娜》首卷题为《编造的古希腊（1785—1985）》（The Fabrication of Ancient Greece），第二卷为《考古学与文献学证据》。可见作者雄心之大，用功之勤。第一卷共 10 章，从古典学的诞生讲起，追溯了中世纪和文艺复兴时期对古埃及和古希腊文化关系的认识，17、18 世纪以来埃及学作为一个专门学术领域几经兴衰的情况，以及19、20世纪西方公众心目中的埃及形象，种族主义时期对埃及人是否黑肤色的疑问，腓尼基学与亚述学的兴衰，闪米特族（简称闪族）人种的由来与流布，希腊文明起源中雅利安模式的产生与演化，以色列的现代兴起和犹太学中的泛闪族主义。最后一章讲述二战后东方学阵容的新变化与埃及学的再造，尤其是黑人学者关于黑人构成古埃及文明的主体的观点。全书的叙述主线是有关希腊文明起源的两种理论假说模型之间的对立消长，即埃及模型与雅利安（印欧）模型。作者的倾向性在《黑色雅典娜》这个书名中已体现出来，在结论部分更明确地将自己划入黑人学者的观点一边，提出修改后的埃及模型，确认以黑肤色人种为主体的古埃及文明在古希腊文明诞生中的重要作用，同时也适当吸收亚述、腓尼基学方面的观点，在埃及之外追索希腊文明的又一条根脉——西亚闪族文化，甚至也接受雅利安模型的某些成分，包括其核心假说：在某一时期有相当数量的讲印欧语的人群从北方进入希腊。[1]

伯纳尔这部书的精彩之处当然不在于他调和各种观点的能力，而在于他成功地引入了知识社会学的视角，在清晰地陈述学术史复杂多变的脉络的同时，透过“学术”和“科学性”的表象去揭示背后发挥作用的文化因素和种族偏见，从所以然的层面上说明为什么在不同的历史时段会产生某种貌似真理的知识编造。现代知识社会学对于人文社会科学研究的最重要贡献就在于揭示知识生产的社会机制：信仰和观念均可视为象征性的商品，其产生与价值取决于象征商品的市场（the Market of Symbolic Goods）。[2] 伯纳尔虽然没有像福柯、萨义德那样喜欢使用“话语”或“系谱学”一类批判性的词汇，但是他对知识社会学方法的自觉贯穿在这部著作始终，[3] 使这位治汉学（中

[1] Martin Bernal，*Black Athena*，vol.1，Free Association Books，London，1987，p.439.
[2] 参看 P. Bourdieu，*The Field of Cultural Production*，R. Johnson ed.，Polity Press，1993，pp.112—141.
[3] *Black Athena*，vol.1，p.xii，p.434.

国历史）出身的东方学家在古典学领域里奋力驰骋，用新颖而大胆的立论把传统的学术史课题改造为凸显文化认同问题的政治批判场所："埃及人和腓尼基的殖民使他们（古希腊人）的祖先文明化……"[1]

随着19世纪种族主义的强化，对埃及人的厌恶日渐增长，人们不再把他们看成希腊的文化先祖，而基本上视为异族。一整套新的埃及学学科就这样发育起来，以便去研究这一异族文化，同时强调埃及同希腊罗马"真"文明之间的距离。

埃及学术地位的衰落对应着19世纪20年代种族主义的兴起；腓尼基学地位的衰落对应19世纪80年代反闪族（anti-Semitism）运动的兴起，并在该运动的高峰期（1917—1939）而归于沉寂。这样，到了第二次世界大战时，如下信念已坚定地确立起来：希腊并没有从埃及和腓尼基获得有意义的文化借用；关于埃及、腓尼基殖民的传说完全出于荒谬；关于希腊智者到埃及学习的故事同样是子虚乌有。实际上，这些信念在1945—1960年间依然存在，即使其种族主义的意识形态基础在学术界中已被普遍地质疑。

从60年代后期开始，极端的雅利安模型遭到犹太人和闪族学人的沉重打击。迦南人和腓尼基人在古希腊形成中的重要作用得到越来越多的承认。然而，把希腊文明多半溯源于埃及的传统观点仍然被否认。在希腊语言研究——浪漫主义和极端雅利安模型的最后阵营中，任何关于非洲亚洲对希腊影响的见解均被斥为荒诞。[2]

在伯纳尔看来，埃及模式之所以会被雅利安模式摧毁并且取代，并不是学术本身的因素在起作用，并非雅利安模式能更有效地解释相关现象，而是

[1] *Black Athena*, vol.1, p.440.

[2] *Black Athena*, vol.1, p.441—442.

要使希腊历史及其同埃及和利凡特地区的关系适应19世纪的世界观，特别是其系统的种族主义观点。20世纪的学者已经揭示出"种族"（race）这个概念是虚构的神话，欧洲人优越论和欧洲中心历史观均遭到空前的怀疑和批判。在此背景下回顾雅利安模式的炮制，有理由说它是在"罪恶"和"错误"中产生的。[1]不过，在同一个时期产生的、带有同样不光彩动因的达尔文主义，至今仍不失为一种有启发性的理论图式，所以雅利安模式的概念尽管沾染着罪恶，并不一定要废弃它。这又显出伯纳尔较为开明通达的一面。

综观《黑色雅典娜》第一卷，除了尖锐地质疑西方理性与科学招牌背后的种族主义罪恶之外，作者还对18世纪以来流行的"进步"（progress）观念以及由此引发的历史偏见做出分析批判。第四章中有"'进步'针对埃及""进步"和"欧洲是'进步'的大陆"这样三个小节标题。作者认为，1680年土尔其被打败和牛顿物理学的普及流行，改变了欧洲人的自我形象。在后牛顿世界中写作的知识分子，如孟德斯鸠，从前曾把埃及人奉为最伟大的哲学家，现在却开始把东方"智慧"同欧洲的"自然哲学"相对照。伴随着欧洲经济和工业进步以及向其他大陆的扩张，欧洲优越的观念在18世纪逐渐增强。由于和"进步的欧洲"形成对比，原来受到尊崇的古老文明之偶像，如埃及和中国，现在显示出停滞不前的本相。埃及的古代，"以前被视为主要的可贵之处，现在却变成了一种缺陷（liability）"。[2]进步的图式把欧洲列强摆在历史前行的先锋地位，殖民和扩张也就自然成为合理的、合法的事情。历史偏见一旦形成并且蔓延开来，便会假借"理性"和"科学"之名去生产罪恶。

卡尔·曼海姆（Karl Mannheim）的知识社会学奠基作《意识形态与乌托邦》一书指出：知识社会学是"一种关于知识与社会情境的各种实际关

---

[1] *Black Athena*，vol.1，p.442.

[2] *Black Athena*，vol.1，p.201.

系的经验性理论"[1]，因此，知识社会学的基本问题就是社会如何制约知识的问题。知识社会学与意识形态研究密切相关，而后者的任务就在于"揭露人类的各种利益群体或多或少有意识地进行的欺骗和伪装（deceptions and disguises）"[2]。

《黑色雅典娜》一书表明，西方学院派的文化寻根经历了后殖民时代的认识深化，终于有人转移到了清算西方中心历史观和白种人优越论偏见的自我解构立场之上，这种身份的转换可以给深受西学东渐之浸染的东方学者重要的启示：一方面重新看待过去奉为真知和圭臬的西学，另一方面也重新考虑自己在知识的生产与传播过程中潜在的文化认同问题。

三、《黑色上帝》与黑色风暴神

西方"理性"自大的一统天下宣告结束，知识界的有识之士已经能够识别权力和利益如何驱使"理性"作伪。往昔信奉为"科学"和"真理"的东西，如今接二连三地露出"建构"和"虚设"的马脚。像社会学家彼得·伯格（Peter L.Berger）的《社会建构的现实》（The Social Construction of Reality，Anchor Book，New York，1957），历史学家霍布斯包恩（Eric J.Hobsbawin）等的《被发明出的传统》（The Invention of Tradition，Cambridge University Press，1992），人类学家库柏（Adam Kuper）的《发明原始社会》（The Invention of Primitive Society，1988，Routledge），考古学家乔治·邦德（George C.Bond）等编的《社会建构出的过去》（Social Construction of the Past，Routledge，1994）等一大批新近问世的著作或文集，

[1] Karl Mannheim，*Ideology and Utopia*，translated by L. Wirth and E. Shils，A Harvest Books，New York，1936，p.286.

[2] Ideology and Utopia，p.265.

仅仅从书名的措辞就不难看出，揭露知识伪装的强烈需求已经成为学界相当普遍的共识。这种重新清理知识建构脉络的需求正在对以往的人文社会科学形成巨大的冲击。

在《黑色雅典娜》第二卷发表后六年，另一部以“黑色”命名的寻根著作问世了。这就是伦敦国王学院的比较宗教学讲师朱利安·包迪克（Julian Baldick）的《黑色上帝：犹太教、基督教与穆斯林宗教的非洲亚洲根源》[1]一书。该书于次年（1998）又出了简装本。作者包迪克曾于1989年出版处女作《伊斯兰教神秘主义》，1994年又推出了《荷马与印欧人》。他显然在比较宗教学的影响研究方面已经有了相当充分的积累。

《黑色上帝》又可译为《黑色的神》，从书名一看就知道是模仿伯纳尔的《黑色雅典娜》，而且副标题的关键词“非洲亚洲之根”也是从《黑色雅典娜》一、二卷的副标题脱胎而来的。可是令人费解的是，书中却不提伯纳尔和他的著作。不过，本书内容毕竟还是着眼非洲给西方文化寻找东方根源的学术研究，所以拉开距离看，尽管作者是白人，仍属于文化研究和学术史研究的“黑色风暴”。

《黑色上帝》认为，正如存在着一种非洲亚洲语系，也存在一种共同的非洲亚洲宗教体系。在远至也门、尼日利亚等地的神话、民间传说、礼仪、风俗和信仰的背后存在一种内在的逻辑，它可以上溯到远古时期由希伯来《圣经》与王朝时代的埃及所共享的宗教体系。

作者运用比较神话学方法，将来自人类学、宗教史学、考古学、古希腊时期作者们的多方面资料熔为一炉，用当代埃及学专家的眼光加以重新评价。他还通过这些资料建构起他的非洲亚洲遗产的假说图景，论证了该遗产对现代西方思想的持续影响。

---

[1] Julian Baldick, *Black God, The Afroasiatic Roots of the Jewish Christian and Muslim Religions*, I.B.Tauris Publishers, London, 1997.

比较神话学发展到 20 世纪中后期，形成了以研究印欧文化为主的第二代的研究流派，以法国的迪姆塞尔（Georges Dumezil，又译杜梅齐尔）为主要领袖。他以印欧文化所共有的三功能社会结构理论而著称于世。国内较早介绍该派的评述有美国学者列特尔顿的《迪姆塞尔教授与新比较神话学》[1]一文；近有迪姆塞尔的小篇幅著作《从神话到小说》中译本出版[2]。《黑色上帝》在方法论部分效法迪姆塞尔的新比较神话学，只是把研究对象从印欧民族间的神话—宗教信仰的共同体转移到闪含语系诸民族间的神话—宗教信仰的共同体。

具体看，包迪克主要考察了非洲之角的几个民族如豪撒人（The Hausa）、奥罗莫人（the Oromo）和埃塞俄比亚的奥摩特人（Omotic Ethiopia）的宗教。

以奥罗莫人为例，它属于埃塞俄比亚人种的库希特人（Kushite）中最大的一族，处于非洲十大民族之列。《旧约·创世记》讲述的洪水后诺亚的次子名叫含，含的长子叫库什（Cush）。所谓库希特人意为“库什的子孙”。现代考古资料表明，3500 年前，库希特人分布在整个非洲之角，取代当地土著狩猎民族布须曼人。公元前 10 世纪，其南支到达东非裂谷地带，创造了东非最早的农耕文化，有梯田灌溉等突出特征。在奥罗莫人宗教信仰中，一位具有非洲亚洲宗教体系特征的黑色风暴神占据了主宰地位。该族创世观与《旧约》有明显近似之处：生命创始于水；神从云雨之中降临世间；他还用吐气的方式赐福给他人，就像希伯来的耶和华用口对口吹气的方式把生命灌注到亚当身体之中。[3] 通过这些细节方面的仔细对比，包迪克希望说明古代非洲之角宗教里的这位黑色风暴神和犹太教—基督教的上帝是同源关系。他指出，

[1] 叶舒宪编：《结构主义神话学》，陕西师范大学出版社，1988 年，第 292—314 页。

[2] 杜梅齐尔：《从神话到小说》，施康强译，三联书店，1999 年。

[3] *Black God*, p.132.

这位黑神在《旧约》里被一分为二，一位是创世主上帝，另一位是上帝的敌人、在伊甸园化身为蛇的恶魔。在宗教史上，这样类似的一神分身为二的现象是常见的。[1] 禁果母题表明，蛇的引诱和上帝的禁止其实只有在对立统一中才可以获得完满的理解。《创世记》随后讲述的洪水故事又让这位黑色的风暴神呈现出来，他还以在云层上立虹的方式与诺亚的后代立约。在《出埃及记》里，神又多次在云层里显身，并且还伴随着闪电雷鸣，这都充分证明了他的原始神格。其他的犹太教祭礼规定如以家畜献祭和割礼习俗等，也都与北非的宗教礼俗相对应。

《黑色上帝》的结论部分试图归纳所谓"非洲亚洲宗教共同体"的基本特征，也就是它区别于印欧宗教体系和内陆非洲体系的特性所在。包迪克认为那就是"二元论"（dualism）和"两极对应"（bipolarity）[2]。以一位黑色风暴神为主的二元逻辑，通常表现为他的男性化的阳刚存在和与之匹配的一位少女神。此一原型的抽象变体则为干燥与潮湿、光明与黑暗的对立，在闪含语族的宗教祭典上，祭献黑色公牛是最重要的祭祀程序，那黑牛代表的就是黑色风暴神。

包迪克还以田野调查的实地材料，说明了对于犹太教和伊斯兰教都非常重要的割礼，如何同杀死风暴神的仪式剧相联系的。在奥罗莫人的仪式上，一位青年武士表演完成这一牺牲后，随即获得真正的成人资格，准备成为父亲。而他的生父则在仪式上被驱逐出去。非洲亚洲宗教遗产的另外一个重要方面是割礼，那也是同杀死风暴神的神话相对应的仪式行为。献祭和割礼都在神圣婚礼之前进行，而这婚礼才是表现二元论价值关系的象征物：男性月神与女性太阳神的结合在古老的地点建立起新的两极对应关系。在这种宗教的二元逻辑背后，我们看到的是"对农作物和家畜用水的

[1] *Black God*，p.162.
[2] *Black God*，p.154.

保证以及人类的永存。”[1]

就在《黑色上帝》出版之前一年，法国东方学家博泰罗（Jean Bottero）在《上帝是谁》一书中坚决否认犹太人的一神教信仰与埃及宗教的关系，他借批驳弗洛伊德《摩西与一神教》的机会，声称：“本人断然排除一神论是埃及人发明的说法。它的发明者，非摩西莫属。”[2] 读罢《黑色上帝》，我们虽然未必苟同包迪克的观点和论证方法，但是至少可以明白，即使真是摩西发明了一神信仰的教义，那么他也不是凭空发明的。在西亚和北非广大的地域中闪含语系民族共同崇拜的这位黑色风暴神，应该看作是《旧约》叙事中耶和华神的一个原型吧。《黑色上帝》的最后一节文字简述“现代西方思想中的非洲亚洲宗教遗产”，特别提到弗洛伊德创建的精神分析学如何从非洲的成年仪式中获得关于父与子对立的二元论思想：年轻的竞争者仪式性地杀死和取代他的父亲。明眼人或许已经再次意识到：著名的俄狄浦斯神话和俄狄浦斯情结原来也有其仪式的基础。[3]

四、结语：“超越东西方区别”是否可能？

伴随着文明起源观上的上述新认识的展开过程，西方知识界有识之士开始意识到如何摆脱西方中心主义价值观的束缚，在文化身份上破除东西对立与整合东西方传统的必要性。如史蒂芬·罗（Stephen C.Rowe）在《再看西方》一书中说：“我们必须找到一种如同这个全球境况一样新的、超越东西方区别的人性。我们必须走向一种新的普遍性——它不仅是思想的，还是人的，它在我们‘有效的历史记忆’中把东方包括在内。”[4] 新的人性观的建

[1] *Black God*，pp.155—156.

[2] 博泰罗等：《上帝是谁》，万祖秋译，人民文学出版社，1999 年，第 17 页。

[3] *Black God*，pp.170—171.

[4] 史蒂芬·罗：《再看西方》，林泽诠等译，上海译文出版社，1998 年，第 234 页。

立当然需要新的历史眼光来重新建立整合东西方的世界景观。在这方面，史蒂芬·罗认为西方人既需要充分地容纳东方，又要避免盲从东方。他的这种态度显然不同于新时代运动的信奉者。

我们必须重新利用我们西方的传统，而在更大的自我整合中，必须容纳东方和总体的“他性”。我们不可能只要一方而不要另一方：利用西方而不整合东方会导致绝对主义的新保守思想，会变得冥顽不化，并会导致基要主义的地方主义，而离开西方智慧，对东方不加选择地吸收，则会导致相对主义的解构、离散，导致虚伪的普遍论。[1]

这里的离不开“西方智慧”与要求“超越东西方区别”的自相矛盾之处是一目了然的。西方学院知识分子的这种自相矛盾状况表明了超越的理念与实际行为上的差距。要弥合这一差距显然不是一件容易的事。

从普遍史（其宗旨不是各国族历史的汇总，而是“在人类社会整体发展中发现有意义的类型”）理念的高度看待西方思想的两大源头，美国思想库的重要理论家福山（Francis Fuknyama）认为，只有基督教文明才是真正的源头。他写道：“在西方的传统中，普遍史最先在基督教文明中出现。希腊人和罗马人都致力于撰写以前所知的世界历史，但是基督教最先介绍上帝眼光下所有人都平等的概念，结果全世界的人都分担相同的命运。像圣奥古斯丁这样的基督教历史家对希腊人或犹太人的特殊历史一点儿兴趣也没有，只对全人类的救赎或在地上实现神的意志有兴趣。”“再者，基督教含有时间有限的历史概念，即随着神的创造人类而开始，随着神的最后救赎而结束。对基督徒而言，地上历史的终结应该记载在天国之门打开的审判日，那天此

[1] 史蒂芬·罗：《再看西方》，林泽诠等译，上海译文出版社，1998 年，第 235 页。

世或此世的事件都会消失不见。从这种基督教历史观而言，撰写普遍史一定会包含‘历史的终结’。”[1]就此而言，揭示基督教上帝耶和华与黑色风暴神的关系，也许比揭示希腊女神雅典娜的黑肤色嫌疑更加具有震撼力。然而，可惜的是，英国人伯纳尔移居美国后成为激进左派学者的代表，黑色雅典娜之说如今在学界已是尽人皆知；而同样是英国人的包迪克却因为缺少“理论旅行”的机遇，使他的黑色上帝说的影响目前尚局限在比较宗教学的小范围内。

19 世纪末，欧洲思想界回响着关于上帝已死的呓语般呼告；20 世纪末，西方学界不再争论上帝的死活，而是重新发现他的本来肤色。这整整一个世纪的时代反差恰好体现出从殖民时代到后殖民时代的学术问题的转换与话语的变迁，以及西方知识界遵照知识社会学思路进行文化寻根的重要成果。也许只有经历了这种超越东西方对立的人类文化之根的再发掘与再认识，真正超越东西方对立的文化身份才有可能重新建立，解决现代性两难困境的思考才会打开新的空间吧。

在结束本章之前还应补充的是：在后殖民理论浪潮席卷西方学坛以前，超越东西方界限的精神努力就已经由“跟着感觉走”的艺术家们开了先河。如果不是毕加索、摩尔等先锋艺人在艺术构思上的“走出非洲”革命，20 世纪的西方艺术如何发展也就耐人寻味了。吕品田先生指出了对“黑非洲”的认识怎样率先改变了西方人的艺术史观念：

在人类文明史上，非洲大陆热带区域的文明形态始终被人类认识的“黑色”所笼罩。时至今日，“黑非洲”这一概念的修辞成分中，仍隐隐夹杂着蒙昧、野蛮、落后、悲惨、邪恶和虚无等消极的认识成见。即便历史上曾有诺克、伊费和贝宁等辉煌的艺术创造，“黑色”的成见仍使得非洲艺术，被整体地

[1] 福山：《历史的终结》，翻译组译，远方出版社，1998 年，第 74 页。

“黑”入艺术史的原始艺术范畴。对非洲艺术来说，它所隶属的原始艺术范畴，很大程度上是没有“时间长度”和相应“时间价值”的特殊范畴。这在文化人类学上的对应含义是“未开化”。（热尔曼·巴赞：《艺术史》）[1]

20世纪兴起的西方现代主义，启发了世人对非洲艺术的认识和欣赏。马蒂斯、毕加索、布拉克等一批艺术家，从原始而单纯的黑色艺术中汲取变革西方传统艺术的动力，掀起一场浩大而持久的“原始主义”风潮，贯穿野兽主义、立体主义、表现主义、抽象主义和超级现实主义等诸多流派，乃至根本扭转了西方艺术自身传统的发展方向。柏林自由大学的女学者塞格林德·伦克（Sieglinde Lemke）最近提出重新界定现代主义，指出其基本倾向是原始主义的。现代主义的革命性变革其实远未结束，除了美术，在白人的爵士乐、摇滚和霹雳舞等多种艺术表现中也都正在刮起“黑色风暴”。伦克在《原始主义的现代主义》中争辩说，白人的现代主义深受黑人文化他者的象征资本之惠；而黑人现代主义自身也构成了白人欧美模式的一部分。她提出“泛大西洋的现代主义”概念，说明西方现代的精英文化和大众文化在实际构成上都已超越了传统的东西方划分界限。[2] 从文化哲学的意义上去理解，白人艺术家对黑非洲艺术的感觉认同，或许昭示着一种文化寻根和文化整合的新价值观。它不仅对西方，也对跟随西方卷入全球化和现代化进程的后发展社会，预示着某种具有指导意义的普遍性价值。莫非现代性在西方所遭遇的反叛与挫折，只有在与现代性相悖反的方向上，在重新回归文化源头的纯真古朴的诉求中，才可以得到疗治和补救，在西方的现代性之外为人类的未来呈现出一种精神性的存在方式？

[1] 吕品田：《黑色的璀璨——热带非洲艺术的价值重估》，引自“书网”。

[2] Sieglinde Lemke，*Primitivist Modernism：Black Culture and The Origin of Transatlantic Modernism*，Oxford University Press，1998.

从现代西方艺术史上的“黑色风暴”到西方学术的“黑色风暴”，我们似乎可以从“返回非洲”的朦胧冲动中体悟出文化寻根的强烈需求。至于为什么是英国学者在这方面独领风骚，得风气之先，只要了解包括埃及学在内的东方学在这个当年的日不落帝国是如何兴旺，就可略有所悟。英国人对黑色大陆的探索欲望早在康拉德小说《黑暗心脏》中就充分展现于世了；这种兴趣在后殖民时代的英国知识人那里并未减退，甚至伴随着文化寻根思潮的高涨而拓展到学院以外的民间思想运动。不信，请去“新时代运动”在英国的朝圣地格拉斯顿伯里（Glastonbury）一看吧，那里不仅有展示埃及巫术的“异教博物馆”，还有以“黑色”命名的纪念品商店。再看当今最流行的魔法作家罗琳在《哈利·波特》中的描写——《阿兹卡班》中赫敏羡慕去埃及旅行的人说：“我真的妒忌啊——古埃及的巫师真令人着迷。”

为什么呢？因为到埃及学习巫术与魔法具有真正的朝圣发源地的意义。英语表示巫术与魔法的词 magic 出自希腊文 mageia；而若从“黑色雅典娜”的意义上看，希腊文的 mageia 则是埃及巫术神赫卡（Heka）传到希腊后的称谓变音的产物。

《埃及巫术》的作者、大英博物馆东方文物部的馆员巴奇（Sir Wallis Budge）说：“从很早的时代起，埃及人就被认为是一个巫师和魔法师的民族。”[1]

与当代魔法文学对古埃及的青睐相比，当代非学院派的《圣经》考古研究也掀起了一场具有震撼效果的黑色风暴——古埃及热。其代表人物是英国的拉尔夫·伊利斯（Ralph Ellis）。这位自称“相信上帝的无神论者”，自上个世纪后期涉猎圣经考古学以来，先后发表了《透特——宇宙的建筑师》《K2——寻解众神》《大风暴与出埃及》《耶稣——最后的法老》等一系列

[1] Sir Wallis Budge，*Egyptian Magic*，The Citadel Press，1978，p.4.

著作，以古埃及学知识为背景对《圣经》与犹太历史做出了惊世骇俗的全新解释，引发了巨大的争议，在读书界掀起一个重新认识西方宗教本质和起源的风潮。就拿2001年问世的《耶稣——最后的法老》为例，作者在中文版序中说：

尝试将西方的犹太教、伊斯兰教和基督教的根源归于它们真正的埃及背景中。所有这三种西方宗教都讲述了同样一个关于一个开创了犹太人宗教起源的显赫家族的故事。然而这些人的整个历史不知何故都失传于世了，仅仅是在那些神圣的宗教典籍上留下了记录。它们的发生地点和时期已经被精心篡改过了，以迎合后来各个时代的政治需要。我这么说的证据在于，这三种宗教的《圣经》中的所有事件以及绝大多数人物都能在历史文献记载中找到对应，但是只有把它们都放在古代埃及的背景中才能办得到。[1]

拉尔夫·伊利斯书中认为《旧约全书》所记录的犹太人领袖亚伯拉罕和雅各原来都是古埃及的法老。率领以色列人逃出埃及统治的民族英雄摩西则是法老中的革命者——埃赫纳顿的兄弟；《圣经》记述的以色列人出埃及的伟大事件，其真相是喜克索斯王朝从埃及的逃离；开创了基督教的人是犹太人的叛逆中扫罗；耶稣并不是一个基督教徒，他是加利利海地区的统治者及600个反叛者的领头人。《新约全书》中关于耶稣被罗马统治者钉死于十字架的说法是虚构的故事，耶稣死亡的真相是公元前65年死于耶路撒冷保卫战。耶稣的真实身份是埃及喜克索斯法老的后裔，他掌握着古埃及的透特神的神秘知识，因此在当时有巨大号召力，被认为是在天之父和“犹太人的国王”。[2]

---

[1] 拉尔夫·伊利斯（Ralph Ellis）：《耶稣——最后的法老》（Jesus：Last of the Pharaohs），李旭大译，陕西师范大学出版社，2004年，第5页。

[2] 拉尔夫·伊利斯：《耶稣——最后的法老》，第207页。

对于学院派学者来说，这样的反弹琵琶式的重估历史，也许其论点的根据还不足以说服人。与《黑色上帝》一书相比，《耶稣——最后的法老》取用材料的单一性较为明显，大胆推测和假设的成分多了一些。也许正因为如此，才使它更加具有可读性，成为新世纪跨越国界的畅销著作。

我们很难预测，由“魔法风暴”映衬的这场“黑色风暴”还将如何强烈地在学术界内外蔓延并引起连锁式震动。但可以确信的是，西方文化与宗教寻根的多元化取向是顺应后殖民时代学术与思想潮流的。非洲文明在这场寻找源头的运动中得到前所未有的重视。寻根的目光虽回溯于往古，但其终极目标还是为人类重新寻找未来。

THE FIFTH PART

第五章

西方文化寻根的“凯尔特复兴”

- 从《苹果树》和《尤利西斯》看“凯尔特人”
- 凯尔特文化溯源
- 凯尔特的精神遗产与“新时代运动”

关于西方文化的根源，一般流行的说法是“二希”，即古希腊文明和希伯来文明。这种自近代以来几乎成为定论和常识的说法其实是一种笼统的“熟知”，它掩盖了另一条重要的文化根脉——凯尔特。20 世纪的西方文化寻根运动终于把这个被主流意识形态的“熟知”所埋没的文明揭示出来，并在非常可观的程度上使之在当代文化中“复兴”。我们中国人一般较难去辨析复杂的欧洲文化中的人种构成和族群源流，这样，在阅读西方文学和理解文化现象方面，常常由于碰到知识上的盲区而难免感到有隔膜，或者囿于“熟知”的偏见而产生这样那样的误读。本文从文学作品入手，考察和论述西方文化在“二希”以外的有机成分——凯尔特人传统，并立足于现代性的展开背景，评析当代凯尔特复兴运动在知识考古和文化寻根上的意义。

一、从《苹果树》和《尤利西斯》看“凯尔特人”

20 世纪早期英国现实主义小说家高尔斯华绥的短篇代表作《苹果树》，被批评家称为优美的田园牧歌式作品、一出凄婉的爱情悲剧。小说描写一个大学生徒步旅行到乡下农庄，和一位淳朴美丽的姑娘相恋，却始乱终弃的故事。

作者在常见的爱情题材中寄寓了敏感的族群认同问题，让英格兰的大学生与凯尔特族姑娘成为恋爱的双方。通过爱情悲剧颂赞了凯尔特人刚烈坚毅的民族性格。

故事开始，48 岁的弗兰克·艾舍斯特和妻子在他们的银婚纪念日乘车去荒原外的托尔基过夜，那里是他们初次相遇的地方。艾舍斯特触景生情想起 26 年前的往事。“他无意中触发了埋藏在心底的回忆，想起一段放纵、甜蜜却被迅速扼杀了的时光。”那时，他和同学罗伯特·加顿到托尔基去，遇到一个乡下姑娘，他由衷地发出感叹：“多美啊！”

风吹动她的粗绒裙子，拂着她的腿，掀起她那压扁了的孔雀蓝的苏格兰圆帽；她的浅灰色的短罩衫已经破旧了，鞋也裂开了，两只小手又粗又红，脖子晒成了紫褐色。她的黑发散乱地飘拂在宽阔的脑门子上，脸是短的，上唇也是短的，露出一排闪亮的牙齿，眉毛又直又黑，睫毛又长又黑，鼻子笔直；但是她的灰眼睛却是了不起的妙物——水汪汪的，仿佛今天才第一次睁开似的。

他们向她打问附近可有供过夜的农庄，姑娘将他们带到自家的农庄去投宿。加顿在路上问起来才知：她叫梅根·戴维，17 岁，住在姑母家。

加顿问："那么是哪儿人呢？"

梅根答："是威尔士人。"

加顿："啊！我刚才就猜到你是凯尔特人呢。"

他们来到梅根姑母家，享用丰盛的茶点。加顿在席上发表了关于凯尔特人的长篇大论。他谈的是凯尔特人的觉醒时期；发现主人一家有着凯尔特血统，使自信也是凯尔特人的他十分兴奋。他那两道冷冷的针锋似的目光直射在艾舍斯特的眼睛里，口里赞扬着威尔士人的教养。离开威尔士到英格兰来，真像舍瓷器而用陶器一样！弗兰克，作为一个可憎的英格兰人，当然看不到那威尔士姑娘的温文尔雅和丰富情感！她是多么确切地用她的活生生的形象例证了 12 世纪威尔士诗人摩尔根的作品。

加顿继续说："在感情方面，她可能是了不起的，她需要唤醒。"

"你打算唤醒她吗？"

加顿瞧着他，笑了笑。"你是多么粗俗而英格兰气呀！"他这堆起满脸皱纹的一笑似乎这样说。

接下来是艾舍斯特与梅根的几句对话。

"他（加顿）说了些什么，叫你们都笑了？"

“他说我是 bards 的女儿。Bards 是什么人呀？”

“威尔士诗人，生活在几百年前的。”

“为什么我是他们的女儿呢，请问？”

“他是说，你是他们所歌唱的那种姑娘。”

“他还说，乔是撒克逊型的。这是什么意思？”

“哪个是乔？是那个蓝眼睛红脸儿的吗？”

“对。我姑夫的外甥。”

“好，他是说，乔像 400 年前到这儿来征服英格兰的那些人。”

她走后，艾舍斯特想起诗人说的“美人是一朵花”，心中思忖着：瞧那姑娘！她的鞋是破的，手是糙的；但是——本质的东西到底是什么呢？难道真是加顿所说的她那凯尔特血统吗？——她是天生的大家闺秀，是一颗明珠，虽然除了粗通文墨，也许什么也不懂得了！

以上的引述可以表明，小说家在叙述人物出场情景时，特别突出了族群的认同问题，这在英国文学中是非常特殊的，实际上也是文学中的文化认同问题。

如果没有对于凯尔特文化源流的知识，小说的这些描写是无法读懂的。高尔斯华绥虽然是地道的英格兰人，出身富豪家庭，上的是英国最好的大学——牛津大学，但他在作品中的文化认同却十分耐人寻味。从上面的引文不难看出，他要颂扬的不是英国贵族身份，而是乡下的异族女子——凯尔特人的美德及其传统。尽管“她的鞋是破的，手是糙的”，但是在来自城市代表英国文化的青年大学生眼中，却成了“天生的大家闺秀”和“一颗明珠”。作为读书人，男主人公知道英伦三岛上的多次移民历史和文学传统差异，能够清楚地分辨现存文化表象背后的不同源的文化成分。所以，当梅根说她是威尔士人时，加顿马上就猜到她是凯尔特人血统，还打趣地称她为“bards

的女儿”。从词典上就可知道，bards 专指古代凯尔特自编自弹自唱的游吟诗人。而对于居住在英格兰的后来入侵和征服者盎格鲁—撒克逊人，作者却给予了辛辣的嘲讽：像艾舍斯特那样，“多么粗俗而英格兰气呀！”或者像梅根姑夫的外甥乔那样，“蓝眼睛红脸儿”，傻里傻气的。用那个形象的比喻说，英格兰的撒克逊人与威尔士的凯尔特人相比，就好像粗糙的陶器比精细的瓷器。如果这样的比喻出现在当今美国，难免会招致“种族歧视“的指控，闹到法庭上去。

“bards 的女儿”对于文化传统的溯源来说，意蕴深远。我们知道凯尔特人祖先们的神话传说不仅构成爱尔兰文学的根基，也是欧洲口传文化传统的一个重要组成部分。从现代主流文化观点无法去分析和理解这些传说。它们属于那个和我们今天的社会大大不同的社会。这些故事本身在特定语境中被赋予了非凡的力量，任何听到这些故事的人都会得到祝福和好运。在古老的凯尔特时代，这些传说都是靠着游吟诗人口头吟唱而得以代代相传下来的。流行的说故事是背诵传说艺术的残存形式，如同盲诗人荷马背诵传播希腊史诗，或藏族艺人背诵大史诗《格萨尔王传》。尤其是在爱尔兰和赫布里底群岛。游吟诗人们并没有把传说分成不同的部分。所有故事被按照以下的类目收集在一起：出生、私奔、历险、旅行、战争、盛宴、求爱、幻想、奇袭、侵扰、毁灭、屠杀、侵入、爱情、远征、洞穴、死亡、围攻、狂热。这些故事题材的吟诵是要根据不同场合的情景而即兴做出的。20 世纪在人类学影响下的口传文化研究，把这些昔日不登大雅之堂的民间作品视为亟待抢救的文化珍宝。

从来源上看，这些传说起初都在民间口耳相传，中世纪以后受到外来的书面文化影响，人们才开始将它们部分地记录下来。这种早期爱尔兰文学许多已经遗失了。但是，仍然有一些保存至今的手稿。它们是：

《牛皮书》（The Book of the Dun Cow，11 世纪）

《伦斯特集》（The Book of Leinster，12 世纪）

《巴雷莫特书》和《莱坎黄皮书》（The Book of Ballymote & The Yellow Book of Lecan，14 世纪）

《李斯莫书》（The Book of the Dean of Lismore，15 世纪）[1]

这些文献见证着盎格鲁—撒克逊人到来以前的英伦诸岛文化基层的凯尔特性质。在 19 世纪末到 20 世纪 20 年代的“爱尔兰文艺复兴”热潮中，它们发挥了很大的作用。其核心人物叶芝 1893 年的文集《凯尔特的曙光》（Celtic Twilight），就试图把民间神话传说所代表的光荣的民族历史重新发扬出来。游吟诗人在凯尔特的古代是很重要的人物，其首要任务是颂扬英雄和王者，也娱乐集会团体，有时赞美，有时讥讽，他们和巫师、战士、银匠一起构成社会的核心。从某种意义上说，他们就是古代凯尔特文化传承的化身。

高尔斯华绥虽然在作品中认同了英伦岛上的少数族裔的文化价值，却没有给他笔下的凯尔特“bards 的女儿”美好的命运。男主人公始乱终弃并且另寻新欢的做法，对于这个情窦初开的乡间少女来说，是无法承受的。她毅然以结束生命的激烈方式告别了这个世界。

熟悉凯尔特文学的人，很容易联想到类似的刚烈自杀的女性形象。除了闻名于世的中世纪凯尔特传说《特里斯丹和绮瑟》中的女主人公，还有爱尔兰传说中著名的鲍迪西娅（Boadicea 或 Boudicca）女王，她是东英格兰 Iceni 部落的女王。公元 60 年，她领导人们反叛罗马统治，摧毁罗马人占领的多座城池，攻下伦敦。可是最后她仍然败给罗马人。她不愿受异族凌辱，以服毒方式自尽。在罗马作家笔下，鲍迪西娅被描述成一个可怕的、强有力的女人。甚至还有人记下她率军出征前的演说：“我们英国人在战争中习惯于女人领导，我是贵族的女儿，但我现在不是为我的高贵权利而战。我是作为一个失去了自由的普通人而战，我在为我被伤害的身体而战。诸神将会支

[1] Jean Markale, *The Celts: Uncovering the Mythic and Historic Origins of Western Culture*, Inner Traditions International, Rochester, Vermont, 1993.

持我们应做的复仇。我们或者胜利或者战死，这就是我，一个女人，要去做的。如果他们想的话，让那些男人像奴隶般活着吧，我不想。”

从古代的鲍迪西娅到当代作家高尔斯华绥塑造的梅根，酷爱自由的凯尔特人民族性格的鲜明特色，可以略见一斑。如果说高尔斯华绥是以英国作家的身份反弹琵琶式地发掘凯尔特文化遗风，那么比他小 15 岁的詹姆斯·乔伊斯则是以爱尔兰作家的身份正面表达两种文化之冲突的。他的《芬尼根的守灵夜》如何通过人名的字母编码套用凯尔特的《特里斯丹和绮瑟》传奇，以及大量的爱尔兰神话与历史题材，使小说获得立体象征的蕴涵，已为文学批评家们津津乐道。[1] 而《尤利西斯》开端的人物对话，也显示出与《苹果树》开篇相似的族群认同问题。

“先生，您讲的是法国语吗？”老妪对海恩斯说。

“爱尔兰语。”勃克·穆利根说，“你有盖尔族的气质吗？”

“我猜那一定是爱尔兰语。”她说，“就是那个腔调。您是从西边儿来的吗，先生？”

“我是个英国人。”海恩斯回答说。

“他是一位英国人。”勃克·穆利根说，“他认为在爱尔兰，我们应该讲爱尔兰语。”

老枢说：“会这个语言的人告诉我说，那可是个了不起的语言哩。”

“岂止了不起。”勃克·穆利根说，“而且神奇无比。”[2]

根据注释可知，盖尔语是苏格兰人和古代爱尔兰盖尔族的语言。“你有

[1] M.Magalaner，The Myth of Man：Joyce's Finnegans Wake，in John B.Vickery ed.，*Myth and Literature*，Lincln：University of Nebraska Press，1966，pp.201—212.

[2] 詹姆斯·乔伊斯：《尤利西斯》，萧乾等译，译林出版社，1994 年，第 46—47 页。有删节。

盖尔族的气质吗？”意思就是：“你会讲爱尔兰话吗？”19 世纪初，爱尔兰民族主义的发展使人们重新对爱尔兰的语言、文学、历史和民间传说产生兴趣。当时，除了在偏僻的农村，盖尔语已衰亡，英语成为爱尔兰通用语言。穆利根这个人物的原型，据理查德·艾尔曼的《詹姆斯·乔伊斯》所说，是爱尔兰作家、爱尔兰文艺复兴运动的参加者奥利弗·圣约翰·戈加蒂。《尤利西斯》这部长篇以此人物开场，显然寄寓着爱尔兰民族解放的思想。尽管乔伊斯从早年起就反对狭隘的民族主义，对爱尔兰文艺复兴运动有保留态度，自己也离开祖国移居欧洲大陆，但他作品中的文化认同还是鲜明的。在穆利根眼中，英国和爱尔兰，即撒克逊人与凯尔特人，完全可以用我们中国的成语“泾渭分明”来说明。如果把语言比喻为家，那么母语与祖国（英语 motherland，即指母邦）的关系就成为文化认同的最直接表征。从人类学的文化相对主义立场看，世界各种语言之间没有高下之分。穆利根认为爱尔兰语神奇无比，当然出于民族自豪的成分要多一些，主要是针对爱尔兰的压迫者——英国而言的。

乔伊斯在 1920 年说过，《尤利西斯》“是一部两个民族的史诗”。实指以布鲁姆为代表的犹太民族和以斯蒂芬·迪达勒斯为代表的爱尔兰民族。作者为什么要以双重受压迫族群来构思呢？因为他要反叛的对象就是双重的，如迪达勒斯所说：我是两个主人的奴隶，一个是英帝国，一个是神圣罗马天主教会。

犹太人身份成为异教的一面，而爱尔兰人的身份则是英帝国的异己族类。在受压迫的层面上，二者是两相对照的。布鲁姆在给“民族”下定义后紧接着就说：“我也属于一个受人歧视、被人迫害的民族。”小说中这种弱势群体反抗文化霸权的呼声随处可见。第一章有一句将边缘转化为中心的颠覆性宣言，呼应着被压迫的反叛口号：

我们自己……新异教教义……中心[1]

萧乾译本注云："我们自己"是19世纪90年代开展的复兴爱尔兰语言文化的运动所提出的口号。意思是"爱尔兰人的爱尔兰"。"中心"，原文为希腊文。斯蒂芬联想到要求爱尔兰民族独立的自救口号，进一步想到把异教与基督教相调和而成的新异教教义。"中心（omphalos）"一词，指雅典西北山谷里的一块圣石，转义为人体中心部位：肚脐。这里隐喻斯蒂芬等人所住的圆塔是爱尔兰艺术的发祥地。[2]

表面看来，斯蒂芬的口号似乎是出于白日梦的自我中心呓语。如果了解到盎格鲁—撒克逊语言——英语，如何随着英帝国的扩张而压抑、灭绝着更为古老的凯尔特语，那么这些类似呓语的话就显露出文化意蕴了。如今在欧洲被称作"凯尔特边缘区"的爱尔兰、苏格兰、威尔士等地，总共有人口1000多万，其中至今还使用凯尔特语的人微乎其微，他们成为边缘中的边缘，如威尔士有26%的人讲威尔士语；苏格兰只剩下1.5%的人讲盖尔语。而这种处在灭绝边缘的语言却是曾经养育西方文学名作的摇篮之一，《亚瑟王与圆桌骑士》《夺牛长征记》《特里斯丹和绮瑟》等都已成为世界性的文学遗产。

小说第十二章中主人公布鲁姆与市民的一段对话，更加辛辣地表达出语言之争背后的文化权利冲突：

"喏，"市民说，"关于爱尔兰语，那些锔锅匠们在市政厅召开的秘密会议上都做了什么决定？"

这座无比忠顺的城市，国内第二大都会的神情肃穆的元老们，关于该采取何等措施俾能让一衣带水的盖尔族那崇高的语言得以光彩地在世间复兴，严肃地进行了审议。

[1] 詹姆斯·乔伊斯：《尤利西斯》，萧乾等译，译林出版社，1994年，第37页，有删节。

[2] 詹姆斯·乔伊斯：《尤利西斯》，萧乾等译，译林出版社，1994年，第61页。

“正进展着哪，”市民说，“该死而野蛮的撒克逊佬和他们的土音，统统下地狱去吧。”

……布鲁姆尽力支持他，同时讲着做事不可过火，以免招来麻烦，还说到他们的属地和文明等等。

“你说的是他们的梅毒文明喽！”市民说，“让那跟他们一道下地狱去吧！音乐、美术、文学全谈不上，简直没有值得一提的。他们的任何文明都是从咱们这儿偷去的。鬼模鬼样的私生了那些短舌头的崽子们。”

懂得一点外语皮毛的利内翰说：“打倒英国人！背信弃义的英国！”[1]

也许没有比这更明确的文化立场了。假如古老而光荣的“盖尔族那崇高的语言得以复兴”的条件，就是首先打倒压迫者英国人的英语，那么这种复兴就太渺茫了。当今的国际互联网时代就连法语和德语都日益感到英语的全球霸权威胁到自身的存活与发展了！至于同章里市民的另一处发问：“咱们这里本来应该有 2000 万爱尔兰人，如今却只有 400 万。咱们失去了的部族都到哪儿去啦？”多少透露出要向压迫者讨还血债的意思。我们从这里可以体会到英伦三岛虽然在地理上是一个区域，在行政上有一个“大不列颠及北爱尔兰联合王国”的统一国名，但是在族群与文化上埋藏着多么深远的矛盾与仇恨。从这个文化背景出发，对于当今国际新闻里时常出现的北爱尔兰共和军的激进暴力行为，就会有根源性的理解。

《尤利西斯》还告诉人们，古老的被压抑的文化传统的现代复兴，除了通过语言和文学以外，还有体育竞技等其他方面。布鲁姆就说到在爱尔兰军主持下，古色古香的大厅里一场有趣的讨论：

[1] 詹姆斯·乔伊斯：《尤利西斯》，萧乾等译，译林出版社，1994 年，第 613 页。

谈到古代盖尔体育运动的复兴，谈到古希腊、罗马以及古代爱尔兰的人们怎样懂得体育文化对振兴民族的重要性。针对着复兴我们古代泛凯尔特祖先那历史悠久的竞技和运动之可取性，进行了一场饶有兴趣而富有启发性的讨论。这些竞技是当年芬恩·麦库尔所朝朝暮暮操练的，旨在复兴自古以来的无与伦比的尚武传统。[1]

也许在20世纪的国际拳击赛的苏格兰或爱尔兰“勇士”身上，特别是有“凯尔特人队”出场的美国NBA篮球赛和苏格兰超级足球赛上，我们还依稀可以看到，“复兴自古以来的无与伦比的尚武传统”的文化梦想如何在日益全球化的体育竞技活动中获得回光返照似的表达。这些通过电视转播而有数亿观众的赛场上的“凯尔特人”，与20世纪凯尔特文化复兴运动的潜在联系，恐怕没有多少观众能够品味出来吧。

二、凯尔特文化溯源

凯尔特文化传统是当今的西方文化构成中最主要的几大要素之一。同时它也是最古老的要素之一。《美国传统词典》对此的解释是：“凯尔特人，印欧民族的一支，最初分布在中欧，在前罗马帝国时期遍及欧洲西部、不列颠群岛和加拉提亚东南部。尤指不列颠人或高卢人。讲凯尔特语的人及其后代，尤指现代盖尔人、威尔士人、康沃尔人或布列塔尼人。法语称Celte。Celtes的单数源自拉丁语Celtae，源自希腊语Keltoi。”关于凯尔特人出现在世界历史舞台的时间，目前尚未有统一的看法。较保守的看法认为凯尔特人起源于大约公元前700年，距今约2700年。[2] 主要的依据在于古希腊早期著作者的

[1]《尤利西斯》，萧乾译，第603页。有删节。
[2] Nigel Pennick, *The Celtic Cross*, London: Blandford Books, 1997, p.9.

零星记录。如希罗多德《历史》一书中仅有的两处记载：第二卷 33 节讲道，"凯尔特人（Celte）居住在海拉克列斯柱之外，与居住在欧罗巴最西端的库涅西欧伊人为邻。"[1]《历史》第四卷 49 节又说："因为伊斯特河发源于仅次于库涅铁斯人而为欧洲最西端的居民的凯尔特人的地方，它贯流全部欧罗巴而从侧面流入斯奇提亚。"[2] 在历史学之父希罗多德以前，没有更多的传世文献可以参考，所以凯尔特人的存在必然早于希罗多德的时代。

最新出版的《新时代百科全书》则依据晚近的考古学资料，把凯尔特人的起源定在公元前 1500 年，并且认为他们在公元前 5 世纪前后扩张到欧洲其他地区。[3] 从活动的空间上看，凯尔特人的部落早期兴盛于中部欧洲，即阿尔卑斯山以北地区。后来由于掌握了铁的冶炼技术而称雄于欧洲北部的大部分地区，从大西洋到巴尔干半岛之间。

关于凯尔特人的文化特性的认识，从希罗多德的《历史》到汤因比的《历史研究》，可以说 2500 年来大致没有改变，那就是欧洲的野蛮人。[4] 美国人类学史研究者威廉·亚当斯在《人类学的哲学之根》一书中指出，16 世纪西班牙人拉斯·卡萨斯（Las Casas）就将凯尔特人作为欧洲古代历史上的原始人代表，同美洲印第安人的文化与习俗相互比较，指出二者共有的原始性特征。[5]《尤利西斯》第十二章从另一意义上出现了同类的比较："在黑色的 1947 年，他们被赶出了家园。他们的土屋和路旁那些牧羊窝棚被大槌砸坍后，《泰晤士报》搓着双手告诉那些胆小鬼撒克逊人说：爱尔兰的爱尔兰人很快就会减到像美国的红皮肤人（印第安人）那么稀少。"

如今的西方历史学家已经普遍承认，凯尔特人也是印欧人种的一支，他

---

[1] 希罗多德：《历史》，王以铸译，商务印书馆，1959 年，第 124 页。

[2] 希罗多德：《历史》，第 285 页。

[3] Gerry Maguire Thompson，*The Encyclopedia of the New Age*，London：Time Life books，1999，p.52.

[4] 汤因比《历史研究》列举世界史上的 26 个文明中没有凯尔特人的位置，只在第三部附表四"蛮族军事集团"里提到他们。

[5] William Y. Adams，*The Philosophical Roots of Anthropology*，CSLI Publications，Stanford，1998. p.144.

们的文化与信仰吸收并且取代了在他们之前生活在欧洲的信奉萨满教的新石器时代居民。[1]德尼兹·加亚尔等合编的90年代历史学新教材《欧洲史》，将凯尔特人视为“泛欧民族”。其中写道：“凯尔特人即使没有形成一个民族，也没有成为一个种族单位，但他们与北方的日耳曼人和东方的斯拉夫人，仍有明显的区别。凯尔特文明是欧洲史前史的顶峰之一，凯尔特人在中欧建立了第一个欧洲的文化实体。”[2]20世纪的考古学为复原凯尔特文化的历史提供了大量惊人的物证：这是一个勇猛坚毅的尚武的族群，身材高大，体格强壮；在战场上视武士的荣誉高于一切；由于很早就掌握冶铁技术，而且善骑马，他们的生产和战斗力都十分可观；曾经在欧洲南部的比邻社会中引起恐慌；被希腊、罗马作家说成是手提着敌人头颅、喝人血的可怕武装群体。意大利考古出土的一些埋葬形制和铁制武器表明，公元前4世纪，凯尔特人进入了希腊、罗马地区，还有部分人定居下来，与当地人通婚，转入农业生活，也有部分战士成为马其顿王国和罗马的雇佣军。

然而，如果把凯尔特人仅仅当成是马背上打天下的武夫，那就大错而特错了。他们在艺术、工艺制造、服饰、音乐和文学方面的才华同样令人感到惊讶。爱尔兰文艺复兴以来，在世界文坛上赫赫有名的叶芝、奥凯西、辛格、奥康诺、狄兰·托马斯、萧伯纳、乔伊斯、贝克特等作家，作为古代游吟歌手传统的现代传人，足以让文学史家惊叹当代爱尔兰英语文学中一股强劲的凯尔特文化旋风。若再加上古代文学中的斯威夫特、斯摩莱特、斯梯尔、彭斯、司哥特以及19世纪的王尔德等名家，其阵容就更加可观了。

如今，英国最老牌的大学——牛津大学（中古和近代语言学院）依然设有“凯尔特研究”专业。毕业生共需交六篇论文，其中三篇题目固定，即：（1）凯尔特语言的比较语言学；（2）古代和中古的爱尔兰文本；（3）古代和中

[1] 戴尔·布朗主编：《凯尔特人》，任帅译，华夏出版社、广西人民出版社，2002年。
[2] 德尼兹·加亚尔等：《欧洲史》，蔡鸿滨等译，海南出版社，2001年，第73页。

古的威尔士文本。另外的三篇可以在凯尔特文学或凯尔特考古学、历史学中任选题目。[1]除了这些传统科目以外，考察和追溯西方文化中被遮盖和被遗忘的凯尔特元素，已经成为类似于福柯所说的“知识考古学”工程，成为欧美人文学界的一大显学。英语书店中大量的出版物就是这项“知识考古学”工程发达昌盛的明证。早在古典人类学家弗雷泽的《金枝》里，就有从凯尔特祭祀习俗探讨欧洲篝火节的由来、橡树崇拜的意义、万圣节源于凯尔特人新年等论述。[2]荣格派的美国神话学家坎贝尔在其《原始神话》中考论凯尔特女神宗教时代与欧亚大陆早期文明传播的关系。[3]美国考古学家克拉普从天文考古学的角度考察了欧洲史前巨石文化（包括英格兰西部著名的斯通亨机圆形石阵）与凯尔特宗教的对应特征。[4]凡此种种的知识考掘，对于从新的高度理解这个失落的文明，是很有帮助的。可以说，人类对凯尔特文化的整体认识从来没有像今天这样清晰。

比如，我们在反映鸦片战争和八国联军的各种影片中早已看惯了的那种英国米字旗，怎么看都是一个整体图案。现在根据图像考古学才得以分辨出，那是由三种不同图案组合建构出来的：一个是英格兰的圣乔治十字（白底红色正十字）图案，一个是苏格兰的圣安德鲁斯十字（蓝底白色斜十字），还有一个是爱尔兰的圣帕特里克十字（白底红色斜十字）。原来这些十字都是由文化渊源更加深厚的凯尔特人神圣象征符号脱胎出来的[5]。那就是在各种艺术史和宗教史书籍中屡见不鲜的所谓凯尔特十字（Celtic Cross Etc）的艺术母题。

再比如，在《尤利西斯》中受到嘲讽的英格兰文学大师莎士比亚，也

[1] University of Oxford，*Graduate Studies Prospectus*，Oxford，1987，p.113.
[2] James Frazer，*The New Golden Bough*，New York：a Mentor book，1959，pp.718—721；p.107.
[3] Joseph Campbell，*Masks of Gods：Primitive Mythology*，New York：The Viking Press，1959，pp.431—434.
[4] E.C.Krupp，Skywatchers，*Shamans and Kings*；New York：Jhon Wiley，1997，pp.133—141.
[5] Nigel Pennick，*The Celtic Cross*，London：Blandford Books，1997，pp.72—80.

曾吸收“蛮族”凯尔特文化的成分。学者伯格曼就指出：莎士比亚戏剧中最著名的喜剧人物福斯塔夫，其戴角形象源出于凯尔特人的神——色那诺斯（Cernunnos），其神格相当于“群兽之主”。[1] 失落的文明虽然在历史上沉寂无声了，但是其遗产仍然可以给今人以借鉴。性学研究专家提莫西·泰勒在《性的史前史》中特别解释了凯尔特人为什么会有一种别称“蹲踞的人”（people who squatted）。他认为那是一种民俗：以蹲为休息的主要姿势。蹲踞的最大生理好处是可以使骨盆底部肌肉得到调适均衡，那是最有利于性活动的。从古希腊艺术中反映的形象资料看，当时的人把坐当作最主要的休息姿势，罗马帝国以降，坐姿便和基督教一样推广到了整个世界，如今已经成了全球化的标准姿势。提莫西提醒说，只有在欧亚大草原上的萨满巫师以及印度修炼密教功夫的人，如今依然保留着蹲的功夫，而在大多数发达社会里几乎失传了。这是会引起性活动退化的可悲的失落。[2] 作为回应和补充，我们还可以举出提莫西·泰勒所不熟悉的中国情况：不少民族文化中都保留着蹲踞的休息姿势。比如陕西，蹲至今仍是关中乡间最普遍的姿势，顺口溜“陕西八大怪”称为“板凳不坐蹲起来”，恰恰体现了这种古风。民间方言里叫“圪蹴”（蹲）或“圪蹴哈”（蹲下）。村民们吃饭的标准姿势也是端着大碗蹲在大门口。不过这种蹲的习俗与性活动之间的关联，国人是不明所以的。

至于在大众文化和时尚中，从风靡世界的酒吧文化中的威士忌（威士忌在凯尔特语里意指“生命之水”），以及兑有威士忌的咖啡（小说家说喝了它会让人焕发出无比旺盛的生命力），到法国时装设计大师范思哲试图复兴的苏格兰风格的折叠短裙（kilt），再到欧美流行音乐和歌星的演唱风格，凯尔特文化复兴的迹象几乎是无处不在的。就连欧洲旅游业所标榜的自然风

[1] Charles Bergman，*Orion's Legacy：A Cultural History of Man as Hunter*，London：Plum，1997，pp.166—167.

[2] Timothy Taylor，*The Prehistory of Sex*，New York：Fourth Estate Ltd，1997，pp.266—267.

光也被打上了凯尔特的标记[1]。可以说它早已弥漫在当今全球化的文化生活中了。

三、凯尔特的精神遗产与"新时代运动"

自近代以来，英联邦成为工业革命和全球贸易的重要策源地，在世界的殖民化进程中一直扮演着主角的作用。20 世纪以降，特别是第二次世界大战以后，随着世界经济的重心从欧洲向北美转移，昔日充当资本主义扩张先锋的大西洋文化圈，因受到新崛起的太平洋文化圈的挑战，而出现发展停滞的情况。大英帝国也从当年的"日不落帝国"衰退为今日的夕阳帝国。英伦内部的文化冲突再度彰显出来，主要表现在南部的英格兰人与北部的苏格兰人、西北的爱尔兰人之间的离心张力。较早自欧洲移居到英伦岛上的凯尔特人与后来入侵并且占了上风的盎格鲁—撒克逊人的文化之间长期的对抗格局并未消除。由于凯尔特人在人口和技术上处于劣势，不得不退让出英格兰的较富庶而平坦的土地，据守在北部的岛屿和山地高原。这就是今日与英格兰貌合神离的苏格兰国家和北爱尔兰共和国的由来。

以牧羊为主的苏格兰人虽然在社会组织和生产方式上都落后于英格兰，但是其独特而刚毅的民族性格却使他们在 2000 年的历史上从未屈服。即使是威震天下的罗马大军也只是征服了英伦的南部，为抵御英武善战的苏格兰人而沿山修筑了防御性的长城。当今的苏格兰不仅有自己独立的国家议会、银行、《苏格兰人报》、电视台、博物馆、图书馆，还发行与英镑并行的苏格兰货币。所有这些都表明族群认同上的强烈独立性。其学术上的主要表现是重新强调和发掘被压抑的凯尔特文化传统，甚至把凯尔特传统抬升到足以

[1] 参看：Nigel Pennick，*Celtic Sacred Landscapes*，London：Thames & Hudson，2000.

同西方文明两大源头相提并论的高度去认识。简·马凯尔所著的《凯尔特人：重新发现西方文化的神话与历史根源》一书便是代表。书中认为，过去的历史学家把凯尔特人当成一个比罗马人次要的民族。然而事实上，西方世界的萨满的、神话的和精神的传统却植根于凯尔特文化。作者认为神话是历史的不可分割的部分。虽然史书记载不详，但通过详尽地探讨凯尔特人神话，进而揭示其所滋生的文化，就可以把凯尔特人作为从古欧洲先民到希腊罗马统治的过渡，恢复凯尔特人文化在欧洲文明发展中的重要地位。[1]20世纪后半叶在英格兰、爱尔兰和北美出版了大量有关凯尔特文化的书刊，研究者从考古、历史、地理、民族、宗教、艺术、文学、社会、习俗等各个方面探讨该文化与盎格鲁文化的不同之处，从而为确立当代爱尔兰和苏格兰文化身份的独立性提供佐证。西方发达社会20世纪70年代以来新兴的精神解放运动——"新时代运动"在这方面起到了推波助澜的作用。奥椎斯考等人编的《凯尔特意识》一书，较全面地讨论了凯尔特文化认同与当代欧美社会思想和社会运动的关系。其中有专门从天文学角度探讨凯尔特精神对"新时代运动"的影响的论述[2]，也有关于凯尔特民间精神复兴对现代生活之意义的专题研究。[3]这些观点把文化寻根作为反思现代性的一种方式，希望在以"二希"为源头的现代资本主义理性秩序发生危机的时刻，凸显另类文化价值的疗救可能性。更为激进的观点，如莫里逊的著作，认为平庸化的资本主义的工商社会现实中，人完全丧失了精神性—灵性的存在土壤，所以只有靠个人日常的魔法与仪式活动拯救幻想力，才能维系现代的生存。[4]新时代运动者为了

[1] Jean Markale, *The Celts: Uncovering the Mythic and Historic Origins of Western Culture*, Inner Traditions International, Rochester, Vermont, 1993, pp.10—15.

[2] Alexander Blair-Ewart, The Celtic Spirit in the New Age: A Astrologer's View, *The Celtic Consciousness*, ed. Robert O\Driscoll, New York, 1992, pp.589—592.

[3] Marianna Lines, The Rebirth of the Celtic Folk Soul, *The Celtic Consciousness*, pp.593—595.

[4] Dorothy Morrison, *Everyday Magic: Spells & Rituals for Modern Living*, St. Paul, Minnesota: Llewellyn Publications, 2001.

突破僵化的基督教教会的长期统治，千方百计地在异教传统中提炼多样化的精神目标，而凯尔特智慧与诗歌女神引导下的那种科学、巫术与艺术不分的灵性世界观，成为最具号召力的一种理想境界。

前基督教时代的凯尔特的信仰被称作“德鲁伊特教”。它是由该教的领袖群体人物德鲁伊特（the Druids）命名的。比较宗教学家把他们的实际职能确认为萨满—巫师、医生、诗人、祭司、哲学家、法官、占卜师和王者的智囊高参。[1]这些相当于萨满—巫师的德鲁伊特认为，洞察了自然的奥秘，发现它们的规律和力量就可以从整体上与自然沟通。巫术—艺术只是实现这一目的的主要手段：巫师—诗人，实际上就是科学代言者，他是在人们头脑中点燃思想火焰的神。诗人也就是大自然，是风和海浪，是野生动物和斗士们的臂膀。诗人是科学的人格化身，他不仅是人，还是秃鹰、树木和花草，是命令、剑和矛。他是吹过海面的风，是海洋中的波浪，是波涛的低语，是草原上的湖。他会计算月历，他可以洞察星星。宇宙对他来说没有秘密。他是科学，是诗人，是梦想家。他精通音乐，是女神在人间的化身形象。相传第一个德鲁伊特尤其伟大，能通过诗歌播下灵感的种子，他就是在公元前1530年自古西班牙海岸来到爱尔兰的阿莫金（Amergin），登陆时他吟诵的一首诗，流传至今。

我是吹过海面的风，
我是海洋中的波浪，
我是波涛的低语，
我是七次搏斗中的公牛，
我是岩石上盘旋的秃鹰，

[1] Gerry Maguire Thompson，*The Encyclopedia of the New Age*，London：Time Life books，1999，p.53.

我是草原上的湖。
我是科学的代言人，
我是发起战争的枪尖，
我是创造人们脑海中思想的火焰的神。

是谁领导了山巅的集会，如果不是我？
是谁说出了月亮的年龄，如果不是我？
为什么是制造魔法的神
改变战争和风的魔法。

这样一种近乎童话般的魔法艺术的世界观，提供出前基督教和前资本主义时代人与自然万物沟通为一体的乌托邦景象，也正是韦伯所说的现代理性“祛魅”以后，在西方文明中逐渐绝迹的那种精神景观。新时代人反叛现代性的“复魅”追求，自然将凯尔特信仰的精髓奉为解救现代商业社会人性退化的妙方。他们在现代艺术革命的大师那里已经看到这种精神拯救的希望。英国 Sussex 大学开设萨满主义课程的高级讲师麦克·杜克尔援引神话学家坎贝尔的见解，认为乔伊斯和毕加索一样，在艺术创作上的革命秘诀就是完全地打开无意识世界的大门，让古老的被理性压抑已久的萨满精神发扬出来。[1] 这样的一种文化并置——把当今艺术家和古代萨满在精神状态上的对应和相似加以比照的认识，足以启发思想史和文学艺术史家从原始主义的反现代性意义上去重新理解 20 世纪的“现代主义”创作的实际文化价值取向。

在世纪之交，把凯尔特文化的巫术传统和女神传统复活起来，并且成为大众文化的全球热点的，是新时代人的音乐与文学创作。前者的代表是来自

[1] Michael Tucker, *Dreaming with Open Eyes: Shamanism in 20 Century Art and Culture*, London: Aquarian, 1992, p.92.

爱尔兰西北端的国际音乐明星恩雅，后者的代表首推来自苏格兰的畅销书《哈利·波特》作者罗琳。二者相似的一点是，通过神话与童话世界的艺术再造来突出爱的精神与灵性世界观。

恩雅1961年出生在Donegal县的一个小村，那正是残存至今的凯尔特方言盖尔语（Gaelic）流行地。恩雅一名，来自古代凯尔特的同名女神Enya。出身于民间音乐世家的她，将爱尔兰传统民谣重新编曲，形成具有鲜明特色的音乐创作，实际上是叶芝和乔伊斯在诗歌和小说上成功经验的音乐翻版。20世纪80年代中期以来成为国际乐坛上雅俗共赏的新星。作品有《水印》（Watermark，1988）《牧羊人之月》（Shepherd Moons，1991）《凯尔特人》（The Celts，1992）《树的回忆》（The Memory of Trees，1995）等。从这些名称就可看出，魔法式的人与万物相通的精神方式正是其音乐幻想的基础。这种前现代的精神方式加上后现代的高科技录音术的处理，具有极大的召唤灵性功能：瑰丽神秘的乐声把人带入超现实的空灵美妙境界。其音乐受到乐评人和世界听众的热情追捧。多次荣登新时代音乐排行榜冠军，乃至被誉为“New Age音乐之后”。恩雅1991年12月访华，那出神入化的音乐语言，同样征服了中国听众，大批乐迷为之倾倒。1992年《水印》在台湾创下四白金销售量，《牧羊人之月》更达到七白金的佳绩，充分体现了音乐无国界的魅力。就连James Cameron的歌曲《泰坦尼克号》也在无形中模拟着恩雅的曲风。

恩雅在下面的歌中唱出了凯尔特风格的灵性世界观：

每人都有自己心中的天堂。是记忆、希望、愿望和爱，创造这世界的美好。对我们每个人来说，拥有的珍藏不同——变幻的天空、深红色的“天堂的钥匙”花、童话带来的无尽欢乐、在诗中发现世界的不断变幻的图画。我们每人都有不同的爱，因为有不同的梦想。

罗琳虽然不像恩雅那样具有凯尔特族裔的出身，也没有给自己起一个凯尔特女神的艺名，但她却用文字再造出凯尔特的德鲁伊特教传统，让萨满—巫师形象以正面主人公身份登上文学前台。被基督教妖魔化的女巫形象在哈利·波特的生母这里得到全新的诠释：她是为了救助自己的孩子才被伏地魔杀死的。是这位女巫的伟大的爱赐予了哈利·波特刀枪不入的坚强护身法宝。这个细节表明作者希望从前基督教的魔法世界找回现代性的商业社会中丧失了的精神力量。

哈利·波特购买魔杖的那家奥利凡德商店可以做证，其招牌上写着“自公元前 382 年即制作精良魔杖”。[1] 这是作者故弄玄虚的游戏之笔吗？从罗琳的传记材料了解到，以她对欧洲历史和民间文化的丰富知识储备，这年代数字不会是信笔胡诌的。欧洲史学家认为：“在公元前 387 年，凯尔特人甚至威胁到新兴的强大的罗马。这是伊特鲁利亚人强盛时期的终结，凯尔特人称雄于中欧、西欧，直至罗马将帝国势力扩展到阿尔卑斯山以西和以北时为止。”[2] 由此可知，作者心目中的巫术传统比救世主基督降生人世以来的历史要久远得多。至于哈利·波特作为巫师父母的后代，他在精神上与猫头鹰、蟒蛇、挪威脊背龙等一系列动物的亲密沟通关系，实际上是以童话的魔幻想象方式恢复出凯尔特信仰的灵性世界观。其文学效果与恩雅的新时代音乐是异曲同工的。把哈利的魔幻想象的灵性世界与商人德斯礼一家的平庸现实相对照，作者对西方主流文化的批判与对非主流文化的寻根激情，就更加凸显出来了。

---

[1]《哈利·波特与魔法石》，苏农译，人民文学出版社，2001 年，第 49 页。

[2] 加亚尔等：《欧洲史》，海南出版社，2001 年，第 72 页。

THE SIXTH PART

第六章

西方文化寻根的“原始情结”

——从《作为哲学家的原始人》到《原始人的挑战》

文化寻根是全球化趋势下一种反叛现代性的普遍反应。在过去的20世纪，西方文化寻根发展成为波及范围最广泛的思想运动和民间文化复兴运动，在理论上也催生了一大批重要的思想成果，其中以文化人类学领域的成就最为卓著。然而，我国学术界因为近年来忙于追随西方的现代化，对西方文化寻根方面的成果没有足够的注意和整体的了解，形成知识上和思想上的盲区也就在所难免。本章评述的几部重要著作虽然在西方引起了广泛的反省和大讨论，但中国学界却几乎无人知晓。大部分盲从西方资本主义生产方式或醉心于其经营管理方式的人，恐怕也根本不想去了解。这正是本文要特别强调当代文化寻根中的原始情结及其变化的原因所在。希望这些成果的评述和讨论能够有助于我们了解较为完整的当代西方社会和西方思想。

作为文明人的文化寻根之源头，关于原始文化的想象从文明伊始就伴随着社会意识与个人的记忆不断发展演化，在不同的历史时期变换成不同色彩和价值的参照景象：妖魔化的或者乌托邦化的。本章所要探讨的20世纪西方文化寻根中的"原始情结"，主要表现在文化人类学家对原始人的人格、生存状态、生活质量与生态关系的整体研究和理解，如何在思想史上第一次向世界揭开了长期笼罩在迷雾之中的所谓原始社会真相，又如何反过来促进了对文明人偏见和文明社会弊端的尖锐反思与批判。其中包括欧洲中心主义价值观所建构的作为科学研究对象的"原始社会"和"原始思维"，以及它们对社会想象的巨大牵引作用和对知识分子文化认同的重要影响。

让我们的认识从弥漫现代思想史和文学艺术史的"原始主义"及其历史根源入手。

一、"原始主义"及其历史根源

从历史上看，西方人对于遥远的文化他者即原始人的关注和想象从柏拉图时代就已经拉开了序幕。[1] 原始主义作为进步主义历史观的对立面，也早在西方思想的源头就有所表现了。古希腊神话把“黄金时代”放在人类开辟以来的第一个时代，这就多多少少给人们留下了向过去寻找理想状态的怀古幽思，开启了原始主义作为一种思想传统的先河。荷马史诗和《旧约》的伊甸园神话都暗示了人性从天真无邪到堕落的必然性，这就从根本上注定了人们怀念原始纯真时代的价值判断取向。每当对现存状况不满时，最容易产生类似于“复乐园”的模式化冲动反应。

阿瑟·洛夫乔伊（A.O.Lovejoy）和乔治·博厄斯（G.Boas）合写的名著《古代的原始主义及相关思想》提出，在希腊哲学家中，就可以看到这样一种极端形式的原始主义：认为动物在总体上看要优于人类。[2] 这种观念在今天的动物保护主义者和生物权利的呼吁者们那里再度复兴了。

“高贵的野蛮人”，作为想象的人格形象，从希腊历史学家希罗多德笔下的塞西亚人（Scythians）到今日美国影片《与狼共舞》中的拉科塔（Lakotas）印第安人，两千年来不绝如缕。古罗马的伦理学家塞涅卡在其《道德书信》中说，古代文学的修辞总是强调自然状态之下原始人身体的优越性，他们没有艺术和共产的连累；他们生活的各个方面都是安详的，那是既朴实又简单严峻的生活。[3] 中世纪的基督教思想相对压制了原始主义的发展，文艺复兴之后，随着古希腊思想的再度登场，原始主义也重新流行。艾拉斯莫斯 1511 年的《愚人颂》在某种意义上先于卢梭公开表达了文明人对原始人道德高尚的赞赏。大诗人弥尔顿 1628 年在剑桥发现人人手里都有一册《愚人颂》，可

[1] 参看：Stanley Diamond，Plato and the Difinition of the Primitive，in Stanley Diamond ed，*Primitive Views of the World*，New York：Columbia University Press，1964；

W. D. O' Flaherty，*Other Peoples' Myths*，New York：Macmillan，1988；

Gustav Jahoda，*Images of Savages: Ancient Roots of Modern Prejudice in Western Culture*，London：Routledge，1999.

[2]Arthur O. Lovejoy and George Boas，*Primitivism and Related Ideas in Antiquity*，Baltimore：Johns Hopkins Press，1935，pp.389—420.

[3]Primitivism and Related Ideas in Antiquity，p.263.

见这本书在17世纪流传之广。蒙田也赞美过野蛮人生活的接近自然状态的美妙；蒲伯将没有文明教养的印第安人奉为人之楷模；1669年英国诗人德莱顿的英雄剧《格拉那达的征服》被认为是思想史上第一次使用了“高贵的野蛮人”这一措辞的例子：

我自由得就像大自然首次造出的人，
在基本的奴役的法律问世之前，
那时高贵的野蛮人在大森林里奔跑。[1]

细心的人会从这里看出，马克思设想的原始社会被奴隶制社会所取代的观念，在德莱顿的诗剧中已显露出了苗头。

文艺复兴以来西方思想中原始主义的复兴，在哥伦布1492年发现美洲新大陆的事件刺激之下，一下子获得了新的想象景观。在新大陆世代生息的淳朴天真的印第安人，成为欧洲人自古相传的原始人神话终于得以全面落实的现实活标本。航海家、探险家和传教士们的各种相关报道和描述，更加刺激了文人的创造性想象力的发挥。表现异国情调的原始伊甸园景观，成为一种写作的时髦；尽管与此同时也有种种妖魔化的表现模式，甚至把原始人说成是食人生蕃的蛮族魔鬼。

18世纪的浪漫主义者们不满在他们之前的启蒙运动的理性主义，厌弃大机器生产的喧嚣与单调现实，要求退回到资本主义以前的淳朴田园社会。原始主义情绪弥漫在整个浪漫派文学艺术运动之中。其中最引人注目的思想家卢梭对“自然之子”的推崇，以及对文明进步与道德退化的逆反现象的忧虑，都在后来的思想史中引发了无尽的回响。卢梭的法国同胞高更放弃巴黎的资

[1] Hoxie N. Fairchild, *The Nobal Savage*, New York: Russell & Russell, 1928, p.29.

本主义大都市生活，到南太平洋岛屿的原始人部落中追寻自己的伊甸园之梦。英国小说家毛姆以高更的这种逆反式人生追求为原型，创作了令文明人羡慕不已的著名小说《月亮与便士》。

20 世纪现代主义作家对遥远的异国情调和淳朴的原始文化的迷恋完全继承了卢梭的理论和高更的实践，表现出更加强烈和持久的兴趣。这种兴趣从个别先知先觉者的异端性举动，发展成为具有普遍性的思想倾向。其背后的深刻的社会历史原因是，两次世界大战摧毁了西方文明赖以自豪的理性进步幻想，这就相当于从根基上动摇了资本主义社会的精神支柱。与生物进化论相配合的直线进步的历史观遭到放弃，与黄金时代神话相呼应的循环论历史观再度以理论体系的方式得以呈现，那就是德国哲学家斯宾格勒的《西方的没落》一书的宗旨。该书用有机生命的周期来看待文明盛衰的命运，“把世界历史看成一幅无止境地形成、无止境地变化的图景，看成一幅有机形式惊人的盈亏相继的图景”。[1] 文学批评理论家弗莱深受斯宾格勒有机循环论历史哲学的影响，他把《西方的没落》称为“世界上最伟大的浪漫主义诗篇之一”。[2] 弗莱还效法进化论人类学与斯宾格勒的历史哲学模式，为西方文学的发展演变也描绘出一幅以神话为起点和回归的周而复始的循环图景。[3] 可以这样说，循环的历史观和文学史观的现代登场不仅呼应着西方远古神话的黄金时代原型，而且也给原始主义的想象赋予了一种具有现代性宏大叙事特点的历史哲学框架。

阿瑟·洛夫乔伊和乔治·博厄斯在他们的书中为原始主义做出详细的区分，共有 11 种类型。如果删繁就简，则可以归结为两个主要类型：历史的原始主义和文化的原始主义。历史的原始主义认为人类历史上曾经存在过原始

[1] 斯宾格勒：《西方的没落》上册，中译本，商务印书馆，1995 年，第 39 页。

[2] Robert D. Denhhan，Northrop Frye On Culture and Literature，Chicago：The University of Chicago Press，1978，p.33.

[3] 参看弗莱：《原型批评：神话理论》，《神话—原型批评》，陕西师范大学出版社，1987 年，第 167 页以下。

的理想社会，因而抱有一种向后看的复古主义的回归价值观；文化的原始主义则只要求简朴纯真的生活理想，这种理想并不必然回溯于历史的某个已经逝去的时期。美国人类学家威廉·亚当斯则提出第三大类型的原始主义：父系的（家长政治的）原始主义（paternal primitivism），[1] 并认为思想史上形形色色的原始主义正是人类学这门学科的一条哲学之根。

二、从“原始思维”到“作为哲学家的原始人”

人类学作为西方殖民化历史进程的学术伴生物，其研究对象一开始就定位在发现新大陆以来世界各地的原始人社会。有“人类学之父”称号的英国人类学家爱德华·泰勒，在1871年出版了他为这门新兴学科奠基的代表作——《原始文化》。从书名就可以看出，人类学的问世标志着同西方知识界关注原始人和原始文化的努力已经走向学科建制的方向。此后的一个世纪，欧美各国以人类学为职业的学者迅速增多，仅20世纪后期美国人类学会的注册会员就多达5000人。随着这门学科的迅猛发展，西方知识分子对原始人的认识发生了激烈的转变。从对原始文化的单纯的认识和了解，到重新评价原始人的生存价值及其对文明社会的启示和反思作用。在这一转变过程中，西方思想传统的原始主义发生了根本性的转折，“高贵的野蛮人”首先变成了“作为哲学家的原始人”，随后又发展成堕落的文明人借以反观自身的人格榜样。美国人类学家保尔·拉定是对这一转变具有直接贡献的主要功臣。他于1927年出版的《作为哲学家的原始人》（1957年增订版）[2] 一书为重新定位原始人的精神和智力品行奠定了理论基础。著名哲学家杜威在为该书写的前言中说：“拉定博士的著作开辟了一个几乎全新的领域。”“很

[1] William Y. Adams，*The Philosophical Roots of Anthropology*，Stanford：CSLI Press，1998，p.77.
[2] Paul Radin，*Primitive Man as Philosopher*，New York：Dover Publications，1957.

容易想象他的贡献成为原始人生活的专业研究者中间热烈争论的一个中心，几乎是一场风暴的中心。”[1] 争论似乎是由拉定本人挑起的。他在书的自序中首先质疑了进化论派的人类学观点，批评以爱德华·泰勒的《原始文化》为首的人类学著述具有根本性的误导：原始人代表着文化进化历史上一个早期阶段。他还质疑了人类学与一般社会科学中更加危险的一种简单化的分类：把所有被认为是原始人的族群不加区别地看成同类，不论是古朴的非洲布须曼人还是高度发达的玛雅人和阿兹忒克人，或者澳洲原住民和玻利尼西亚岛民。[2] 拉定还在书中（第13章）向当时甚为流行的列维－布留尔（Levy-Bruhl）“原始思维”说发难。认为列维－布留尔完全低估了原始人的思维水准，把他们看成是没有能力区分主体、客体，没有逻辑的或前逻辑的神秘思维者。这位法国人列维－布留尔在拉定的书中被称为“哲学家”，似乎拉定并没有把他当成自己的人类学同行，尽管他在1925年创办过人种学研究所。

列维－布留尔1910年发表的法文著作《低级社会中的智力机能》，以及后来的《原始人的心灵》（1922）和《原始人的灵魂》（1927）等系列研究，论述的是同一主题，从而形成有关“原始思维”的系统理论。他把“地中海文明”所属民族的思维与不属于“地中海文明”的民族（即亚洲、非洲、大洋洲、南北美洲的有色人种）的思维做了比较，确认二者的智力过程是不一致的。这样，他就实际上把欧洲以外的人统统划入“原始”的即低级社会之列了。我们中国文明在他的这一归类中也难免落入与“原始”和“低级”为伍的地步。其实，原来他研究“原始思维”的直接动因就在于看了司马迁的《史记》法文译本，从天人感应的历史叙述中发现了“原始”的例证。后来搜集到遍布五大洲的相关素材，写成这部争议性极大的著作。他确认原始思维的特征是神秘的和原逻辑的。他用来说明这种特征的专门术语有两个：

[1] *Primitive Man as Philosopher*，p.xvii.

[2] *Primitive Man as Philosopher*，p.x.

其一为“集体表象”（collected percept），其二为“互渗律”（principle de participation）。中国人的例子一再被他列举出来，说明这些特征。如第一章为说明集体表象如何给原始人的知觉带来神秘性质，首先举出的例子就是中国的：这是列维-布留尔从传教士们不无偏见的汉学著述中看到的。这种缺乏直接田野作业经验材料支持的异文化研究方式显然与“摇椅上的人类学家”弗雷泽等人一脉相传。这种方法上的偏失和取材的随意性也许就是美国人拉定不把他当作人类学家的理由：例如：一个中国青年寡妇能够从她丈夫的泥土塑像那儿受孕生孩子；肖像变成活人；还有在中国流行的一些风俗，如在死者的坟上供纸糊的兽像、烧纸钱等等。由于文化身份的限制，列维-布留尔只能从文化他者那里去发现“原始”。即便到了晚年著述《原始的神话》（1935），他承认适用于古希腊的“神话”一词也同样适用于澳洲和大洋州的土著，但仍是念念不忘早期著述中提出的“前逻辑”，作为原始人思维不同于理性的证据。[1]至于互渗律，用他自己的表述：“在原始人思维的集体表象中，客体、存在物、现象能够以我们不可思议的方式同时是它们自身，又是其他什么东西。它们也以差不多同样不可思议的方式发出和接受那些在它们之外被感觉的、继续留在它们里面的神秘的力量、能力、性质作用。”[2]图腾信仰被看成原始思维神秘互渗的明证：特鲁玛衣人说他们是水生动物；波罗罗人自夸是红金刚鹦哥。其实，正是在这种物我认同的独特感知方式中，原始人克服了外部世界与自己的隔绝与对立，达成了在灵的层面上与万物的沟通与合一。

当代比较宗教学认为，萨满教的意识状态之所以能够达到这种神秘的物我合一境界，就是因为萨满思维建立在人与物之间相互感应的基础上。狩猎的生活方式决定了人靠自然的赐予而生存。每个人都不占有什么，也不生产

[1] Levy-Bruhl，Primitive Mythology，St Lucia，Queensland：University of Queensland Press，1983，p.7.
[2] 列维-布留尔：《原始思维》，第69—70页。

什么，一切来自自然。萨满教的中心在于使人取得所需，人们相信动物是有灵魂的，与人的灵魂是可以交流的。只有获得动物灵魂的同意，才可以去猎取动物。所以萨满要有能力取悦自然与神灵，从而保证部落获得实惠。这其实是一种联姻的形式。萨满教思维不把主体和客体相对立，也就不把人和自然相对立。由此看来，所谓“原始思维”发源于人与自然的非对立关系，自有它合理的和优越的一面。如今西方盛行的新萨满主义运动，就是希望回归到这种天人关系，挽救包括人类在内的地球生灵，从而避免生态灾难。[1]从这一意义上看，被列维－布留尔视为“低级”、落后的原始思维，倒是今日西方文明人需要学习和效法的。

列维－布留尔把原始人的思维看成是与文明人思维不同性质的东西。强调二者之间的不可沟通性：“集体表象有它自己的规律，不能以研究‘成年文明的白种人’的途径来发现这些规律，特别是牵涉到原始人。”[2]拉定和列维－布留尔针锋相对，他认为原始人也和我们文明人一样，拥有发达的智力水平和惊人的智慧成果。他不去夸大西方人与原始人思维方式上的差距，而是寻找二者之间的实际联系。他认为，甚至西方白人引以为自豪的哲学，其实也是从原始人那里就发端的。他借鉴人类学广泛的田野作业资料，从一些重要的哲学性命题入手，分别论述原始人关于生命观、世界观、人类观、命运、性别、是非、现实、自我与人格、纯粹思辨、观念的系统化、神性、一神倾向等方面的思想，揭示这些思想对于西方哲学范式普世性价值的挑战作用。例如，关于“自我”（ego）。过去西方人一向认为原始人没有“自我”的观念。拉定举出毛利人作为西方偏见的反证：毛利人不仅有自我的观念，而且其复杂深刻的程度比西方人有过之而无不及。毛利人认为所有生命的存在都有四种要素：永恒的元素，自我（死后消失）、鬼魂和身体；自我又由三

[1] 参看《新萨满主义与西方的寻根文学》，载《东方丛刊》2002 年第 4 辑。

[2] 列维－布留尔：《原始思维》，第 5 页。

种要素构成：动力要素、生命力或人格、生理要素。毛利人把动力要素称为“卯瑞”（mauri），它以两种方式出现：物质的和非物质的。物质的“卯瑞”是积极的生命原则，它实际上可以是任何的物体。非物质的“卯瑞”则是其象征。在北部新西兰，一棵树在一个婴儿出生时栽种，这棵树便可以被看成这个孩子的物质的“卯瑞”。[1] 毛利哲人对身体的阐释也同样贯穿着物质的与非物质的区分原则。由如此细微的分析理性所构成的自我观不仅强调了人格的多元性质，而且也强调自我向过去与未来的延伸。自我的这些组成要素可以暂时脱离身体，并且同他人的脱离身体的自我要素发生关联。这样，“个人对其他个人的影响，个人对外部世界的作用，都与西方人所能想象的完全不同了。”[2] 面对如此精微细致的思想观念，西方的文明人不花工夫深入学习是根本无法理解的。谁还能随便附和列维－布留尔的老调，蔑视原始思维是“前逻辑的”呢？

1960 年美国哥伦比亚大学推出了《原始人的世界观》，作为纪念拉定学术贡献的论文集。书中收有当代神话学泰斗人物坎贝尔的文章《作为形而上学家的原始人》[3]，从题目上就可看出西方文化投射在原始人身上的野蛮、落后色彩已经消失殆尽，他们静穆而淳朴的人格风范，作为反衬陷入物质主义、工具理性、科技崇拜和增长癖而不能自拔的西方文明人的一面文化借镜，越发显出难能可贵的一面。

三、没有异化的人：《寻找原始人》

就在泰勒的《原始文化》问世百年以后，一部足以代表文化人类学转向

[1] *Primitive Man as Philosopher*，p.261.

[2] *Primitive Man as Philosopher*，p.264.

[3] Joseph Campbell，Primitive man as Metaphysician，in Stanley Diamond ed，*Primitive Views of the World*，New York：Columbia University Press，1964，p.20—32.

的题为《寻找原始人》的大作，在1974年发表于美国。作者斯坦利·戴蒙德也正是14年前为拉定编纪念文集《原始人的世界观》的人。他身为美国社会研究新学院人类学系教授、主任，曾经在西部非洲、阿拉伯村落和易洛魁族印第安人部落进行田野作业，可以说对亚、非、美三大洲的“原始人”均有直接的接触和了解。他积累了10多年的调研资料，记下大量的笔记，在深思熟虑的推敲后终于写成这部充满忧患意识的书。吴尔福教授在为《寻找原始人》所写的序言中说：

西方世界的危机也是人类的危机，它不仅限于社会的、经济的和技术的问题，它关涉我们对人的定义的真正的理解。我们生活在一个我们自豪地称为“文明”的社会中，但是我们的法律和机器却都享有了它们自己的生命，它们同我们的精神的和生理的生存相对立。用来解放我们的科学，把我们关进了抽象的牢房。职业学者之手把概念变成了痴迷的对象，消磨掉了激情。人类的学生试图通过抽象的模式去捕捉快速流动着的人类现实。人学变成了政策科学，即控制人的学问，完全背离了人的本性。由于不断增长的技术体系所产生的错误意识广泛流行，对人性构成了否定，因此本书作者要唱出反调，以警醒世人。[1]

书中要解答的核心问题是，到哪里去寻找没有从激情与劳动中异化出来的人类生存呢？戴蒙德给出的答案就是一个词：原始人。通过与过去的和现存的原始人的交流，并且还有同我们自身的原始能力的交流，我们才可以创造出一种形象或景观，一种生活观。这种生活观过去曾经引导全人类，现在只引导一小部分人类了。它比我们自己的生活观更加丰富。现在摆在文明人

[1] Diamond, *In Search of the Primitive: A Critique of Civilization*, New Brunswick, New Jersey: Transaction Books, 1974, p.xi.

面前的任务是向原始人学习。这一任务可以分解为三个方面：像原始人那样去理解原始世界；用原始人的观点反思我们自己的世界；把这两种世界联系起来思考我们未曾洞悉的人的本质。进化论人类学只承认原始人是人类生涯之中的一个阶段，戴蒙德则强调原始人也是人类存在的一个基本方面。只有通过相互对照才会凸显出各自的缺陷。

戴蒙德呼吁建立一种全新的人类学，提出在原始与文明之间对话交流的新的可能性。我们生活在现代文明民族国家意识形态中的人，大部分已经基本丧失了独立于民族国家的人为界限之外进行思考的能力。我们必须返回到根去。用马克思的话说，根就是人类。无文字的、无国家的人类状况是人的根本性状况。戴蒙德用归根的办法来给文明解除神秘化，具体展示原始社会中的生命样态。[1]

在自序中，戴蒙德期望人类学家负起责任：如果这门学科不能为人类提供一种可能性，那么它就是没有希望、没有生长点的。人类学家期望一场革命性变革的发生，如同 5000 年前开启了文明的那场变革。只有通过解决原始与文明的冲突，才有可能治愈历史的创伤。他希望把本书变成"对于现代帝国主义文明的异化、罪恶、焦虑与恐惧的一服解毒剂"。[2] 这服解毒剂的配方是如何的呢？戴蒙德从对文明的重新定义入手，让为文明所遮蔽的人们意识到它本质上罪恶和血腥的一面：

文明起源于对外的征服与对内的压迫。二者互为表里。人类学其实误用了涵化、影响一类词汇。文明总是征服。看一看欧美帝国主义在南越的"影响"吧，再看看进驻新英格兰地区的盎格鲁—撒克逊人吧。他们很少向印第安原住民学习。在罪恶的贩奴历史中，那些来自非洲的黑奴为南美的音乐贡献了

[1] *In Search of the Primitive*，p.xiii.
[2] *In Search of the Primitive*，p.xv.

非洲的节奏。在这些例子中，总是一个文化社群主宰，另一个服从。文化的传播与斗争密不可分。文明一方总是带有原罪：征服与政治压迫。大部分的被征服者不能读和写。有人说他们没有历史。这个假设错在把历史当成文献了。正如一位剑桥的教授所言：非洲没有历史，只有欧洲人在非洲的历史，其余是一片黑暗。[1]

为什么没有文献记载，没有文字的使用，就被说成一片黑暗呢？这是由于文明人的自大幻觉广泛流行的结果。我们从汉语的一组反义词就可以透视此种文明自大狂心态。有“文”则“明”，于是美称“文明”。有文字的人看那些没有文字的人好像处在黑暗中，或是“睁眼瞎”。所以才有“文盲”这样的蔑称来指代那种“睁眼瞎”状态。戴蒙德指出，文字最初用于税收和管理，是官方的历史工具。显然，文字是由服务官方的官僚发明的。民间的口传文化传统源远流长，礼仪活动和日常生活、工具的制造和使用，本来都不依赖于文字，更无须文字的反映。而文明的强迫性仪式是书写。强制性的官方的现实观念也都由文字所代表的单一认识模式来体验和表现。这种单一性的现实的固定化情形，在人类学者的工作中就不难看到：他们用文明化的方式去记录仪式形态的丰富多样表现、婚姻和继嗣的方式、行为的编码等。这恰恰表明了科学的不足之处。马林诺夫斯基在日记中讲到，他想记录特罗布里安德岛民的巫术语之完美，但是却无法做到。这就是一个生动的例子。

文字是文明的最初的神秘之一。文字把复杂的经验都简化为书写的语词了。此外，文字给统治阶级提供了理想的权力工具。上帝的话成了永恒大法，只有祭司们才能充当中介人。因此，易洛魁人与欧洲人相遇后要说：“圣书是恶魔写的。”

[1] *In Search of the Primitive*，p.3.

由于文字的发明，象征变成了明白的，失去了原有的丰富性。人类的语词也停止了对现实的无穷探索，成为可以用来反对自己的符号。萨特深知此中道理，这是他的自传《语词》的潜在主题。书写把意识一分为二，文字比口说更加具有权威性。这样就自然会贬低言说的意义，破坏口头传统。一些具有特权的人可以利用文字在政治上控制他人。书写超越了记忆，对事件的官方的、固定的和永久的记录成为可能。在早期文明中，只要写下来的，就必然被当成真实的。

历史总是由征服者来书写。大部分人民则永远是默默无声的，至今依然如此。文明的上层阶级把自己的地位说成是上帝决定的。所以我们根本无法知道青铜时代的中国普通农民的实际状况，他们想的是什么，受的是什么苦。莎士比亚似乎早就知道此中的奥妙了，所以他说探索人的灵魂只能看王公贵族。

人类有文字记载的历史充分证明：在文明传播自身的初始阶段，征服与驯化、压迫是密切联系在一起的。其结果是，被征服者沦为下层阶级或奴隶。5000 年前，这一过程从古埃及开始，随后文明的殖民推向地中海地区。西亚的美索不达米亚也从公元前 2500 年开始文明征服的过程，出现了城邦制文明。再过 2000 年轮到雅典，希腊人进入文明。公元前 416 年，柏拉图居然拒绝承认米洛斯岛人（Melos）的居民权利。原来文明总是要强加的。这种强迫的压抑不像弗洛伊德讲的那样出于心理动力的需要，或者出于社会生活的压抑条件。它是文明人对野蛮人或原始人的阶级压迫。被征服原住民转变为农民，成为文明国家的生产支柱。如果按照马克思、摩尔根、拉定、柴尔德的思路，原始社会是一种原始共产社会，那么，文明到来以前的新石器时代的社会性质也可以如此判定。[1]

[1] *In Search of the Primitive*，p.8.

马林诺夫斯基曾说道，在原始社会存在着五个“没有”现象，即“没有富人，没有极权者，也没有人受压迫，没有失业者，也没有未婚者”。中国境内新石器时代文化遗址屡屡发现的“长屋”或大房子，最长者达80多米，且伴有公共粮仓。作为公有的或者共产的社会聚居的实物见证，似乎可以把五个“没有”从现存的原始人推向阶级和文明产生以前的漫长的史前时代。[1]

马林诺夫斯基作为功能派的人类学家，原来是物理学博士，因为到澳洲去养病而赶上第一次世界大战爆发，回不了国，便偶然去了南太平洋岛屿，了解到“原始人”的生活实况。他的“五个没有”判断不是因袭西方思想传统的原始主义神话，而是基于自己在岛民社会中的实际观察。马林诺夫斯基的说法当然会引起争议，但是毕竟在相当程度上回应了没有田野作业经验的马克思、恩格斯关于原始共产主义社会无阶级、无压迫的理论推测。不过按照马克思主义的观点，原始社会代表着物质生产的低级阶段，它必然要被阶级社会所取代。马林诺夫斯基和戴蒙德却不这样认为，他们并不主张用“进步”尺度去衡量原始人的“落后”性。戴蒙德写道：“进步的问题很关键。这个观念的来源很古老。古文明就是自我中心的，它总是把自己想象为代表人类的最高发展成就。古代的埃及、中国、希腊，以及封建的欧洲教会都把自己说成是无与伦比的。近代的帝国主义就更不用说了。近代以来，民族主义成为一种常见的政治武器，而‘进步’也沦为帝国主义的辩护词了。军事侵略和经济掠夺也都假‘进步’之名而为之。”[2]

如果说用文明人的进步观去衡量原始社会有认识论上的偏差，那么能不能找到原始社会自己的进步观呢？“原始社会理解的‘进步’，主要指个人生长的现实，即‘由生到死的人生之路’。这是一种通过社会而实现的进步，而不是社会本身的进步。假如说西方的进步概念可以用于原始社会，那

[1] 参看苏秉奇主编：《中国通史》第二卷《远古时代》，上海人民出版社，1994年，第251—253页。
[2] *In Search of the Primitive*，p.38.

么就是精神转变的一种隐喻，表示个体生命循环的各个阶段。”[1] 从这种文化相对论的意义上理解“进步”问题，是戴蒙德为人类学和整个社会科学话语分析所做出的重要贡献。通过与原始人的“进步”观相对照，他发现，“是现代文明中的系统矛盾产生了我们的社会进步观念。然而，在原始人那里，矛盾已经得到解决。西方人总要为其优越性寻找具体证据，因为他要代表进步的西方，代表文明本身。”[2] 这样的话语分析点明了西方进步观背后发挥作用的是西方中心主义和白人优越论。即使倡导文化相对主义的人类学者有时也难免不自知地陷入这种偏见。戴蒙德举出了美国人类学史上两位大人物——博厄斯与克鲁伯提出的进步观三大尺度：（1）科学技术水平。（2）反对谋杀、奸淫和偷盗的道德伦理的发展。（3）财富、安全与舒适的增长。[3] 戴蒙德对这一标准的看法是，这些人类学者忽略了冲突和异化的问题。按照马克思意义上的进步观，异化和进步是成正比的。异化达到极致就要带来解放自身的契机。只有达到解放，我们才可以说进步。它通常是一种“原始的复归”（a primitive return）。[4] 其实，退一步说，即使我们认同博厄斯与克鲁伯的进步三尺度，也很难判断当代西方文明比原始人进步。因为除了第一点科学技术水平以外，西方文明与原始社会相比并不进步，甚至反而大大退步了。比如第二点关于“谋杀”方面，现代的国家恐怖主义动用一切武装力量所能达到的杀人能力，与原始社会相比超过了千万倍。两次世界大战杀死了数千万人的生命，这个牺牲数字要比史前世界的全部人口总和还要多得多。像德国法西斯的毒气室和犹太人集中营、美国原子弹在日本非军事目标城市的爆炸、日本军在南京的大屠杀等等，不论在杀人的规模上还是残忍程度上都远远超出了古朴的原始人的想象！“文明人”犯下的杀人罪是宇宙有

[1] *In Search of the Primitive*，p.40.
[2] *In Search of the Primitive*，p.41.
[3] *In Search of the Primitive*，p.43.
[4] *In Search of the Primitive*，p.48.

生命以来40亿年历史中绝无仅有的。至于第三点“财富”，如果仅指物质财富，那么无疑“文明人”比原始共产的人积累得不可同日而语。但是“安全”却不能说增长了：“文明人”想象原始人曾经有“乱婚”（群婚）状态；这一假设在全世界范围的人类学作业中没有得到证实，然而“文明人”自己的性乱交导致艾滋病泛滥、毒品泛滥等，使最发达的社会成为世界末日的体现；核武器随时有可能毁灭我们的星球，已经不是天方夜谭。美国自“9·11”以后的种种社会问题和矛盾大暴露，危机感笼罩整个社会。可以说，自有人类以来还没有像当代文明这样的不安全时代。

冷战结束后，绝大多数知识分子反应是从社会主义或反资本主义计划中退出。技术专家治国论解决方法的吸引力，连同回到自由民主政治和自由市场资本主义一起，都意味着批判观点的放弃。全球资本主义的意识形态也是充分利用“进步”假象来迷惑公众，强化技术专家治国论的话语霸权：批判性对抗似乎被进步形象所压倒。这种进步的形象是“与物质增长、消费主义、自由经营和高技术革命联系在一起的。”[1]我们可以说，戴蒙德的《寻找原始人》不是在理论层面上陈述欧洲人传统的原始主义，而是试图借助于田野观察的经验，为西方社会重构出一种正面的或者是中性的原始人形象，使之成为与西方文明平起平坐的社会样态，成为重新理解文明道路在世界上是否具有唯一合法性的现实参照。

欧洲人优越论和欧洲中心历史观均受到激烈的批判。在此背景下回顾进步的图式把欧洲列强摆在历史前行的先锋地位，殖民和扩张也就自然成为合理的、合法的事情。戴蒙德在原始与文明间出入自如、互为客体、互为对象的思路，给反思人类学的发展提供了非常及时有效的研究经验和理论坐标，为后继者重新确认自己的文化认同树立了积极的楷模。

[1] 卡尔·博格斯：《知识分子与现代性危机》，李俊等译，江苏人民出版社，2002年，第235页。

四、生态和谐中的人：《原始人的挑战》

现代人类学家“寻找原始人”尝试的另一个代表著作是罗宾·克拉克（Robin Clarke）和杰弗里·欣德利（Geoffrey Hindley）合著的《原始人的挑战》[1]，这部书仅仅比《寻找原始人》晚一年问世。两位作者分别在20世纪60年代初毕业于剑桥大学和牛津大学，算得上是英国白人知识分子中的精英。可是他们在文化身份的认同方面却和美国的戴蒙德一样，以原始人为尊贵和理想，借原始文化为镜，反思批判西方文明的失误和偏向。书名所说的“原始人的挑战”，指的就是向西方文明的挑战。书中提出，西方人被卷入到无法控制的技术社会自我膨胀之中，就好像刹车失灵的机动车冲向山下，无法阻挡。既然社会现实的发展完全不同于理性所预期的那样，那么西方人自我炫耀的理性本身就显得荒诞起来。我们虽然很自豪地宣称今天的寿命要比古人长，我们对付苦难和疾病的能力也与日俱增。然而，现实却不断告诉我们：我们加工处理过的食物会导致一整套新的疾病族群；我们的昂贵的医疗费用中有一大部分都要拿出来对付从西方生活方式本身派生出来的疾病。这样的批判看法确实不能看作“高贵的野蛮人”传统的简单延续，当然也不仅仅是卢梭对文明与道德反比关系的论述的当代重复。

《原始人的挑战》在写法上不同于《寻找原始人》，它的结构由四章组成，分别从自然世界、社会世界、经济世界和精神世界四方面，以专题比较的方式展开“原始人”向文明社会的挑战。第一章第一节“第一个富足社会”，从长时段的历史时间上审视我们今日的文化，使之在深度历史感透视之中得到相对化，打破现代文明人习以为常的那种厚今薄古自大心态和思维

[1] Robin Clarke and Geoffrey Hindley，*The Challenge of the Primitives*，London：Jonathan Cape，1975.

定势：

人在这个星球上已经存在了大约 200 万年。在所有这些时间里，人靠从大地获取食物而存活下来。99% 的时间里他都是靠渔猎和采集来获得食物的。农业仅仅有 1 万年多一点的历史，工业社会只不过才 300 年。在地球上曾经有过的 800 亿人口中，90% 是狩猎采集者，6% 是农人，只有剩下的 4% 是依赖于农业的工业化社会成员。[1]

如果说历史是一面反观自身的镜子，那么通过这样的时间与空间定位，我们可以对自己所生存于其中的这个所谓现代社会的“非常态性质”（atypical）有所察觉。既然是非常态的，那么就无须为其合理性或者典型性加以全力的理论辩护了。相反，这倒是启发敏感的知识分子去质疑现存的生活方式，询问为什么我们会陷入这样的生活方式而不能自拔。我们没有充分理由去轻视占了人类历史99%的狩猎采集人及其生活方式，像戴斯芒德·莫里斯（Desmond Morris）在《裸猿》一书中所说的那样——“他们是古老的文化停滞的见证，既不正常，又很不成功，以至于处在灭绝的边缘。”

恰恰相反，我们自己所生活于其中的这个社会也许才是不正常的或濒危的。“技术社会迄今已有 300 年的历史，它至多还可以发展 200 年。”这是两位作者较为悲观的看法。他们认为取代技术社会的新社会形态现在虽然尚不可知，但是不外乎出现两种可能性：或者是现有的生活方式在一场大灾难中终结，人口急剧减少，人们重新回到狩猎、采集和原始农业状态；或者是我们成功地调整现在的工业化生活方式，开辟另一种能够长期持续生存下去

[1] *The Challenge of the Primitives*，p.19.

的方式，不再饥不择食般地在数十年内耗尽地球数十亿年才积累起来的资源。

作者回顾了近十年来人类学兴趣转向生态、人口与自然资源比例方面的情形，认为这种新的关注基本上扭转了过去对原始人生活状况的偏颇印象：贫困、饥饿、多病和短寿。新的生态人类学观点推翻成见的逻辑依据就在于，如果说原始人生活真是那么艰辛、粗陋和没有保障，那么寿命短就不能说是缺陷，而应是特点了。正像阿列克斯·康福德机智地指出的：关于原始人的判断如果对我们自己的生活的描述同样有效，那就应该说是“艰辛的、粗陋的和长命的”。难道我们还能说我们比原始人多出来的寿命是“进步”吗？[1]

作者引述了人类学考察队在 20 世纪 60 年代对非洲北部卡拉哈里大沙漠边缘的昆—布须曼人的调研结果，揭示出一个仅靠采集为生的部落文化如何每周只工作 14 小时，而大部分时间在消闲、社交与娱乐的生活景象。最为可观的是昆人极小的消耗资源的生活方式保证了人与自然状态之间的均衡关系。这和物欲横流并且矛盾重重的资本主义社会现实形成了尖锐的对照。昆人的工作量只是西方社会中普通人的三分之一。而且卡拉哈里又是地球上最不适合生存的、生态条件极差的地区。

昆人在这样艰苦的环境条件下是怎样维持他们相对富足而闲暇的生活呢？人类学家发现昆人了解并且命名的不同植物多达 200 多种，动物获得命名的有 220 种。在所有这些生物种之中，有 85 种植物和 54 种不同种类动物共同构成昆人餐桌上的食物。那些认为原始人的营养超不出两三种物种范围的“文明人”对此发现一定会感到不可思议。罗宾·克拉克和杰弗里·欣德利非常幽默地奉劝他们不如检讨一下自己的日常食谱中究竟有多少动植物种类。[2] 值得庆幸的是，昆人的主要食物 Mongongo 坚果含有丰富的热量和蛋白质。它能够提供的日均量是每天 1260 卡路里和 56 克蛋白质。这相当于食

[1] *The Challenge of the Primitives*，pp.21—22.

[2] *The Challenge of the Primitives*，p.23.

用2磅半大米所含的热量和14盎司牛肉所含的蛋白质。人类学家还统计了一个月时间里昆人狩猎的收获情况：杀死的动物有18个，共提供可吃的肉食454磅。这一数量的每人每日平均数是略多于9盎司生肉。可提供大约35克动物蛋白。这个数字超过了当今美国人日均摄入动物蛋白质的数量，比第三世界人日均摄入的全部动物蛋白（包括鱼类和鸡蛋）总量要多三倍以上。"对营养状况调查统计的总结论是，昆人日均摄入2140卡路里的热量和93.1克的蛋白质。"[1]这个蛋白质的摄入量是很高的，现代世界上能够超过这个数量的国家实在屈指可数。

由于人与自然之间处于和谐均衡状态，昆人根本不知道食物匮乏这个概念，至少在我们文明人使用这个概念的意义上，昆人是无法理解的。食物永远是唾手可得的，而且是可变换的。我们关于原始的狩猎采集者生活在饥饿的边缘，为糊口而艰难挣扎的图景，面对昆人的现实不攻自破了。[2]昆人根本不需要拿出全部精力来谋取食物。部落中的老、弱、病、残是不参加狩猎采集活动的。大自然提供的Mongongo坚果似乎取之不尽，大部分都没有被人采集，它们落在地上，最终自行腐烂。假如大地的产量与人的食物需求更加接近的话，那么昆人就不能生活在没有匮乏和饥馑、饥荒等概念的状况下了。我们熟悉的中国式说法中的理想生活状态，比如"棒打狍子瓢舀鱼，野鸡飞到饭锅里"，看来不一定是夸张或者虚构。中国道家圣人描述的那种小国寡民的社会理想，什么"不织而衣，不耕而食"，什么"鼓腹而游"，过去都认为是想象出来的乌托邦，现在对照20世纪的昆人生活实况，可以确认其相对的历史真实性。如果我们能够从后现代伦理角度重新估价道家的生态观与社会理念的意义，那将会是"原始情结"之外的又一宝贵思想借镜。[3]

[1] *The Challenge of the Primitives*，p.24.

[2] 参看博格曼《狩猎之人的文化史》（Charles Bergman，*Orion's Legacy：A Cultural History of Man as Hunter*，Plum，1997，London）。

[3] 参看叶舒宪：《道家伦理与后现代精神》，见《跨文化对话》第6集，上海文化出版社，2000年。

第一章第二节"食物的农民与美元的农民"，把北欧的瑞典式原始农业——刀耕火种方式，与现代化的农业展开对比：在化学工业和拖拉机生产的双重刺激之下，现代农业在追求单位土地产量方面已经登峰造极，食物生产转向成为一种工业。[1] 从纯技术的角度看，这当然容易被理解为征服自然的一大"进步"。然而，它和资本主义的所有工业一样，是建立在大量消耗能源和严重改变自然承受力的基础上，以追求规模化、集约化生产的市场利润为根本目的，而不是像传统农业那样以提供食物为目的。伴随这种农业生产性质的变化，原来的"食物的耕种者"也就变成了今天的"美元的耕种者"。其对环境带来的不利影响是可想而知的。较新的估计出自美国系统哲学家拉兹洛，他在 1992 年提交给罗马俱乐部的报告中指出：如今世界可耕地的面积减少，因化肥和机械使用而导致土地的贫瘠化日益严重。"现有耕地的地力正在下降，再也不能通过进一步增加化肥用量得到补偿。这就意味着，从粮食中得到的能量赶不上日益增加的人口对能量的需求。"[2] 显然，纯粹依赖技术进步来解决人口与资源比例的失调，这难免令人类陷入恶性循环的怪圈而不能自拔。我们习惯的"提高生产力"一类乐观的说法，换用生态人类学家马文·哈里斯的术语，应该改称"生产的强化"。在他那里，生产的强化与人口的增长与资源的枯竭正是由农业时代以来人与自然关系发生根本变化后始终无法逃脱的环环相扣的恶性怪圈。[3] 可见，单纯发展经济生产和技术，其实也是一种新的愚昧，一种聪明反被聪明误的走火入魔。它已经把人类引入了一种危机四伏的不归之路。只因为当今时代越发显出在这条不归路上加速的迹象，所以才日益引起更多人的警觉与关注。所有以民族国家为单位的权力拥有者们，因为首先考虑的必然是一己的国家利益，所以不可能从人类

[1] *The Challenge of the Primitives*，p.33.
[2] 拉兹洛：《决定命运的选择》，李吟波等译，三联书店，1997 年，第 57 页。
[3] 哈里斯：《文化的起源》，黄晴译，华夏出版社，1988 年，第 3 页。

整体的利益出发来解决危机，只能有意或无意地加剧国与国之间在物质势力、军事毁灭力量方面的疯狂角逐，催促陷入不归路而无法回头的人们盲目向前冲去。更不用说跨国资本追逐利益的本性使得所有的企业都全力以赴地强化生产、提高技术，在冠冕堂皇的“发展”幌子下，把“过度增长癖”迅速传染给全世界，成为恶性循环的重要经济动力。

人类为什么丧失了他与自然曾经拥有的那种和谐均衡的共存关系，蜕变成一种自以为是的、唯利是图的、竭泽而渔的贪婪而疯狂的生物呢？《原始人的挑战》第四章从人的精神世界角度给予了某种解释。作者审视了仪式与宗教行为在原始人生活中的绝对必要性（没有一个原始人群体不依赖于此），揭示出它们对于调节人与自然、人与社会关系的整合作用。提出应该把希腊哲人亚里士多德“人是政治动物”的定义纠正为“人是宗教动物”。[1]这一改动绝不仅仅是在玩文字游戏。我们可以从中得到的潜在蕴涵是：正是由于宗教动物逐渐丧失了真诚的宗教动机和对宇宙自然的神秘敬畏之情，才会催生人类中心主义的世界观，导致世俗欲望的无限制膨胀和对技术与利益追逐的不择手段。“当今的人类有能力在地球上建立核电站，但是他对于他自身在宇宙的位置，他在地球上的作用等根本问题的理解却并不比澳大利亚原住民多出多少。事实上，可以认为他在这方面知道得更少了。因为他与他的外部环境的关系不再由共享的信仰与仪式来调节了。我们现在应当看出信仰与仪式如何整合人——不仅把人同他的内在社会环境相整合，而且同外部的自然环境相整合。”[2]在这两位人类学家看来，美国哲学家苏珊·郎格的如下观点值得重视：“人能够使自己适应于他的想象力可以达到的任何事物，但就是无法适应混乱（chaos）。”宗教提供了一种应对混乱的方式。通过神话，宗教针对意义问题提供了容易理解的和令人满意的解说。这些问题如果得不

[1] *The Challenge of the Primitives*，p.184.

[2] *The Challenge of the Primitives*，p.185.

到解释，将会对人的自信产生瓦解，从而削弱人的生存能力。仪式给人一种机会，甚至是一种职责，让人在宇宙中扮演参与者的角色，即把人安置在其环境中。

这种"安置"即使达不到海德格尔所称的"诗意的栖居"境界，至少不会像怀抱"征服"野心和自以为是的今人这样，日益陷入天人对立的僵局而无所顾忌。从生态关系上看，原始人对今人的挑战不仅有充分的理由，而且具有迫在眉睫的意义。

五、结语：超越"文明与原始"两端论

自维柯和达尔文以来，西方知识界关于人类原始状况问题的探讨就一直吸引着诗人、作家和人文研究界的极大兴趣。20 世纪中期以后，借助于全球范围的广泛田野作业成果的积累，还有考古学方面的新发现，反思人类学派逐渐形成了具有共识性的观点，那就是所谓"发明原始社会"命名的一种假说：人类祖先最初的生活和智力水平并不一定意味着比现代人落后和原始，是代表殖民主义宗主国利益的西方霸权话语为我们编造出一幅原始人及其原始生活的夸张图景。

在某种意义上，西方人对"原始"的发现是近代以来"全球"观念形成的基础要素之一。从今天的知识全球化的宏观背景上看，文化人类学发展出的"反思人类学"一派，要求打破西方传统的欧洲中心主义价值观，摆脱社会达尔文主义的单一进化模式，提出重新认识所谓"原始人"和"原始文化"的时代课题，希望从中发现足以纠正西方文化偏向和克服现代性危机的精神取向和文化价值，在资本主义生产生活方式之外寻找更加符合人的自然天性的生活理想。该派研究对整个西方思想和社会科学各个学科产生了巨大震动和深远影响。本文选取其中最有代表性的三种著作加以讨论，希望能够集中

反映20世纪后期反思人类学的思考方向和学术冲击力。相信对于乐观拥抱“全球化”、盲从西方现代性之路的中国知识界具有充分的警示效应，有助于启发我们冷静地看待全球化趋势，分辨其中的利害纠葛，重新树立多元文化信念，批判地思考人类发展道路的多样可能。

从拉定到戴蒙德，再到罗宾·克拉克和杰弗里·欣德利，我们清晰地看到西方知识界进行文化寻根的重要思想成果。也许现代人的思维只有超越了这种文明与原始的二元对立模式，对于人类文化现象的再认识才能够拓展开崭新的局面。真正超越进化模式的古今对立和文野对立的文化身份才有可能重新建立，解决现代性两难困境的思考也将打开新的空间。

THE SEVENTH PART

第七章

西方文化寻根的“女神复兴”

- 母亲原型、盖娅假说与生态女性主义
- 女性主义巫师与女神崇拜
- 女神研究的繁荣
- 女神与女巫形象的再造
- 反驳、批评与补充

一、母亲原型、盖娅假说与生态女性主义

20 世纪西方文化寻根思潮围绕着种族与性别这两个当代文化主题而展开。本文透视后一主题在思想和学术领域产生的最引人注目的"女神复兴"现象。

给 20 世纪西方民间的文化寻根运动提供思想动力的最重要学者应该是荣格。如果说西方现代性所代表的社会发展方向面临难以克服的困境，需要重新确认自己的生命根脉，寻找丧失的文化灵魂，那么正是荣格的学说给出了一种途径。1997 年英国出版的《神秘教辞典》指出，荣格是当代思想史上对异教思想给予高度关注的大师。他在 1912 至 1926 年间悉心研究异教与早期基督教的关系，认为西方文化因为对异教思想的压制而限制了自身的活力，他在异教思想中找到了原初的深层心理学的种子，并且希望西方知识界摆脱成见而将异教思想吸收到现代文化中来。[1]

像西藏佛教、禅宗、易经、道家哲学和炼金术等，都可以成为对西方思想传统进行补充和改造的宝贵资源。[2] 在荣格为人类集体无意识界定的主要原型中，有一个叫作母亲原型。神话中的女神是其主要的形象表现。[3] 这个命题给当代神话学研究带来极大的刺激，也为生态思想与女性主义的结合搭起了桥梁。由于原生态的自然被比喻为孕育了人类的母亲，所以在后工业社会物质主义狂潮中疲惫不堪的现代人和反叛父权制压迫的女性主义者，就找到了一个共同的文化归根的目标。根据比较神话学家艾利亚德的描述，母亲

[1] *Dictionary of the Occult*，Geddes & Grosset，1997，p.106.

[2] Robert A.Segal，Jung's Psychologising of Religion，Steven Sutcliffe and Marion Bowman (ed.)，*Beyond New Age：Exploring Alternative Spirituality*，Edinburgh University Press，2000，p.65.

[3] C.G.Jung，Psychological Aspects of the Mother Archetype，*The Archetypes and the Collective Unconscious*，Routledge，1968，p.81.

原型对于个体的精神分析和社会群体的文化寻根是同等重要的。这个以重返母体为旨归的原型运动早在公元前的道家思想中已有清晰的表达。

大地母亲（Earth-Mother）是一个原始意象。人类的母亲模仿和重复生命在大地的子宫孕育的行为，胎儿和出生，也就是重复着宇宙创生人类的行为，女性的生产也就是微型的宇宙生产。进入迷宫或洞穴，相当于神秘地回归到母体。在永生神话中，“回归母体”（regressus ad uterum）是传播最广的主题，即返回创造的本源或象征生命之源的子宫。精神分析学认为在无意识的世界，时间是循环回归的，无意识有复归于原始的愿望。道家的复归于婴儿的理想和炼金术，就是设法将天地结合，并摄入身体，产生一种原始的混沌状态（混沌如鸡子），回复胚胎或未有世界以前的纯真状态。道家圣人认为这种个体生命的返胎式回归是对应于“反者道之动”的宇宙韵律的。[1]

只有当人类中心主义的生产观已经对人类本身的存在构成强大压迫和威胁时，现代西方人才会在道家的归根哲学中找到自己的文化认同。人类学家鲍伊在《宗教人类学》中说，当代的异教主义是20世纪的一种创造（虽然许多团体声称与传统有联系），它提供了对占支配地位的西方思想模式的一种回应。现代的科学宇宙观不能提供一种包容了人类和生态的整合性的宇宙图景，如格雷厄姆·哈维所说：

异教的宇宙观“复魅”于世界。异教的人们谈论神与精灵，并不是因为信仰它们，而是因为他们认真看待许多文化的如下暗示：世界并非只居住着动物、植物和矿物，而且也居住着新加入进来的人类。世界是一个令人激动的、神圣的生存场所。[2]

[1] 参看拙著《庄子的文化解析》，第一章“道之回归”；第五章“返胎与复朴”，湖北人民出版社，1997年。
[2] Fiona Bowie，*The Anthropology of Religion*，Oxford：Blackwell，2000，p.54.

世界的神圣性来源是什么？过去的犹太—基督教始终认为来源于上帝的创造。而英国科学家洛夫洛克（James Lovelock）的“盖娅假说”（Gaia hypothesis）则为新时代人奠定了一种新的世界观基础。洛夫洛克分别在1979年和1988年由牛津大学出版社推出两部书：《盖娅：地球生命的新观照》与《盖娅时代：我们地球生命的传记》。书中提出，我们一切生物赖以出生和存活的这个地球，不仅是宇宙之间仅有的一个发生了生命的环境，而且她自身也是一个生物有机体，一个能够自我适应和自我调节的体系，一个可以改变自身环境使之顽强存活下去的系统。这样一种全新的自组织的地球生态观，很容易让人联想起古希腊神话时代的大地母神盖娅，于是借助于洛夫洛克科学著作的广泛影响，复活的盖娅女神成为20世纪末期西方民间崇拜的一个新的核心偶像。

在英格兰西部的新时代运动的重要朝圣地格拉斯顿伯里（Glastonbury），大小商店里都可以看到和买到这位大地母神的塑像。在各种有关神话与新宗教的出版物里，盖娅的形象也随处可见。女性主义神话学家更是对这个新复活的女性偶像推崇备至。据《美国传统辞典》的解说：“盖娅是希腊神话中的大地女神，她嫁给了天神乌拉诺斯，成为泰坦和独眼巨人库克罗普斯的母亲。（The goddess of the earth，who bore and married Uranus and became the mother of the Titans and the Cyclopes.）”在洛夫洛克看来，盖娅是一个生物性的地球生命体的象征。她过去对人类这样一种年轻而狂妄的生物是容忍和宽容的，因为她自身的调节能力足以应付人类对生态的破坏。但是她的容忍却不可能是无限度的。她不会放任人类在科学技术的怂恿下过分地犯下愚蠢的罪过。他写道：

盖娅不是一个溺爱子女的母亲，也不是一个柔弱的孩子，她是一个强有力的圣女，她已经35亿岁了，如果一个物种强大起来，她将凭借类似于一枚洲际弹道导弹中的微电脑的感觉把这个物种清除掉。[1]

可以想象，由于基督教信仰的衰微，西方人因为失去了上帝的眷顾而感到无助和迷茫，而科学技术的发展也日益暴露出双刃剑的毁灭作用。在此种境况下，盖娅女神这样一位至高无上的生命主宰的重新降临世界会意味着怎样的精神拯救和未来希望呢？如果这位异教女神果真能给人类带来出路，那么就不能再按照基督教的传统偏见来看待异教思想了。“异教”（pagan）这个词出自拉丁文 pagus，意为乡村。当代新异教主义者在宽广的意义上使用这个词，指称“尊重自然的人”。《异教欧洲史》的两位作者琼斯（P.Jones）和彭尼克（N. Pennick）指出，对异教信仰的当代定义是：“一种崇敬自然的宗教，致力于使人类的生活与季节循环所体现的宇宙韵律相和谐。”[2] 我们在这个定义中不难看到，原来作为基督教对立面的异教思想已经在今人心目中改换了价值色彩，由负面的变成了正面的。西方发达社会的新女神追求者们希望通过他们的信仰实践达到人与宇宙自然的交融状态，在僵化了的基督教之外重新找回恢复人的精神灵性的方式。

新时代文学在 20 世纪 90 年代的代表作《塞莱斯廷预言》所表达的新时代世界观，明显受到盖娅假说的影响。作者把这一全新的生态理念假托于主人公在秘鲁看到的玛雅神秘手稿中：“我知道，手稿阐述的那些真知已经融入我的大脑，变成了一个意识。我很清楚自己的生活进化的神秘方式。第一条真知揭示了这一点。我知道，整个文化也感受到了这种神秘的色彩。而我们正在建立一个新的世界观。这是第二条真知所指出的。第三、第四条向我显示，宇宙实际上是一个巨大的能量体系，人间冲突缘于能量短缺，缘于能量控制。第五条向我们揭示，只要我们从一个更高级的能源那儿接受这种能

[1] 转引自比尔·麦克基本：《自然的终结》，孙晓春等译，吉林人民出版社，2000 年，第 154 页。
[2] P.Jones and N. Pennick，*A History of Pagan Europe*，London：Routledge，1995，p.1—2.

量，我们便能够结束这种种冲突。"从荣格的母亲原型到洛夫洛克的"盖娅假说"，新时代人就这样在自然母亲的怀抱中看到人类返璞归真的可能性。

二、女性主义巫师与女神崇拜

新时代观念的理论代言者，英国人类学家苏珊·格林伍德（Susan Greenwood）指出：西方传统总把巫术和巫师看作是异教信仰的一种形式。[1]而在异教思想挑战基督教的今天，女性主义巫师（feminist witchcraft）的出现则是女性主义和现代异教运动的一种结合物。其主要人物是美国的布达佩丝忒（Zsuzsanna Budapest，1940—）和丝塔霍克（Starhawk，1951—）。其思想宗旨是为了改变社会——结束父权制的压迫——而进行巫术活动。其活动方式以仪式、表演行为和写作交流为主。20 世纪 70 年代以来的女性解放运动产生了对世界宗教的批判，由此而分化出女性主义精神探求的两个支派：一派要改造正统的宗教，使其教义适应新的女性主义观念的变化，如"女性主义神学"的出现；另一派则像现代巫师们所要求的那样，在正统宗教以外去探寻所谓前基督教的女神。在美国，激进的女性主义者把女巫视为反叛父权制的自由斗士。欧洲历史上被宗教法庭烧死的 900 万女巫也被重新评价为挺身反抗阶级压迫的革命战士。自父权制确立其统治以来，转入地下的"妇女的灵性"（women's spirituality）终于再度浮出水面。

女神崇拜成为妇女的黄金时代。许多女性主义者对巫师的重新解释都以美国考古学家金芭塔丝的著作为基础。她描绘出一幅女神崇拜时代的完整图景：从旧石器时代狩猎采集者到新石器时代农人的以女神为单一对象的宗教体系。按照金芭塔丝的观点，在这样一个和平的女神宗教指引下的欧洲文化

[1] Susan Greewood，Gender and Power in Magical Practices，Steven Sutcliffe and Marion Bowman（ed.），*Beyond New Age：Exploring Alternative Spirituality*，Edinburgh University Press，2000，pp.137—154.

在公元前 4300—前 2800 年间被父权制文化的入侵者推翻和灭绝了。人类学家罗利克（Ruby Rohrlich）不同意这种外部入侵说。她认为苏美尔、埃及、印度、中国，还有印加和阿兹忒克的古文明都是渐渐地从和平、女性中心的社会变成好战的、男性中心的社会。她认为应该从社会自身的内部变化，而不是外部的入侵，来解说父权制对女神时代的取代过程。

1971 年，在美国的马里布（Malibu）出现了以“女人的神秘”（Women's mysteries）为名的女性主义者组织活动。据参与者布达佩丝忒的描述：一群妇女在咖啡桌前围坐，喝咖啡，吃鸡蛋和土豆，有说有笑地发挥幻想，意识到她们在从事某种影响世界的革命活动。布达佩丝忒是马里布女性核心团体的 8 人之一，自称她们继承的是有 800 年历史的女巫传统——这是一种只由母亲传给女儿的秘传传统。她们创作出所谓的“狩猎女神传统”（Dianic tradition）的女性主义巫术仪式与写作，她们的经验则写入了《女人的神秘之圣经》（The Holy Book of Women，1989），成为在女性读者和知识分子中流行的读物。一般而言，参与该团体的女性巫师们要么是独身，要么是女性同性恋。

女性主义巫术的另一位代表是丝塔霍克，她在美国发明了一种叫作“螺旋之舞”（spiral dance）的集体仪式形式：舞者手拉手围成一个圆圈，圆圈的中央是击打着萨满之鼓的她本人。通过这种向心式旋转的雀跃舞蹈，所有的参与者都会体验到精神统一的群体联系。螺旋舞蹈仪式不同于“女人的神秘”仪式之处在于，它并不排除男性的参与，更加具有公开性和包容性。因此，这一仪式走出了美国，在其他西方国家传播开来，特别是在英国。在著名的史前文化祭坛遗址斯通亨机（Stonehenge）等地，人们常常可以看到手拉手举行仪式舞蹈的朝拜者，他们不分国籍、肤色、年龄和职业，按照自觉自愿的方式走到一起，进行探寻新的精神性和恢复人与自然环境和谐的群体仪式活动。

崇拜女神的新时代人为什么与环境主义相互认同？布鲁斯（Steve Bruce）的《新时代与世俗化》解释说：“因为新时代从印度教和佛教那里借来了整合的世界观；我们自己、物质世界和超自然世界都是一个单一的实体。这就给许多新时代人对环境主义抱有强烈兴趣。我们应该保护物质世界不受无节制的开发，不仅是为了我们自己未来的利益，因为这个星球就是一个灵性的存在。正因为如此，许多新时代人是素食主义者，还有许多醉心于用整体观方式进行身体治疗和心理治疗。”[1] 在男性上帝的价值观统治下受到伤害的心灵，希望在新的女神信仰中得到疗救。

女神复兴的思想取代男性上帝的传统宗教世界观，其实可以理解为“一种以生态伦理为基础的宇宙论”（an ecological ethical cosmology）[2] 代替过去那种人类中心主义的宇宙论。女巫和女神（wicca and goddess）的当代大联合并不仅仅意味着异教观念与古代迷信的重新复活，而应当理解为方兴未艾的生态学意识大觉醒和妇女运动能够相互配合的必然产物。尽管其间也自然夹杂着许多古老迷信和陋俗的成分，但是我们毕竟不能只从消极的意义上去判断和理解这些当今的民间文化复兴现象。

三、女神研究的繁荣

20 世纪是神话学大发展的世纪，其中最重要的成就之一就是女性主义神话学的全面崛起。该学派的出版物引起整个知识界的震动和争论。以女性主义观点和考古学新材料为双重契机的女神再发现运动，构成了西方文化寻根思潮的一个重要表现领域。

女性主义作为一场文化思想运动，它的重大启蒙意义就在于揭示出一个

[1] Steve Bruce，The New Age and Secularisation，*Beyond New Age: Exploring Alternative Spirituality*，p.227.
[2] Fiona Bowie，*The Anthropology of Religion*，Oxford：Blackwell，2000，p.129.

过去被忽略的真相：世界上已知的几乎所有文明都是父权制的。毫无例外的是，所有的父权制文明都会在某种程度上表现出对女性存在的贬低和蔑视，及对女性的社会权利的压制和遮蔽。这一方面体现为社会现实中两性不平等现象的普遍存在，另一方面通过语言文字折射为社会意识形态中被改造、被扭曲的女性形象和女性声音。“男人造语言”这一学术发现，给予女性主义者充分自觉的“性别政治”的意识，开始从各个方面去揭露批判男性中心社会的种种语言积习和文化表达，试图在男性化意识形态的遮盖背后，重新寻找真实的女性形象。

女性主义运动的文化批判倾向是在压抑了无数年之后第一次引发的“性别冲突”之战，与历史上常见的由阶级冲突和民族冲突引发的战争不同，这场性别之战虽看不见硝烟和鲜血，却具有摧枯拉朽的性质。20 世纪结束之际，它已是波及全球的“世界大战”了。神话学是主要的战场之一。女神的发掘与研究，在过去的 100 年里所取得的成果远远超过了以往的所有年月。各种文明传统的文字文本中的女神形象的研究，规模空前庞大。如 1992 年由英国伦敦的潘多拉出版社出版的《女性主义的神话指南》一书，由牛津大学的女教授拉灵顿（C.Larrinton）博士主编，分为 6 个部分，有 19 位学者撰文分别运用女性主义的观点重新审视近东、欧洲、亚洲、大洋洲、南北美洲的神话传统，以及 20 世纪的女神崇拜与研究情况。拉灵顿在导言中指出，传统的神话学研究充斥着男性中心的观点和厌女症偏见，而本书则尝试完全让世界各地的知名女专家来执笔，重新书写不同时期各个文明中的神话传说遗产，尤其注意女性形象和女性的作用。“对于西方人而言，我们对我们的神话遗产的解释决定着我们思考自己的方式。政治家、心理分析家和艺术家都利用神话来告诉我们：我们是谁？从何处来？于是，纳粹的意识形态就利用了德国神话，弗洛伊德主义的心理分析则把希腊神话作为他们解释人类行为的模型，画家、作曲家、雕塑家和作家也都有意或无意地模仿过去的神话模式。”[1]现在，女性用自觉的社会性别视角重新审视古代神话，这种视角的变换会给女性带来把握自己身份的全新契机。只要神话不再是由男性成见所反射的哈哈镜，那么女性就能够从神话中找到自己真实的过去。

类似于《女性主义的神话指南》的出版物在20世纪90年代盛极一时，这表明知识女性对神话学这门新学科的兴趣与日俱增。为什么现有的西方神话文本总是把女性放在次等的位置上呢？拉瑞·荷塔多（Larry W. Hurtado）带着这一疑问编出《宗教中的女神与现代争论》一书，期望通过对非西方的宗教传统中女神地位的考察，找到解决问题的线索。该书立论的思路很像韦伯在非西方社会中寻找不能导致资本主义精神的原因。书中共研讨了中国的道教和佛教传统中的女神，古代埃及宗教中的女神伊西丝信仰，和印度教中有关女神的“撒克提”（sakti）观念。[2]与此形成对照的是纽约市立大学亨特学院的女教授贝缇娜·纳普（Bettina L. Knapp）独自撰写的大著《神话中的女性》[3]。她从世界的神话文学中选出九位女性形象，即古埃及的伊西丝、巴比伦的提阿玛特、古罗马的狄多、古希腊的伊菲革妮亚、印度的悉多和中国的女娲等，逐一加以剖析，确认她们在所属社会中的价值、能力和在公众心目中的形象，讲述她们如何战斗、领导军队、建立国家、治理大地，以及她们如何经历性别的挑战和身份的危机，并且把这些神话女性同当今社会中的女性相互对比，在历史和现实的参照之中探寻女性命运的未来前景。

与神话文本的研究相比，更加引人注目的成就是文字记载以外的女神形象的再发掘与再阐释。伴随着考古学和人类学的大发展，有成千上万沉埋在漫漫黄尘之下的古老女神偶像得以重新展现在世人面前。从几万年前的旧石器时代末期，到1万年前的新石器时代，再到5000年前的铜器时代，考古学

[1] C.Larrinton（ed.），*The Feminist Companion to Mythology*，London：Pandora Press，1992，p.ix.

[2] Larry W. Hurtad（ed.），*Goddesses in Religions and Modern Debate*，University of Manitoba Press，1990.

[3] Bettina L.Knapp，*Women in Myth*，State University of New York Press，1997.

家在成文历史出现之前的神坛和圣庙中，在史前人的聚落遗址中，发现大量石制的、陶制的和骨制的女性雕像。其数量之多，持续时间之久，在整个欧亚大陆上分布之广，足以让学者们提出一种关于“女神宗教时代”或“女神文明”的宏大假说。女神的再发现运动成为反思宗教史和思想史，乃至文化进化和文明起源等一系列重大课题的新起点。

回顾 19 世纪的神话学，不难看出那基本是男性独占的研究领地。即使大胆提出“母权制”假说，为后来的女性主义者奉为精神领袖的巴霍芬本人也是一位男性。女性神话学家的全面缺席如同女性哲学家的寥若晨星，正是男性中心文化的性别角色所预先规定下来的。然而这种不平等的现象在 20 世纪得到根本性改观。书店和图书馆中都在显著位置设立了“妇女研究”的专架，关于女神研究的新书琳琅满目，而此类著述的作者大半皆为女性。其中的佼佼者如金芭塔丝（Marija Gimbutas）、艾丝勒（Raine Eisler）、奥弗拉赫蒂（W.D.O’Flaherty）等人，她们的著作丰富而且学术水准较高，已经取得了同男性神话学家相争锋的显赫地位。她们在学界和学界以外都有广泛的读者群（后两人各有一部著作已出版中文译本：《圣杯与剑》和《印度梦幻世界》），在众多女性读者心目中更是享有崇高的威望。倘若要在女神研究方面举出两个世纪以来最有影响的学者，那么在 19 世纪非巴霍芬莫属，而在 20 世纪要首推美籍女考古学家金芭塔丝。

巴霍芬虽然生活在 19 世纪，实际上却是为 20 世纪的女神再发现运动揭开序幕的理论功臣。其 1861 年用德文发表的《母权论》，在思想史上的意义可与达尔文的《物种起源》相提并论。巴霍芬把人类历史的第一阶段确定为母权制阶段，相当于中国古书所说的“只知其母不知其父”的时代。巴霍芬建构其理论体系的主要材料是古典神话，他善于从性别冲突的角度给希腊神话提出新的解释，从中归纳出从母权制到父权制的演进轨迹。当代美国神话学的泰斗人物坎贝尔在为巴霍芬的文集撰写的引言中指出：20 世纪的艺术家和心理学家重新发现巴霍芬的著作，并不是偶然的，因为他解说神话的高超技巧远远超出同时代的其他神话学家（如布尔芬赤）。[1]

然而，20世纪以来的人类学主流通过全球范围的田野作业并不能证实母权制的普遍性，于是对巴霍芬的这个术语弃置不用。还有人宣布史前的母权社会只是一个美妙的现代神话。[2]英国人类学家亚当·库伯（Adam Kuper）1988年的著作《发明原始社会》，追溯殖民主义时代的帝国霸权话语如何在人类学学科中建构出作为文化他者的“原始社会”幻象，便将巴霍芬的“母权”概念与“群婚”“图腾”等关键术语一起列为误导性的虚构概念，并翔实地分析了当代人类学研究是怎样挣脱和废弃这些为假想中的“原始社会”提供伪证的概念。[3]很可惜，由于摩尔根《古代社会》、恩格斯《家庭、私有制和国家的起源》等早期人类学著作中大量引用了此类概念，它们至今仍在盲从苏联的中国当代学术话语中广为流行。

尽管职业的人类学者闭口不提母权论，但是这并不妨碍大批的女性主义学者和文史研究者，以及大众传媒继续从巴霍芬的理论中获取灵感。在巴霍芬那里，母权制被父权制所取代，是必然的历史发展，正如乱婚制被母权制所取代一样。而在女性主义者这里，母权制的存在才是真正令人向往的黄金时代，父权制的出现则代表着文化高潮的结束和社会政治的衰落。这样的期望和信念在非西方的文化中也迅速流传，尤其是那些对母系社会（不等于“母权制”）怀有清晰历史记忆的民族。例如日本，史书上说曾有过女王卑弥乎统治的时代。当今的日本学界便对巴霍芬崇敬有加，与女神相关的研究更是

[1] Joseph Campbell, *Myth, Religion and Mother Right*, Princeton: Princeton University Press, 1967, Introduction, p.XXV.

[2] 参看：C. Eller, *The Myth of Matriarchal Prehistory*, Boston: Beacon Press, 2000.

[3] Adam Kuper, *The Invention of Primitive Society*, London, New York: Routledge, 1988, pp.35—41.

层出不穷，如左喜真兴英、林道义、吉田敦彦等的著述。[1]

20 世纪女神研究的最重要学者金芭塔丝，生前任美国加州大学洛杉矶分校文化史博物馆主任。她以一位考古学家的身份终生从事欧洲史前考古的发掘与研究，先后著有《古欧洲的女神和男神：公元前 6500- 前 3500》[2]《女神文明：古欧洲的世界》[3]《女神的语言》[4]《活的女神》[5]等一系列图文并茂的巨著。她以考古发现的实物资料为基础，提出与父权制文明相区别的“古欧洲”（Old Europe）和“女神文明”（The Civilization of the Goddesses）等概念，显然不同于巴霍芬在书房里闭门造车提出的“母权制”概念。金芭塔丝试图从时空分布上划出“女神文明”存在的大致范围和传播情况，复原出女神崇拜及其史前艺术表现的象征系统，并尝试破译这种“女神的语言”所传达的宗教信息和文化蕴涵，描述女神文明对后世欧洲主要民族神话和信仰的作用方式和遗留形态。1999 年由她的助手编成的金芭塔丝遗著《活的女神》，可视为这位女学者一生研究的总结。该书尝试将从考古文物中复原的女神信仰同其在父权社会中的残余形态有机结合为一个生命整体，使被历史所遮蔽、所遗忘的“女神的语言”同后起的“男人造的语言”同样成为我们反思现代知识体系的基点。

金芭塔丝的著作目前似乎正在取代 19 世纪的学术明星巴霍芬，成为当代女性主义在文化历史认同方面的又一面耀眼的旗帜。

女性主义者的女神再发现运动不只具有学术方面的意义，而且更重要的是为当代女性的自尊与现实生存提供了坚实的心理依据。诚如莉萨·图特(Lisa

[1] 参看：左喜真兴英著《女人政治考》，《左喜真兴英全集》，东京，新泉社，1982 年；林道义著《尊与巫女的神话学》，东京，名著刊行会，1990 年；以及吉田敦彦的《妖怪与美女的神话学》（1989）、《绳文土偶的神话学》（1986）和《日本人的女神信仰》（1995）等。

[2] M.Gimbutas，*The Goddesses and Gods of Old Europe*：6500-3500BC，Berkeley：University of California Press，1982.

[3] M.Gimbutas，*The Civilization of the Goddesses*，San Francisco：Haper & Row，1991.

[4] M.Gimbutas，*The Language of the Goddess*，San Francisco：Haper & Row，1989.

[5] M.Gimbutas，*The Living Goddesses*，Berkeley：University of California Press，1999.

Tuttle）在《女性主义百科全书》"女神"条下所写的："当女性主义者说到女神时，她们可以表示她们相信一种神圣的女性存在，能够通过祈祷和仪式来体验她的显现；也可以表达一种自然力的象征（生育、生命和死亡），或是意指某种女性力量的象征，或者同时表示上述三种意思。"正如女性主义者祭司斯达霍克所言："我感到虚弱时，她就是我的帮助者和保护者；我感到强大时，她就是我自己力量的象征；在其他的时候，我感觉到她犹如存在我体内和世界的自然的能量。"[1] 当代知识女性的这种特殊生命体验激发着一批又一批觉悟者，她们像受到召唤一般加入重新认识女神的运动中来。这就是女神研究出版物呈现与日俱增之势的原因。

基督教作为典型的父权制人为宗教，其排斥女神的思想倾向尽人皆知。著名的"三位一体说"教义建立在人间社会的父子关系模式上，并未给女性的神圣性留下余地。而当代女性主义的圣经研究打破了这一禁忌，试图在男性中心话语形成的背后去发现被埋没的原始基督教的女神形象。2001年，各大英文书店都在显赫位置推出弗雷克和甘第合写的新著《基督与女神：原始基督教的秘传教义》[2]，认为罗马教会全然掩盖了原始基督教所信奉的女神。这部书启发人们：现存的父权制文本中除了显形的女神以外，还潜藏着一批有待发掘的隐形的女神。

在古典神话的女性主义解释方面，也是硕果累累。美国的马丽·雷佛韦兹教授所著《希腊神话中的女性》，探讨的是古希腊主流文学中的妇女经验的表现。她指出，近来的女性主义对希腊神话的解读已经形成了固定的模式，如：亚马逊被表现为母权时代的女勇士；克吕泰涅斯特拉（Clytemnestra）是一个讨厌的妻子和受挫的个人主义者；安提戈涅是一个被压制的女革命者；

[1] Lisa Tuttle，*Encyclopedia of Feminism*，New York：Facts On File Publications，1986，pp.127.
[2] Timothy Freke and Peter Gandy，*Jesus And the Goddess*，London：Thorsons，2001.

丹纳士姊妹（Danaids）则是仇视男性的女人，等等。[1] 她认为只有摆脱这种众口一词的模式化倾向，才能深入体察神话中所表达的女性生存经验。她还发现希腊的男性的确畏惧女人，不过并不是畏惧她们的性欲，而是畏惧她们的智力。

四、女神与女巫形象的再造

20 世纪后期，资本主义的现代性危机在思想文化领域产生了重要的回应。后现代主义的文化寻根便是这种反叛现代性的激进表现。像《指环王》（《魔戒》）和《哈利・波特》这样流行当今世界的通俗文学作品，便可作为再造女神和女巫形象的文学标本来看。熟悉西方文学史的人很容易发现，异教想象和女神原型在这些魔法作品中发挥着重要作用。《指环王》中优美而仁慈的森林女神的形象，作为男性仇杀与血腥争斗的反衬，一定给每一位读者留下美好的记忆。如果我们了解到，罗琳自上中学起就迷上了女性主义作家杰西卡・米特福德的自传《荣誉与反抗》[2] 的话，那就不难理解《哈利・波特》或隐或现地流露出的女性主义和生态主义的思想倾向。

比如魔法学校中的格兰芬多学院（Gryffindor），这个名称中就隐含了神话怪兽格莱芬（Gryphon），她又被认同为报应女神的化身。[3] 在西方异教传统的神话怪物谱中，格莱芬是出现频率仅次于人面狮身女妖斯芬克斯的一个。[4] 罗琳让她钟爱的男女主人公在这样一所学院里学习，的确是耐人寻味的。她给霍格沃茨学校的副校长取名叫麦格（McGonagall），这个名字影射着希

[1] Mary R. Lefkowitz，*Women in Greek Myth*，Bristol Classical Press，1995.

[2] 参看西恩・史密斯：《〈哈利・波特〉背后的天才：J. K. 罗琳传》，宋润鹏等译，时代文艺出版社，2002 年，第 46 页。

[3] 戴维・科尔伯特（David Colbert）：《哈利・波特的魔法世界》（The Magical World of Harry Potter），麦秸译，人民文学出版社，2002 年，第 95 页。

[4] J. E. Cirlot，*A Dictionary of Symbols*，New York：Philosophical Library，1971，p.213.

腊的智慧女神雅典娜，其罗马名为密涅瓦（Minerva）。[1]

此外，隐形女神出现的另一种方式是化身为女巫。魔法世界与麻瓜世界的对立，如果从性别尺度去划分，那么魔法世界也就等同于女巫的世界、阴性的世界，而麻瓜们的世界则为阳性的世界。少年主人公们逃离麻瓜世界来到女巫的世界，在象征的意义上就是逃离了基督教的父权统治，重新回到女神的怀抱。霍格沃茨学校中典型的场景是学生们骑着扫帚飞行。熟悉西方巫术史的人一看就知道扫帚是古代女巫的标准坐骑。据女性主义的解释，扫帚与女巫的特殊关系来自现实社会中妇女打扫的职业：家庭主妇常不离扫帚，那是父权社会的性别分工的产物。我们中国人在汉字“妇女”的“妇”字中，至今还可以直观地看到一把扫帚！昔日性别分工的标志如今变成了少年们逃离麻瓜世界获得自由新生的象征。

小说中最突出的反面角色是伏地魔。作者把他塑造成人类欲望和贪欲的化身，其欲望的对象主要是长生不死。这从巴比伦史诗时代开始就一直是神话英雄们追求的理想。但是，在今日女作家笔下，男性的追求长生已经具有了人类罪恶的性质，因为它是违反自然的，是人类狂妄自大的表现，也是最大的物欲和最疯狂的贪婪。在托尔金和罗琳看来，希望无限延长人体自身的物质存在，当然是一切物欲的终极目标，于是，必须动员人间的一切力量去战胜我们每一个人内心深处的心魔。就像《指环王》的主人公竭力要销毁那只象征无边法力和长生不老的魔戒一样。

在前资本主义社会，人们毕竟可以指望全能的上帝和外在的魔鬼力量相抗衡，如今“上帝已死”的世界成了物欲魔鬼独大的世界。而且今日的魔鬼已不是外在的幽灵，它变成了内在于人心中的可怕驱力。商海横流和物欲横流的世界充斥着推销商声嘶力竭的叫卖声，人们良知的声音微弱得几乎完全

[1] 戴维·科尔伯特：《哈利·波特的魔法世界》，第 147 页注 1。

被市场的喧嚣嘈杂所湮没无闻。这种物欲之魅，难道只有靠恢复巫术之魅的办法才可以克服吗？

当代文学为什么需要再造女神？女巫和女神宗教的复活究竟能给消费社会带来一些什么？一位研究新时代运动的社会功能的学者说："新时代认识论的最大功绩是解决了文化的多元主义问题。如果每一个人都相信同一个事物，用同一种眼光看世界，那么一个社会就很容易信仰唯一的神、唯一的真理、世上唯一的存在方式。然而，当那个单一的文化碎裂成一系列相互矛盾的景观，你可能就要面临无穷无尽的争论和冲突。一个可行的办法是改变基本的知识观，以便使我们成为相对主义者。我们承认不再有唯一的真理或唯一的通向神的方式，而是存在一整套的同样有效的方式。"[1] 按照这一解释，女神的复兴与再造既是后殖民时代知识的民主化的体现，又是对这一过程的促进。

五、反驳、批评与补充

著名的罗特累齐出版公司于 1998 年推出的《性别考古学论集》(Reader in Gender Archaeology)，其中帕美拉·拉塞尔的文章《旧石器时代母神：事实还是虚构？》[2] 对女性主义的女神著作表示不满，并且尝试做出理性的批评。他首先反对旧石器时代大女神生殖崇拜说，认为是一种虚构。他回顾了自 1864 年发现旧石器时代人像以来，学界关于史前维纳斯的认识和解说的历史，继尤克的《拟人造型》[3] 一书之后，再度向多数人认同的主流观点发难。尤克认为，不能轻易地判定旧石器时代的偶像都是女神，更无法确认

[1] Steve Bruce, The New Age and Secularisation, *Beyond New Age: Exploring Alternative Spirituality*, p.229.

[2] Pamela Russell, The Palaeolithic Mother-Goddess: Fact or Fiction? *Reader in Gender Archaeology*, ed. By Kelley Hays-Gilpin & David S.Whitley, Routledge, 1998, pp.261—268.

[3] P.J.Ucko, *The Anthropomophic Figurines*, London: Andrew Szmidla, 1968.

这些人像的实际功能为何。所谓众口一词的母神—生殖崇拜说，其实只不过是有待于证明的理论假设。拉塞尔针对 20 世纪 70 至 80 年代大量非专业的女性主义写作者关于女神的著述提出批判性质疑，对"女神宗教"和"女神文明"诸观念的倡导人金芭塔丝也毫不客气。他发问：个别地点发现的女性雕像能否代表整个的欧洲？女性造型之外还有一些明显是男性造型。而实际上占多数的出土造型是不明性别的。这些人像是崇拜的对象吗？或者只不过是男性的性用品、辟邪物，或者是女人助产用的巫术道具，或者干脆是儿童的玩偶，也许是守护家庭的偶像。生殖崇拜说的另一个疑点是：旧石器时代的人都是狩猎采集者，他们不会像农业社会的人那样希望多生育孩子。虽然旧石器时代人或许有了对超自然的信仰，但是我们在假定他们的宗教与今日的一神教相似时，必须非常小心。冰河时代的大母神只是一种假设的存在，她也许纯属虚构。

拉塞尔尖锐批评的另一焦点是，当今写作女性主义神话学著作的人中，不少就是从事女巫训练的人。她们写出的东西究竟有多少可信性呢？[1] 至于新石器时代的大女神说同样是未经确证的假说。巴霍芬以神话为依据重写历史，实际上是一种乌托邦化的历史建构。

研究早期希腊神话的学者也确认，那时女神在整个神话谱系中的地位虽然较后来优越，但绝不像女性主义学者们声称的那样透露着母权社会的光芒。[2]克莱德·伏特的《非洲面孔的英雄：传统非洲的神话智慧》一书，主张从传统非洲文化中汲取神圣智慧。他关于社会性别的观点似乎转到中性立场。作者把男女对立视为传统二元论世界观的产物。非洲一些部落人认为，神不能用人的范畴去理解，女神不只是男神的女性化面孔。比如：伦达（Lunda）人认为，神是无法言说的。神不是人形的，当然也非男非女，不

[1] Pamela Russell, The Palaeolithic Mother-Goddess: Fact or Fiction? *Reader in Gender Archaeology*, p.265.
[2] 这方面的专著可参看 Timothy Gantz, Early Greek Myth, vol.1, The John Hopkins University Press, 1993.

老不少。舒那（Shona）人描述的神则是“父亲、母亲、儿子”。我们这些早已陷入二元对立式思维的人无法理解非洲人的这种观念。犹太教、基督教和伊斯兰教都把神视为男性，这当然是错误的。同样错误的是企图矫正历史上的男性上帝观念，使之发生性别改变，称之为女神。因为女神毕竟只是女神，无法等同于绝对的、无形的、无性别的超验之神。[1]

那么，如何看待人类学家和宗教学家在非洲发现的女神信仰呢？伏特提到英国人类学家特纳（Victor Turner）的观点。特纳 20 世纪 50 年代研究中非的德布人（Ndembu）的男、女成年仪式后认为，该文化建立在一种“女性或母性原则”之上。伏特以为这一解说触及女神的实质，也许最好理解为一个原型。用比较神话学家坎贝尔的话说：“一个女人和她的孩子即是神话的基本意象。”个人通过女神而参与到存在的伟大神秘之中：自我融合于宇宙、大地和社会。在那种状态下，人与自然的矛盾同人类内部的性别矛盾一样都处于蛰伏状态。

如此看来，盖娅母神并不仅仅是古希腊人的想象创造。非洲原住民的母性原则与中国老子的“知其雄守其雌”观念一样，都足以显示出早在父权制、男性化和攻击性的文明建立其权威之前，的确曾经长久地存在母神精神照耀下的天人合一智慧的源头。这，对于要求摆脱现代性与大屠杀的内在关联，为人类未来谋求理想出路的思想者来说，是富有启示的。

[1] Clyde W. Ford，*The Hero with a African Face：Mythic Wisdom of Traditional Africa*，Bantam Books，1999，p.116.

THE EIGHTH PART

第八章

西方思想的“东方转向”

- 引子：了解西方思想与学术的几个误区
- 何谓东方转向
- 知识分子、大众传媒与东方转向
- 西方人为什么转向东方？

一、引子：了解西方思想与学术的几个误区

审视 20 世纪的西方思想发展的特征及其与前代的重要差异，思想史家常常使用“转向”（turn）这个形象鲜明的比喻。诸如“语言学转向”问题、“人类学转向”问题，我们学界已经耳熟能详了。而这里要讨论的“东方转向”，则显然没有引起足够的关注。和其他的转向相比，“东方转向”可以说是最具有文化普遍性的一种。它不光是西方世界大学哲学课堂上的学理问题，而且是涉及学院外的普泛的文化认同与文化价值选择问题。换言之，“东方转向”的现象已经从最初的“东方学”领域中溢出，在相当程度上渗透到西方发达社会中人的思维方式、感知方式和生活方式之中。从如今遍布欧美澳三大洲、如满天繁星般的中餐馆，到好莱坞明星们风靡的瑜伽功夫，再到英国学界提出郑和发现美洲的大胆新假说，都不再是殖民主义时代乌托邦化的东方神话的编织了，其意义也早已经超出了萨义德所说的“东方主义”的知识生产的旧模式。因而非常值得我们认真对待和做出总体性的反思。

从现代性的展开和全球化的大背景上看，可以把东方化理解为全球化过程的一个重要方面，遗憾的是，在西学东渐风潮席卷下的东方国家和后发展国家，对西方文化思想的“东方转向”问题的意义和重要性远没有达到应有的认识。当我们知识界的精英们热衷于加入韦伯式的问题的大讨论——资本主义、现代性究竟有没有可能在非西方社会自发孕育和产生时，我们已然为自己培育成了一种唯西方马首是瞻的思维习惯：以西方社会科学范式为我们的范式，以西方学院派主流的问题为我们的问题。似乎西方对东方的关注只是在继续制造自古以来的东方情调的神话，根本用不着我们自己去大惊小怪。如果我们反观自身传统，那么我们应该做的似乎是，顺延韦伯的思路，去关照东方传统社会中的资本主义萌芽因素，从本土的宗教伦理中去发掘与

商业精神和现代性制度相吻合的成分。看看这些年来学界关于儒家伦理与现代化关系的讨论，关于如何改造传统以便尽快与西方标准的国际相接轨的讨论，对于这种一厢情愿式的融入西方现代性的强烈愿望就可以一目了然了。殊不知，西方内部却已经兴起了大规模的反叛现代性的运动[1]，学界也开始警觉一种“现代性的全球危机”。[2]与此相应的是一种在思维和生活方式上与东方古代传统相接轨的觉悟和愿望，其强度似乎毫不亚于我们与西方接轨的激情。

为了有效地避免陷入常见的三个误区或三种成见，笔者在此特别要申明的三点是：

1. “东方转向”不光是“东方主义”的表现；

2. 文化转向与文化认同不光是学院派的问题；

3. 全球化作为文化融合的过程，不光是西方化。

西方发现了东方，也随后发现了自身的致命缺陷，“东方转向”在思想史和学术史上的意义，实际上等于给出了韦伯问题的反论：为什么人与宇宙浑然合一式的感知方式与世界观没有在西方传统中产生并成为主流呢？

由此而引发的相关问题是：为什么这种感知世界的方式和价值观过去被视为原始、落后，乃至是西方理性思维的对立面，而如今却成为拯救世界与现代人类的希望所在呢？为什么我们如饥似渴地向西方人学习科学技术和所谓市场管理营销这一套东西的同时，西方人却如痴如醉地向印度教、佛教和道教的传统学习古老的宇宙观与人生观呢？为什么我们竭力要融入西方导向的市场经济格局并确立以牺牲人文素质为代价的物质增长模式时，西方人却开始普及“增长的极限”教育，警戒“增长的黑暗前景”（The Dark Side of

[1] 参看艾恺：《世界范围内的反现代化思潮》，贵州人民出版社，1991年。

[2] Toby Miller, (ed.), *A Companion to Cultural Studies*, London: Blackwell, 2001, p.223.

Growth）[1]，甚至掀起声势浩大的归真返璞运动，倡导更加注重精神性的简朴主义生活理想呢？

二、何谓东方转向

为了更好地理会“东方转向”的性质，让我从个人的直接经验出发来展开论述。笔者1990年在澳大利亚的阿德雷德（Adeleid）做社会调研时，参加了一个以荣格学说为基础的心理综合治疗小组，目睹了那里的人们物质丰裕而精神困顿的情况，以及他们在东方宗教与哲学中寻求拯救力量的那种仰慕与虔诚，看到了融合东方思想的心理训练如何给陷入心理危机的西方人带来新生的机会。1996年，笔者在加拿大和美国的考察，侧重于关注白人对印第安文化的重新发现，再次印证了上述经验——西方文化自身的精神危机无法靠自身的力量来疗治，需要借助于非西方文化的解毒作用。2001年，笔者在英国和苏格兰对新时代运动的调研，更加体认到这场“东方转向”运动在整个西方发达社会的普及流行程度已经超出了国内人的想象。在包括名牌大学的学位获得者在内的高级知识分子之中，也不乏完全厌弃西方工业社会的价值与生活方式，悉心追寻东方智慧式的生存途径之人。这些来自西方社会内部的观察和体验使笔者确信，我们从媒体上（不论是西方的官方媒体还是商业性媒体）看到、了解到的西方其实和现实的西方有很大的差异。关于西方，我们所知较多的，除了政治家、外交家，学院派的代表——教授专家，就是商界富豪、成功企业家和演艺界、体育界的名人。绝大部分的西方社会的普通人，由于与媒体表现无缘，我们却不很了解。而那些经过东方智慧洗礼而开悟的西方人，在精神状态上如何同主流社会不同，我们就很不了

[1] 这个说法采自卡普拉《转折点》一书第三章第八节的标题。见：F.Capra，*The Turning Point：Science，Sociology，and the Rising Culture*，London：Flamingo，1983，p.248.

解了。当我在英国西部小镇向一位放弃工作而朝圣的兰凯斯特大学法学毕业生询问，为什么他们不看电视和报纸，只向内心去寻觅真实时，他的答话让我大吃一惊：因为媒体从来就不讲真话！面对这位白人青年知识分子，我甚至觉得他似乎具有了庄子那种看破一切伪装的穿透性眼力，尽管他的话不无偏激。

如果说笔者个人的有限经历在取样上不够公允，在定量分析上也缺乏说服力的话，那么还可以提请关注其他角度的观察资料：美国哈佛大学心理学教授雅尔柏（Richard Alpert）不仅身体力行地传扬东方思想，而且干脆自己变成出家人，连名字也改成了充满禅意的 Ram Dass。法国政论家列费尔（Jean-Francois Revel）曾经预言，第一次伟大的世界革命是西方民主制度的确立；第二次伟大的世界革命是整合东方智慧之后的新人类之产生。如今他自己的儿子已经成为他的预言的最佳验证人：一位修习藏密的出家知识分子。[1] 又据报道，如今在东风西渐影响下，瑜伽已经成为美国健身房里最受推崇的运动之一。仅在好莱坞的健身房里，就可以看到朱利娅·罗伯茨、朱迪福·斯特、梅格·瑞恩、伊丽莎白·赫利、芭芭拉·史翠珊、米歇尔·菲佛、西恩·潘等一系列当红明星的身影，就连开创了女子健身潮流的祖母级影后简·方达，也改换门庭成为瑜伽专家，大卖她的瑜伽教学录影带。动作片的男影星伍迪哈里逊也拿到了瑜伽功教学执照，他说从这种东方修身功夫中找到了“真我”。[2] 再从数量方面看，“根据《向东行：美国对东方智慧的新发现》一书作者波普（Harrison Pope Jr）的保守统计，在 20 世纪 70 年代向东行的追寻者至少有 100 万人。每一年都有成千上万的人在发现了东方智慧之后，

[1] 参看新加坡艺术家陈瑞献的谈话，见《联合早报》编《第四座桥——跨世纪的文化对话》，新世界出版社，1999 年，第 69 页。

[2] 天冬：《瑜伽：来自古老东方的诱惑》，载《银幕内外》2001 年 8 月号，第 30 页。

抛弃了毒品而回到心灵经验的正确道路上来。”[1]如果再把目光转向世纪之交欧美新时代运动的广大的自发参与者和实践者，那么总人数将以千万来计。作为比较，我国改革开放以来到西方国家留学的人数也不过几十万而已。在这个全球化的再学习浪潮中，究竟是西风压倒东风，还是东风压倒西风，还是需要掂量的问题。

近年在国内出版市场上颇为热销的西方身心调适一类读物，其实倒是夹杂着一种“出口转内销现象”。糅合了东方禅宗和瑜伽的修持传统为要素的西方现代心理治疗派别，一旦以舶来品的面目登陆中国，就很容易被误认为是西方医学“科学”的现代化产物了。其他如“心灵鸡汤”或“心灵革命”一类著述，以及形形色色的“简朴生活运动”读物，其实不妨看作是改头换面了的道家与佛教思想、禅宗公案的西洋化重新表述而已。因为只要你在西方的书店里琳琅满目的 BODY AND MIND 一类书丛中浏览过，你就会知道这一类读物和东方思想传统的密切联系了。[2]

熟悉 20 世纪美国文学史的人一定都记得，从庞德的意象派诗歌到垮掉的一代之代表作家金斯堡和斯奈德，东方文化的影响如何通过中国的唐诗和日本的俳句给英语诗歌带来一场重要的变革。至于这些西方作家在何种程度上引领着弥漫社会的“东方复兴”风潮，比较文学研究者也给出了翔实的全景式观照。比如，斯奈德，他自称是一个萨满教佛教徒。当问及他是如何把东方宗教与美国印第安人的神话结合起来的，他答道：“我每天都要参禅，我把坐禅当作日常的功课。”日本学者儿玉实英对此评论说：他猛烈地抨击我们的文明大规模地浪费自然资源、不当地使用核能和污染环境而走向慢慢地自我毁灭，我们感到警醒、愤激和感触万端。意味深长的是，他在日本对“虚

[1] 参看新加坡艺术家陈瑞献的谈话，见《联合早报》编《第四座桥——跨世纪的文化对话》，新世界出版社，1999 年，第 41 页。

[2] 参看卡普拉《转折点》一书第三章第六节关于西方心理学与东方思想的论述。F. Capra，The Turning Point，pp.167—168.

幻的寻求”，导致他发现了大乘佛教的众生之爱并导致他找到了作为这个宝贵星球上一个家庭成员的自我。把它融合到他自己的体验中去，他就能够提出一个解决我们文明中的问题的切实可行的办法，并给生活在当今这个工业社会中的读者以强有力的信息和深刻的启示。[1] 在这里，东方价值充当了为走入歧途的西方工业文明延缓毁灭的宝贵借镜。

儿玉实英还指出，美国诗人对日本文化表现出热情的有三种类型。第一种是保守派，他们相信传统的西方价值观，但他们还是很自由开放的，为日本的“异国情调”魅力所倾倒。“深入到这种不可理解哲学的唯一希望”也许在于“忘记自己作为欧洲人或美国人的思维方式。”第二类是世界主义者。他们认为他们对世界各种不同文化的态度是相对论性的和多元化的。对传统文化价值观完全持怀疑态度，在寻求新的文化时试图吸收日本文化价值作为其固定点，这样的一些诗人属于第三类。这类诗人很可能比较年轻一点儿。[2] 三类人中只有第一类接近萨义德说的“东方主义”。而第三类已经成为西方自身文化的叛逆者。美国社会在 20 世纪 70 年代开始呈现思想多元化的一个高潮，转向东方文化和转向原始文化几乎要发展为一种审美品位和社会时尚。我们在拳王泰森的臂膀上看到文身的毛泽东头像，就足以表明这种时尚的波及广度了。

追索 20 世纪西方思想文化中东风西渐的最重要学术使者，有三个人理所当然地排在前列：他们是心理学家荣格、宗教理论家艾利亚德和比较神话学家约瑟夫·坎贝尔。他们著作的共同特点是帮助西方人重新认识东方思想与智慧传统的特殊价值，并且在学院内和学院外都有广大的读者群，受到非常广泛的尊崇与拥戴。荣格本人甚至成为许多人崇拜的偶像。[3] 荣格虽以心

[1] 儿玉实英：《美国诗歌与日本文化》，杨占武等译，陕西人民教育出版社，1993 年，第 305 页。
[2] 同上书，第 307 页。
[3] 参看理查德·诺尔：《荣格崇拜——一种有超凡魅力的运动的起源》，曾林等译，上海译文出版社，2002 年。

理医师而著称，却具有非常广阔的学术视野，专门研究过异教与早期基督教的关系，成就显著。他认为，西方文化因为对异教思想的压制而限制了自身的活力，他在东方宗教思想中找到了原初的深层心理学的种子，并且希望西方知识界摆脱成见而将异教思想吸收到现代文化中来。像西藏佛教、禅宗、易经、炼金术等，都可以成为对西方思想传统进行补充和改造的宝贵资源。有人这样评价说：“通过荣格及其著作的广泛影响，异教和非西方宗教在当代西方学院派和非学院派的普遍接受和持续反响，终于获得了一个重要的中介和基础。”[1] 在这个基础上发展出来形形色色的心理调节技术都带有东方文化的色调，也就不足为奇了。

艾利亚德原籍罗马尼亚，后移居法国和美国，通晓法文、德文、意大利文、英文、梵文，以研究瑜伽和萨满教而著称。艾利亚德用比较的方法研究古代宗教思想的各种价值，大大拓展了宗教学的原有眼界。他还特别注重分析东方式的灵性传统技术——瑜伽和萨满的出神经验。艾利亚德比较宗教学的一对核心观念是“神圣”与“世俗”。现代资本主义世俗化生活已将“神圣”荡涤殆尽了，而在古老东方宗教中却还完好地保留着世界的神圣感：人不会在宇宙中感到孤立，原因是他凭借神话与象征而活在一个熟悉的世界里。神话通过叙述神的创造与德性来启示绝对的神圣，它教人既敬畏又向往。[2] 在神话时间的架构下，艾利亚德以为每一个仪式都有其神圣模式，他引用印度的格言作为例子，“我们必须做众神在太初时已做过的事”。通过艾利亚德的大量著作，西方知识界打开了理解和接受东方宗教的一扇大门。坎贝尔借鉴荣格的原型理论拓展神话学的视野，把东方古老文明的神话纳入比较研究的范围，让人们在东西方众多的英雄神话叙事背后看到同一个原型英雄。

在自然科学界，在传播东方文化方面同样重要的人物首推卡普拉。他在

[1] *Dictionary of the Occult*，Scotland：Geddes and Grosset，1997.
[2] Mircea Eliade，*The Sacred and the Profane*，Harcourt，Brace & World，Inc.，1959，pp.11—12.

20世纪70年代风靡西方的一部书是《现代物理学与东方神秘主义》，将相对论、量子物理学的新发现同东方的佛教、道家的整体观解说成完全相通和对应的东西。这对于笃信科学理性的西方知识人重新估价东方的直觉智慧，起到了积极的促进作用，也在很大程度上激发了人们了解东方思想及其科学潜质的兴趣。该书结束语写道："东方的哲学与宗教关心永恒的神秘主义知识，这是超越理性的，是无法用语言来表述的……而只能用直觉的方法做直接的体验……它对于我已经不断成为快乐与刺激的源泉。现代物理学的主要理论所导致的世界观与东方神秘主义有着内在的统一和完美的协调。"[1] 与卡普拉相呼应的一位日本的理论物理学家是汤川秀树。他在《创造力与直觉——一个物理学家对东西方的考察》中指出，东方的直觉智慧同样蕴涵有巨大的科学创造潜力，因而并不比西方式抽象思辨低下或者落后。[2] 由于汤川秀树以介子场理论获得1949年诺贝尔物理学奖，西方科学界人士自然也要对东方人的直觉智慧刮目相看了。

卡普拉和汤川秀树的这种打通界限的比较与对照，好比在文化大山的两面同时挖掘隧道，一旦两端沟通，其惊喜的效果是可想而知的。这种文化隔阂的沟通势必在西方科学界引发出范式的转移：从一元独尊的西方科学范式，到不同传统科学观的多元并存。这样的范式变革也呼应了人类学界普遍采纳的文化相对主义原则。正如一位新时代科学观研究者所说，我们可以把新时代的"新科学"和"新医学"描绘为一种积极抛弃权威的第三舞台。曾几何时，文化是由专家们来解说的。现在，我们享有了个人趣味的自由，我们看到在第三舞台上出现了对专家知识领域的一种挑战态度："我也许不大懂神经系

[1] 卡普拉：《现代物理学与东方神秘主义》，灌耕编译，四川人民出版社，1983年，第239页。
[2] 汤川秀树：《创造力与直觉——一个物理学家对东西方的考察》，周林东译，复旦大学出版社，1987年。

统，但是我知道我喜欢相信按摩和针灸。”[1]如果说作为西方医学之基础的人体解剖学是科学的，那么它没有权力去蔑视中医学的人体经络学说，因为科学不是某一种文化特有的东西。尽管按照西方科学范式不能证明经络的存在，但也很难否认它的存在。

在英国谢菲尔德大学常年开设“异教哲学”的霍恩（Richard Herne）教授，在《巫术、萨满教与道教》中也强调，东方思想对于开启人类生活的新纪元至关重要。中国的《易经》不能仅当成占卜之书，它也是完美的宇宙象征系统的呈现。古代的法术师通过《易经》来把握宇宙的力量，完成人与超自然的沟通。今天我们可以通过易经的学习来引导深思冥想，学习接近宇宙的基本力量。[2]这种观照宇宙的角度也是西方科学不能提供的。了解到这样一种再认识的激情，为什么伴随着中华武术和针灸热，当代西方会掀起一场持久的《易经》热潮，[3]也就不难体会了。

与大众文化与社会思潮方面的东方复兴相对应，正统学院派思想也经历着同样的风暴洗礼：20 世纪西方哲学在反叛西方传统形而上学方面，承继和发扬前一世纪的叔本华、柏格森、尼采开启的非主流线索，更加全面和彻底地走向了回归东方智慧的方向。鉴于此，有学者称之为“后传统的西方”。如美国的哲学教授史蒂芬·罗便认为：

在后传统的西方，有许多哲学和文化的运动是由要超越所谓的理性主义基础的传统的困扰所推动的。这些后传统运动是作为对更深层的知觉的寻求

[1] Paul Heelas, Expressive Spirituality and Humanistic Expressivism: Sources of Significance Beyond Church and Chapel, *Beyond New Age: Exploring Alternative Spirituality*, (ed.), Steven Sutcliffe and Marion Bowman, Edinburgh University Press, 2000, pp.237—242.

[2] Richard Herne, *Magick, Shamanism & Taoism: The I Ching in Ritual and Meditation*, Llowellyn Publications, St.Paul, 2001.

[3] 参看王淼洋：《当代西方易经热》，见《中国文化与世界》第二辑，上海外语教育出版社，1994 年，第 12—27 页。

而出现的，包括现象学对自在之物的探求和海德格尔寻回存在的努力，存在主义试图超越本质优先于存在、找到独一无二的真正的人类行为的愿望，美国实用主义和激进经验主义想要开拓“经验”（杜威），了解深厚的存在（威廉·詹姆斯），或者取得“第六感”的抱负，可能甚至还有尼采的虚无主义和他的“忠于地球”的责令、德里达的解构主义。这些运动都致力于克服被认为占据了西方传统的某种抽象思维、表面认识和语词中心论。这些运动许多都感到和东方的无限接近，这并不神秘。可能正是这种接近使我们得到了后传统时期之文化交汇的证据。[1]

如果我们越过“后传统的西方”，再看看传统的西方如何评价东方哲学，那就更容易体会时代变革与文化交汇的效果了。19世纪知识最渊博的西方哲人是怎么看东方的呢？黑格尔轻蔑地认为东方人没有达到人的自我意识，不知道人的本质是自由的。“黑格尔发现孔子时，表现出极大的失望。他认为人们读孔子的书所得到的与围绕这位圣人的至高荣誉相差甚远。人们从中只看到‘善与诚实’的道德，仅此而已。人们找不到‘深刻的哲学研究’，更谈不上‘思辨’。‘从他的言教中，我们将毫无所获。’”[2]一个多世纪过去，孔子的思想已经在西方知识界获得广泛的认同，就连欧美的大学东亚系的汉语学生作文例句中都充斥着孔子的尊名。[3]这种情形是当年的老黑格尔做梦也想不到的。而今在亚当斯·贝克的《东方哲学的故事》一书中，孔子不仅被奉为真正的哲人，而且是全世界古往今来最伟大的哲人。看看他是怎样推崇《论语》的吧，相信对于我们因奉行西化教育而数典忘祖的下一代，那些把比尔·盖茨奉为人生榜样的当代大学生们，会有警醒的作用：

[1] 史蒂芬·罗：《再看西方》，林泽诠等译，上海译文出版社，1998年，第48页。
[2] 弗朗索瓦·于连：《迂回与进入》，杜小真译，三联书店，1998年，第210—211页。
[3] 参看叶舒宪：《孔子喝酸辣汤吗》，见《耶鲁笔记》，鹭江出版社，2002年，第24页。

如果存在着更伟大的学说，那就让它生长到孔子理想的程度吧，因为没有什么高度是孔子思想不能为其他思想所提供的。西方各民族也可以从这种高尚生活的宁静和理性实践中，从它全神贯注于治国之道以及公共的和个人的利益的人格理想中学到许多东西。

以我之见，应该把《论语》作为所有上大学的年轻人的必读之书，如果这能够实现，那么每个伟大民族的最伟大人物的最伟大思想，就是全人类的共同财富了。《论语》读本应该放在一切男人和女人伸手可及之处。[1]

与孔子和老子的普及程度相比，道家的亚圣庄子在西方的知名度要逊色许多。不过，自 20 世纪 80 年代以来这种情况正在改变。从宾夕法尼亚大学远东系教授梅维恒（Victor Mair）1983 年编出《实验的庄子论文集》，艾利亚德的美国高足吉拉道特（N.J.Girardot）同年出版大作《早期道家的神话与意义》，到女汉学家艾里森（Robert E.Allision）出版《精神超越的庄子——内篇解析》（1987），庄子在西方学院派中受关注的程度正在与日俱增地赶上来，有一大批学位论文开始以庄子为选题。[2] 少数学院之外的新时代人也开始看中庄子在精神超越与自由方面的偶像价值。

从上面的叙述中可以看出，“东方转向”问题在学理上必然形成一种具有双重颠覆性的反论，它既颠覆着西方社会科学的基本假设和基本思路，也会颠覆东方国家中那种唯西方马首是瞻的知识现状，引发对形形色色本土文化资源和文化价值的重新认识与评价的持久浪潮。

[1] 亚当斯·贝克：《东方哲学的故事》，傅永吉译，江苏人民出版社，1998 年，第 398 页。

[2] 关于 20 世纪后期西方的庄子研究概况，请参看叶舒宪：《庄子的文化解析》导论第五节，湖北人民出版社，1997 年，第 23—34 页；叶舒宪：《去密歇根讲庄子》，见《耶鲁笔记》，鹭江出版社，2002 年，第 61—66 页。

三、知识分子、大众传媒与东方转向

从长时段的角度审视现代世界文化的趋势，可以看出两个对立的进程在矛盾和交错中同时展开着：一是人类文化的多样性被全球化加以同质化，并趋于弱化和消失；二是文化交流、新的综合和新的多样化的出现。这两个对立的进程体现在文化的不同层面上。比如，在艺术、音乐、文学、思想方面，文化的世界化没有被纳入同质化的一元模式。虽然有大规模的跨文化传播和影响，有风格上的借鉴与模仿，但是本土文化特性的表达仍然受到高度的重视。小说、诗歌从一种语言翻译成另一种语言，表现文化他者的作品得以广泛流传；与此对应的还有哲学流派的越界传播，政治、美学和文学理论的国际旅行。在 20 世纪后期，这种文化进程世界化越来越突出了。许多敏感的争议围绕着文化输入和输出的逆差或顺差而展开，给理论工作者带来前所未有的新课题。

与此同时，东方文化在西方激起了种种好奇和疑问。欧洲人在 18 世纪便翻译了《易经》《波斯古经》和《奥义书》，在 19 世纪翻译了孔子和老子的著作。20 世纪把诺贝尔文学奖发给了印度人、日本人乃至海外的华人。德国比较语言学家麦克斯·缪勒在 19 世纪后期编出了篇幅巨大的《东方圣书》，成为一时的盛事。但这一时期亚洲给西方的启示还只是考据研究的对象。只是到了 20 世纪以后，陷入疯狂的战争与大规模屠杀、痴迷的发展主义与同样痴迷的技术换代狂的泥潭而不能自拔的西方人，才终于转过头来，看清和珍视伊斯兰的哲学和神秘主义、古代印度的圣典以及道家和佛家的思想，把它们奉为具有超前智慧的渊薮，一种纠偏补缺的药方，拯救物质主义偏执狂的文化滋养源泉。普及型和商业化的瑜伽、禅宗与太极运动大受欢迎，它们不仅是锻炼身体的方式，也是被市场利益追逐弄得疲惫不堪的西方人找回内心平静的良方。这种修炼运动的普及促进了全球新民俗在 20 世纪后期的形成。

大批的西方青年不远万里，到印度的山林寺庙去学习东方式的沉思修行。

在此过程中，地球村这个极富张力的概念由传媒学的大师麦克卢汉提出，似乎不是偶然的。与受语言文字局限的传统媒体相比，新兴的影视传媒从不同文化提取原始题材，将其补充和综合后生产、发行、合成出一种影响力空前的世界民俗。可以说，电影、电视在这个20世纪的伟大文化整合过程中发挥了无可替代的巨大作用。从李小龙和成龙进入好莱坞的梦幻工厂生产程序，到姚明成为NBA赛场上最受关注的东方小巨人明星，这种融合不同质文化的世界民俗正在成为大家司空见惯的东西。即使我们可以轻易从中找出东方主义和西方主义的这样或那样的成分，但是毕竟不能简单地套用这些殖民时代遗留下来的有色镜来观照和解释此类新文化现象了。

为什么大众传媒充当了“东方转向”的最积极的推动者呢？看看电影这门在20世纪大大受宠的新兴艺术，也许能够找到一些解释的线索。当初被信守贵族艺术趣味的法兰西院士蔑称为“下层人的消遣”的电影，后来逐渐成为一种艺术工业。学院派在很长时间里把这看作难以理解的现象。而如今，电影终于被确认为具有后来居上能量的第七大艺术。值得注意的是，电影、电视的超国界性比一般的语言艺术更加突出。通过配音译制和电视播放，电影在保留本土艺术家和文化特点的同时成为一种率先实现世界性目标的艺术。从黑泽明的《乱》，再到李安的《卧虎藏龙》、王家卫的《春光乍泄》和张艺谋的《图兰朵》，许多跨越文化界限的东西合璧作品，把不同国籍或地区的导演、演员、摄影师、艺术家聚集为同一个艺术展演群体，使银幕、银屏和舞台率先充当着各种地方审美风习的国际性展示窗口。

大众传媒不仅推动了“东方转向”从学界、知识界到广大基层社会的发展，而且也直接引发出知识分子针对西方现代性的政治与文化认同的新课题。卡尔·博格斯在《知识分子与现代性危机》中指出，“对现代性的攻击已经随着时间的推移积聚了力量，而且，今天似乎与历史力量的吸引力相吻合。

这种攻击从波德莱尔和尼采延伸到阿尔托、海德格尔和当代后现代主义。这一现象的结果之一是，在公共领域内的意识形态冲突的范围也许比通常认定的要广阔得多。面对着这样的斗争，控制大众媒体、文化产业和广告业的精英们试图将社会从众性强加于群体大众之上。”[1]与技术和市场利益有密切联系的时尚风潮不仅在大众媒体，而且在政界和大学中广为流传。公司、政府和政治家都重视影像的传播形式，这势必对知识分子和政治生活产生重大影响。对于批判性知识分子来说，新的挑战是：“在一种强调表面现象和经常使公共话语非政治化的社会秩序里，激进反叛不仅被迫去明确有力地表达反霸权主题和可能性，而且还得打入媒体控制的密致世界之中。批判性知识分子活动的永恒目的是挑战、探索、正视和瓦解——也就是说，构成对权力结构的一种重要的意识形态反抗力……它能跨越技术理性、经济核算和商品化的有限又具压迫的语言。然而，在现代（和后现代）条件下的问题是，这种颠覆性信息能否不经大量歪曲被听到——至少在现存的公共领域里。”[2]在这里，可以把博格斯提出的尖锐问题归结到一个焦点，那就是如何带着清醒的批判精神来充分利用市场导向的传媒商业运作方式与作为知识分子的媒体工作者之间的张力空间。这样的问题对于那些盲从市场导向而丧失了知识分子立场的当今媒体人来说，具有非常的警示意义和参考价值。

近日问鼎奥斯卡最佳外语片提名的张艺谋影片《英雄》以及围绕它的发行而展开的空前规模的商业推广活动和媒体风波，就很能说明问题。电影既是文化工业，也是意识形态斗争的舞台。影片投资商关心的是如何收回投资并赚取尽可能多的利润。但是作为艺术工作者的主创人员是否也要完全为了投资商的利益而创作呢？面对一个世纪以来西方媒体对“东方转向”的推波助澜之功，东方的知识分子应该如何清醒地选择自己的话语策略，如何在审

[1] 卡尔·博格斯：《知识分子与现代性危机》，李俊等译，江苏人民出版社，2002年，第225—226页。
[2] 同上书，第226—227页。

美追求的同时努力挖掘东方思想的深邃与睿智呢？

博格斯之所以提出媒体与知识分子的认同问题，是因为他继承了福柯关于“特殊知识分子”的说法。他认为在今日现实中，那种英雄的雅各宾式的知识分子的作用以及革命要求最终耗尽了它在现代时期的历史可能性。知识分子的普遍性已经丧失了，他们的分化不可避免。因此，有必要重新按照社会职能划分出“技术官僚型知识分子”与“批判型公共知识分子”这两大类别。并且认为现代性危机的加剧与前者有关，而危机的解决则有赖于批判型知识分子和大众赋予的权力的结合。[1] 如果完全丧失批判性的自觉，那么知识分子不是沦为商业性的奴仆，就是加入技术官僚的体系。

四、西方人为什么转向东方？

西方思想和文化为什么偏偏在 20 世纪大规模地转向“原始”和转向东方呢？

我想，对于这个所以然的问题，让西方人自己来解释比让东方人来解释会更显得有说服力。汤因比，这位以总体把握西方文明史而享誉 20 世纪的思想家，其实已经有了非常精辟也非常大气的说明。他从世界文明史的兴衰演变宏观立场看，认为西方社会在过去的 500 年里引导世界走向了物质上的统一，但是未来的 500 年人类面临着在精神上走向统一的伟大任务。日趋衰落的西方基督教文化不可能胜任这个使命，只有从文明生命力最为持久的东方文化之中，才有可能找到这种引导人类精神统一大业的思想力量。

其实，汤因比的这个观点的论证思路和韦伯论述现代资本主义为什么不能产生在东方世界是一样的。那就是比较中的排他法：如果在 A 与 B 之间，

[1] 卡尔·博格斯：《知识分子与现代性危机》，李俊等译，江苏人民出版社，2002 年，前言，第 6 页。

只有一个能够达到 C。那么，如果排除了 A 的可能性，那么剩下的选择就只能是 B 了。把东方与西方作为截然不同的对立面来思考问题，当然是带有相当的成见的，也会导致某些盲点或盲区。[1] 但是这种划分通过约定俗成已经成为共同的习惯，难以更改，这里姑且沿用之。

如果要进一步追问：为什么西方的思想不能引导世界未来的精神统一呢？西方文明如何耗尽了它的精神生命的能量呢？

有美国学者认为，现代资本主义“把人类变成了被动的消费者，不再是有活力、有创造力的行动者。”[2] 对晚期资本主义在人与物的相互关系上发生的变化的研究，近年来发展出了一种“现代消费主义的人类学”。其代表人物有布迪厄和鲍德里亚等。他们揭示出：通过消费主义的象征符号的无尽增值，生产者已经实际上控制了消费者。“最近，阿珀包姆主张，由于经销商自己在另外的场合下也是消费者，这两者相互使对方的需要得到满足，两者都是要克服一种带有根本性的人类困境，那就是消费论者的需求从来就不能得到满足。”[3] 笔者以为，鲍德里亚和阿珀包姆的分歧似乎说明了一个事实：如今的消费者既有快感的满足，也被生产商所控制。消费者如何快乐地沦为新技术与商业的奴隶而不自知，这种情况在 2003 年我国春节期间手机短信达到 70 亿条的业务大爆炸现象中，可以得到生动的揭示。媒体毫无疑问都是正面报道这一惊人的数字的——对于一个片面追逐增长率的社会来说，这当然是值得庆幸的荣耀事件。无论是像摩托罗拉、诺基亚这样的跨国公司生产商，还是焦急渴盼“扩大内虚”效应的政府官员，这当然是始料不及的好事。

---

[1] 对于“东方 / 西方”划分的神话原型基础及其语义衍变的谱系，请参看 Walt Burket 的《东方化革命：远古时代近东对希腊文化的影响》（*The Orientalizing Revolution: Near Eastern Influence on Greek Culture in the Early Archaic Age*, translated by Margaret E. Pinder and Walt Burket, Harvard University Press, 1995.）；或参看拙作《“东方”概念的话语建构之根》，载《东方文化》（广州），2002 年，第 5 期。

[2] 保罗·库尔茨：《保卫世俗人道主义》，余灵灵等译，东方出版社，1996 年，第 82 页。

[3] 大卫·帕金：《英国的当代人类学中存在一种新物质性吗》，见《21 世纪：文化自觉与文化对话》（一），北京大学出版社，2002 年，第 262 页。

但是人们是否想过，70亿条短信的内容及其收发过程本身对人会产生怎样的影响呢？尤其是对追求新奇的青少年一代会有怎样的影响呢？如今已有许多学生以每月过百元的短信费为时尚标志呢！按照道家“有机事者必有机心”的古老信条，这样的新技术痴迷现象的巨大负面作用（包括心理的和生理的）足以引起高度的警觉。听一听诺贝尔物理学奖获得者汤川秀树在几十年前对科技万能幻觉的批判性箴言吧：

科技可以变成一种有用的家畜，也可以变成一种无比凶猛的野兽。

不管在19世纪的科学家看来什么才是正确的，在我们生活在20世纪中叶的人看来，也是很难直截了当地做出“科学增强人类幸福”的断言的。

一种发现可以带来幸福和繁荣，也可以导致人性的丧失与人类的毁灭。[1]

世界历史上从来没有过像当今这样物欲横流的时代。物欲的膨胀和泛滥却打着文明的旗号，并且以科技理性的突飞猛进为强大驱动力。难怪对此非人性化趋向不满的西方人要以“反文化”或“反文明”的姿态进行抗争。福山《历史的终结》第七章为“拒绝文明的运动”，其中写道：在近代，从19世纪初的浪漫派思想到20世纪60年代的嬉皮士运动，有意排拒科技和理性社会者为数甚多。其中最一贯反技术文明的是环保运动。不过，福山追溯了这种反文明倾向与卢梭怀疑“历史进步”思想的联系，认为不可能让科技理性自我放弃而使历史走上回头路。看来，科技发展走的是一条不归之路，或者说是一条有去无回的路。

美国的国际战略问题专家，曾任总统国家安全事务助理的布热津斯基认为：“人类不能控制，甚至不能决定日益发展的物质力量的基本方向。进入

[1] 汤川秀树：《创造力与直觉——一个物理学家对东西方的考察》，周林东译，复旦大学出版社，1987年，第149页，第165页。

太空，获取新武器，医学和其他科学所取得的突破，这一切都是由其内部动力决定的。”“人既是发明创造者，同时又是受制于发明创造过程的奴隶。”[1]归根结底，人其实是自己欲望的奴隶。发展科技的动因只不过是为了满足人的更大的而且是无限膨胀的欲望罢了。科技和市场利益的结合会产生最难预料的潜在威胁。

2001年，曾担任过三届美国总统首席政策顾问的帕特里克·布坎南（Patrick Buchanan）出版了《西方之死》（The Death of the West）一书，把20世纪德国人斯宾格勒的“西方的衰落”说又更加耸人听闻地推进了一层。在他看来，导致西方文明走向死亡的根本原因就是两个主要方面：肉体上，白人的生育率下降，这是避孕药充当了西方的自杀药。而大量非白人移民的涌入逐渐改变着美国人的种族成分；精神上，传统基督教信仰的终结与新兴宗教势力的迅速扩张，使西方精神不复存在。他所说的与传统基督教对立的新兴宗教势力，当然包括新近在西方呈复兴之势的东方宗教。布坎南这样一种与民族主义与反全球化主义纠结在一起的政治态度，已经把亨廷顿的文明冲突的观点推向极端。

以上西方知识人对西方文明进程的自我诊断和认识，可以引作理解“东方复兴”现象的大背景原因。倘若把资本主义看成对人类生命和生活的一场空前规模的“还俗”（韦伯称之为“祛魅”）——用物质主义的追逐和利润最大化的原则放任生产和消费的洪流，那么现在西方人感到能够挽救文明“没落”或“死亡”的是精神的回归。用艾利亚德的术语，就是将被放逐了的精神由“俗”的世界返回到“神圣”的世界。由此可见，作为治疗的文化寻根，就是要找回被资本主义破坏了的那种宝贵的东西，那种蕴涵着生命的意义的东西。

[1] 布热津斯基：《大失控与大混乱》，中国社会科学出版社，1997年，第218—219页。

20 世纪在西方传播东方哲学的先驱人物阿蓝·瓦茨（Allan Watts）曾在“亚洲的精神与现代人”专栏文章中提出这样的历史性反思：近现代的西方开始于文艺复兴，理性取代上帝成为时代变换的最主要标志。中世纪的人相信神的启示至高无上，而文艺复兴以后的西方人相信人的理性才是至高无上的。笛卡儿的名言“我思故我在”，便是这种近代理性思想崛起的最好诠释。理性的启蒙时代以来，进步的观念几乎取代了宗教，成为西方人精神的重要支柱：通过人类的理性就可以在地球上建立起自己的天国。然而这一切都只在 19 世纪结束之前有效。近代以来的伟大哲学家，如康德、黑格尔、休谟、莱布尼茨等，虽然学说各异，但他们都是要求只通过理性来理解宇宙的神秘。同样，科学也希望只通过这种理性的技术来解决所有的物理问题。这样的信念在 19 世纪达到顶点，同时也就快走到了它的尽头。进入 20 世纪后，西方人好像突然发现了文明和理性疯狂的一面和科学技术具有毁灭性的一面。人崇拜理性，最终却被理性所统治了。于是产生了深深的精神危机，不再相信过去赖以乐观的那一套信条。文明的畸形发展就像根部脱离了土壤的大树。[1]

文明赖以扎根的土壤是怎样的呢？瓦茨从价值观上展开他的分析。西方价值突出人与自然宇宙的分离，靠这种方式来抬高人的地位，使他超出万物之上；这种分离的价值观随着 20 世纪的精神危机而凸显出凶险的前景。而东方价值突出人与自然的融合，这就是它必然要取代西方价值而重新引导人类的原因。

“常言说，必须先有分，然后才有合。不论作为理想的人文主义有哪些错处，至少它作为一种中介还是必要的，这个中介过程就是先把人类从自然中分离出去，因为那是让人类回归自然的必要的前提。”[2]

在这样的理解下，回归自然（合）就成了与自然分离（分）为前提的完

[1] Allan Watts, *Seeds of Genius*, Shafttesbury: Element Books, 1997, pp.41—42.
[2] Allan Watts, *Seeds of Genius*, p.45.

整的循环运动的结果了。不过，为了同现代人的所谓复归自然的运动相区别，瓦茨还打比方说，复归不是简单地回到出发点。人类的原始阶段就好像没有离开过家的孩子，而归家的回头浪子毕竟要比没离家的孩子要成熟。原始人和自然贴合得太紧密了，以至于他们无法分别自然的与人为的东西。或者可以借用吉普林的话说，处在自然状态的人其实是不懂得自然的。从这种发展过程着眼，瓦茨坚信被称作人文主义的那种人与自然的分离实际上是为了更加亲密和富有成效的结合的必要准备。还可以用两性的结合来做比喻。儿童不明白男性与女性的区别，成年时则有了这个明确的区别，而确立了这种区别则是两性通过互补的结合达到和谐的前提条件。[1] 现阶段的西方文明刚刚走出了它的成年阶段：阳刚的理性开始意识到，没有阴柔的自然作为调节和补充，它自身是残缺不全的。现今需要解决的是人自身与外在世界的矛盾。人不能只是充当制造物质财富的机器。解决的方法是在古希腊、罗马以来的西方传统外部去寻求，即到印度、中国和埃及等古文明中发现新的价值。在这种融合的基础上，构成一种“新的人文主义”。

我们可以把瓦茨的这一套理论视为对 20 世纪西方思想的“东方转向”的一种逻辑说明。

从人与自然万物不分的原始和谐状态，到人文主义和资本主义现代性的建立，再到反叛资本主义和现代性道路，复归前现代的东方思想的“新人文主义”，正好像完成了黑格尔所说的“正—反—合”的辩证运动过程。如果把人文主义取代宗教权威的思想运动看作是一场思想启蒙，那么如今用东方基准的新人文主义取代西方基准的旧人文主义，也就相当于一场意义更加深远的再启蒙运动了。从这个角度去看待全球化，就不会胶柱鼓瑟地认为那只是世界西方化的另一种说法了。问题在于，以东方传统价值为基准的新人文

[1] Allan Watts，*Seeds of Genius*，pp.46—47.

主义，为什么给受到物质主义压迫的西方人带来解脱困境的契机呢？按照他的看法，佛陀也好，得道之圣人也好，并不是西方意义上的超人，也不是像上帝那样隔绝于我们尘世之外的君临世界的存在。他们自身就是那种宇宙赖以存在的法则之体现（embody），正是他们表达出了宇宙生态整体的意义所在。

半个世纪之后，瓦茨所倡导的东方智慧已经广泛普及到一般民众。新人文主义的再启蒙也早已开花结果。临近20世纪末，美国小说家莱德菲尔德在《第十种洞察力》中给出了另一幅历史反思图景，一种“觉今是而昨非”的幡然悔悟：“我们决心为我们自己和我们的后代创造更舒适和更快乐的生活，在短短400年的时间内，我们的偏执创造了这样一个人类世界，这个世界可以生产出一切的生活舒适。问题是我们征服自然和让自己更舒适的执拗、狂热的冲动。[1]已使地球的生态系统遭到污染并面临崩溃。我们再也不能这样下去了。”小说并没有对世界文化的前景过于悲观，原因就在于接受了西方思想的“东方转向”之结果。作者热情洋溢地宣告：“在我继续观察时发现，根深蒂固的本能中的分析与评判的趋势，已在新一代人身上冉冉升起。他们认为，生活的内涵远不止古老的物质现实，他们感到，新的精神内容正在地平线上升起，并开始探求其他的不被众人所知的宗教和精神观点。东方宗教首次被众多人理解。意识的转变是使人感到，一个人的特征与目的发生了根本性的变化。”[2]这种开悟式的话语对于渴望挣脱物质主义枷锁的西方人不啻为新世纪的福音，而对亦步亦趋地追随西方现代性道路的后发展的东方国家来说，又昭示着怎样不同的历史反讽呢？

[1] 莱德菲尔德：《第十种洞察力》，李松梅译，昆仑出版社，1997年，第32页。
[2] 同上书，第137页。

THE NINTH PART

第九章

再论 20 世纪西方思想的“东方转向”

- “为什么西方人研究哲学不能绕过中国”
- “为什么西方人研究经济学不能绕过佛教、道教”
- 为什么西方人研究生态伦理不能绕过东方
- 为什么西方心理学不能绕过东方
- 为什么西方女性主义不能绕过中国

上一章“西方思想的东方转向”，提出了作为20世纪思想文化运动的“东方转向”现象及其重要意义。本章拟从学术思想和学科范式的当代变革这个角度，对问题做进一步的展开，希望通过哲学、经济学、心理学等典型的西方现代学科的具体个案，来透视知识全球化过程中东方化或中国化倾向的重要学术贡献，以及它对于打破欧洲中心主义意识形态和文化帝国主义霸权逻辑的积极作用。

这些年来，我们已经熟悉了那种把全球化当作西方化或美国化的论述方式。而这里所要揭示的却是事实上相反的一面。本文的初衷不在于反弹琵琶或标新立异，而是希望在人云亦云的喧哗中把被忽略和埋没的那部分现实再现出来，对其潜在的思想意义提起关注。

一、“为什么西方人研究哲学不能绕过中国”

弗朗索瓦·于连是一位法国哲学家、汉学家，任巴黎第七大学教授、国际哲学学院主席。他的著作《迂回与进入》讲的是如何让西方学者通过迂回东方的方式重新进入西方的古希腊思想传统。这部书的中译本1998年问世以来，在中国学界没有引起太大的注意。国内读书界对这位于连的了解远逊于法国小说中那个徘徊在“红与黑”选择中的于连。

2001年，于连的《为什么西方人研究哲学不能绕过中国》一文的中译本在《跨文化对话》第5辑上发表[1]。由于标题的绝对醒目，引起相当的注意和相应的震动。于连在文章中发挥了《迂回与进入》的主旨，对比较思想史研究的功能提出了自己的新看法：“困难并不在于中国思想相对于欧洲思想的不同，也不在于它们自古以来相互之间的不相干；因此一旦进行剪接，首

[1] 邹琰译，上海文化出版社，2001年。

要的工作就是要成功地将它们从这种互不相干的状态中脱离出来，使它们面对面，一个能看见另一个，另一个也这样看着它。从这时起，就是从此到彼的这种背景的变化自发地产生。”[1]

西方通过对东方的发现，如何能够达到反观自身弱点与局限的开悟境界呢？于连的看法是：从外部迂回的考察方式，可以帮助西方人明白天外有天的道理，进而对自己头顶上的那一片天有了相对化的体察：

人们由是明白，中国是行走在西方的存在概念、上帝概念、自由理想等这些伟大的哲学元素之外的。它按照它的轨迹思考：过程逻辑、作为机体的世界、调和的理想等。所以中国吸引我们把思想从自己的轨迹中解脱出来——也就是说，抹平思想的轨迹。

这种迂回因此也就包含着一种回归：从这种外在的观点出发，问题又回到了那种深藏的、不明晰的成见，欧洲理性从这些成见上发展起来，欧洲思想把这些成见当作一种显然的事实传递下来，因为欧洲思想吸收了太多这样的成见，而且，它就是在其之上繁荣起来的。[2]

这样的看法，与一个多世纪以前黑格尔的那种居高临下看待未开化的东方的看法，几乎形成了天壤之别。也就在我们中国学界借助于后殖民主义的批判视野，开始争论中国究竟有没有、应不应该有西方意义上的“哲学”“哲学史”这一套东西时，西方学人的这一态度无疑也会给我们提供了反思自身的有效触动。用人类学的术语来讲，弗朗索瓦·于连的观点叫作“文化并置”法：即通过引入与自己习惯的文化视点完全相异的视点，就能够使自己原有

[1] 弗朗索瓦·于连：《为什么西方人研究哲学不能绕过中国》，见《跨文化对话》第5辑，邹琰译，上海文化出版社，2001年，第146—156页。

[2] 弗朗索瓦·于连：《为什么西方人研究哲学不能绕过中国》，见《跨文化对话》第5辑，邹琰译，上海文化出版社，2001年，第148页。

的视点“陌生化”。也就是获得反观的借镜，从中照出自己的真模样，而不是自己习以为常想象的那种自满的和带有成见的模样。继铃木大拙之后，在西方传播禅学的第一功臣阿部正雄在《禅与西方思想》一书的第一个小标题就是“禅不是哲学”。这个标题的意义不仅在于可以帮助西方人了解东方禅学的特质，而且也启示人们：“哲学”只不过是发源于古希腊的一种地方性知识和智慧的传统。世界上还存在许多与“哲学”不同的知识和智慧传统，有待于我们摆脱西方哲学的成见去重新认识。一旦有了不带成见的认识，你就会发现，不是“哲学”的禅其实有它自己的一套深奥哲学。

身为中国比较文学学会会长的乐黛云教授在论著中不止一次地提到于连的这篇文章，这表明比较文学研究者从中获得的启发是巨大的：比较研究的意义不再局限在像文学外贸的互通有无或文化交流上面了，而且具有了从根本上改变原有文化的自我中心式感知方式和思维方式的催化剂作用。

可以这样说，与以往相比较而言，知识全球化时代的人文学研究，不论研究者的课题是否直接从事比较，至少都要带有比较的乃至全局的眼光和知识格局。既然西方学者通过迂回中国、迂回东方的方式有效地重新进入了西方思想，那么中国或东方学者是不是也可以通过迂回西方的途径重新进入本土的文化与思想传统呢?

大体上看，西学东渐以来最优秀的人文学者几乎都有这种迂回的经历，只不过多数学人的迂回带有不自觉或半自觉的性质，没有像今天的于连教授这样提炼出高度自觉的跨文化认识的方法论原则。笔者在“中国文化的人类学破译系列”丛书总序中，曾提到中国古典文化研究借鉴现代西学范式的意义和可操作性问题，或可看作是和于连教授同类的在文化隔膜的大山两面谋求挖通的意向。看来，这个工作任重道远，需要多少代人不间断的努力才会有突破的效果。目前的成绩是，在文化隔膜的大山两侧同时开始了谋求沟通对话的自觉尝试，而且这类尝试已经引起思想界学术界日益增多的关注。人们逐渐意识到，前全球化时代的文化自闭症到了当今的知识全球化时代，已经显得不合时宜。超越文化自满的良方就是主动地迂回、对视和对话。法国当代思想家、法兰西院士让－弗郎索瓦·勒维尔和他的皈依佛教的儿子马蒂厄·里卡尔的一场对话，实际上对于连教授提出的“迂回说”做出了极佳的回应。在该次对话中提出的一个观点是：西方的失败不在于科学，而在于哲学。哲学本有两大基本功能：智慧与科学。而在最近的三个世纪中，西方哲学抛弃了它的智慧功能，同时也被科学本身剥夺了它的科学功能。在对话的结尾处，马蒂厄·里卡尔的总结之辞说：

经历了许多世纪的互相无知之后，在最近20年里，佛教与西方思想的那些主要潮流之间的一场真正的对话已经开始建立。佛教就这样取得了它在哲学史上和科学史上的应有的位置。

如果我们将所有的异国情调放在一边，则佛教道路的目的与所有那些巨大的精神传统一样，都是要帮助我们成为更好的人类存在者。科学既没有达到这一目的的意图，也没有达到这个目的的手段。[1]

对现代西方文化如此清醒的反思性认识，似乎给出了“迂回”的充分理由。

二、“为什么西方人研究经济学不能绕过佛教、道教”

哲学这个词，古汉语里是没有的。既然“西方人研究哲学不能绕过中国”，那么同样是古代中国传统中没有的西方经济学，是不是也需要迂回到中国来获得拓展和改造的机遇呢？

[1] 让－弗郎索瓦·勒维尔、马蒂厄·里卡尔：《和尚与哲学家：佛教与西方思想的对话》，阮元旭译，江苏人民出版社，2000年，第307页。

舍勒指出：在资本主义的企业形式占优势的地方，人肯定就自动地生长到这一环境中去，即使他们不属于资本主义类型的人，他们迫于社会和经济的必然性也不得不沿这一方向前行。就此而言，是资本主义的组织形式促进着资本主义“精神”的继续存在。[1]可以在某种意义上说，是资本主义的现实赋予了西方现代经济学这门学科的合法性及其发展动力。目前，资本主义的组织形式借助于全球市场的力量正在世界各处蔓延，因而也到处催生着与各国的本土文化传统相冲突的资本主义的意识形态。经济学作为西方社会科学之一门，在近两个世纪获得了长足发展。在资本主义走向全球的时代，西方的经济学也在广大的非西方国家、第三世界国家流传和普及，成为现代高等教育的必要知识门类，甚至被普遍看作社会科学中最实用也最具有科学性的一门。然而，发源于西方资本主义的经济学真的是一门“客观的”科学吗？它对现代社会只有积极的作用吗？它在何种程度上助长了资本主义的物质主义和消费主义对人性的扭曲和异化？它又在何种程度上把人类整体推向一个追逐物质和财富无限增长的潜伏危机之中呢？

上述诸问题，当今敏锐的学者已提出全面质疑。值得注意的是，这种对西方经济学合法性的根本质疑，也正是在迂回东方的前提之下完成的。迂回的认识论结果首先在于，让西方学者能够摆脱以韦伯为代表的西方社会科学正统思路，不再为既成的资本主义制度去寻找种种原因（马克思、恩格斯从物质生产方面寻找，韦伯从精神和世界观方面寻找），不再因袭和推进那种辩护性的历史解释学（为什么资本主义只能在西方社会中产生），而是从边缘性文化立场去审视所谓现代性的不合理方面或偶然方面，揭示其对全球文化发展的误导及其所带来的巨大风险。

英国学者舒马赫《小的是美好的》一书于 20 世纪 70 年代初问世（1984

[1] 舍勒（M.Scheler）：《资本主义的未来》，罗悌伦等译，三联书店，北京，1997 年，第 8 页。

年有了中译本）。书中提出并倡导一种与现代经济学相对的佛教经济学观点，给人深刻印象。如书中写道：

佛教经济学必然与现代实利主义经济学大有区别，因为佛教徒认为文明的真谛不在于需求增多，而在于人格纯净。

从佛教的观点来看，把商品看得重于人，把消费看得重于创造活动，这是真理的颠倒。

对现代经济学家来说，习惯于按每年的消费量来衡量“生活水平”，历来认为一个消费较多的人比消费较少的人境况优越些。佛教经济学家会认为这种看问题的方法极不合理：既然消费只是人类福利的一种手段，目的就应当是以最少的消费求得最大限度的福利。[1]

这位英国学者为什么会说出如此具有叛逆性的言论呢？原来就是他迂回东方思想所获得的直接启悟。尤其是佛学思想方面的古老见解，给了他破除西方科学迷信的巨大洞察力。

中国为佛教大国，古往今来的佛学著述浩如烟海，但直接面对经济学问题的却如凤毛麟角。在我们的常识中，佛教徒以修行为要务，似乎最不关心经济方面的俗物。民间流行的“当一天和尚撞一天钟”“一个和尚担水吃，两个和尚抬水吃，三个和尚没水吃”之类的俗语和笑话也表明，佛教徒似乎得过且过，既不讲究什么消费，也不会追求什么“最大限度的福利”。然而，一位名叫佩优托（P.A.Payutto）的泰国学者有意要打破我们的成见。他写出题为《佛教经济学》（Buddhist Economics）的书，旨在对西方式的经济学正统敲响警钟。《佛教经济学》于 1994 年获得联合国教科文组织的和

[1] 舒马赫：《小的是美好的》，虞鸿钧等译，商务印书馆，1984 年，第 33—34 页。

平教育奖，作者本人也成为西方知识界的知名人物。佩优托究竟为什么要撰写这样一部把东方佛教和西方经济牵扯到一起的著作呢？

原来动机很简单，就是要用传统佛教的生活观和伦理来牵制、修正、改变已经走向歧途而不知回返的现代世界经济的进程。简单地说，《佛教经济学》的宗旨不是利用佛教知识来发展经济，而是让佛教智慧从根本上改造以西方知识为基础和背景的经济学这门学科。作者在第一章开门见山地指出：

> 目前我们所卷入并已熟悉的“经济”是西方式的，我们在谈论和思考经济方面的问题时所使用的概念框架和理论系统均是西方的。我们实际上用西方经济学的语言和观念讨论佛教，倘若我们能从佛教本身的观点去看待事物的话，那么对于经济学来说会是有益的和有用的。经济的思想早在柏拉图、亚里士多德时就已存在；但经济学作为科学的研究是在工业化时代才完成的，如同这一时代中其他专门化的学科，经济学变得狭窄、局限、孤立，似乎同人类其他活动、其他学科不相干。[1]

佩优托在质疑了经济学的合法性之后，又更进一步质疑西方意义上的“科学”。他用自问自答的形式说：把经济学视为科学值得吗？虽然许多人相信科学可以拯救我们，但毕竟局限甚多。科学所揭示的仅仅是有关物质世界的真理之一面。如果仅仅从物质一面去考察事物，便不可能得到有关事物存在的全面真相了。既然世界上万物都是自然地相互关联、依存的，那么人类的问题也必然是相互关联和相互依存的。单面科学的解决注定要失败，问题注定要蔓延开来。对于我们的工业化和专门化的解决问题的方式来说，环境恶化是一个最明显和危险的后果。环境问题变得如此迫切，人们不得不开始意

[1] 佩优托（Venerable Prayudb Payutto）：《佛教经济学》（*Buddhist Economics*），泰国曼谷佛学基金会，1994 年，第 15 页。

识到忽略广阔的视界，而相信单一的、孤立的学科视角是多么愚蠢。他们开始用更宽广的视域来看待人类的活动，注意行为对个人生活、社会和环境的影响。

法兰克福学派的主将马尔库塞曾有“单面人”（one dimension man）之喻，警示现代工商业社会对人性的切割与剥离作用。现在，佩优托从佛教立场出发，把西方的科学视为单面的、局限很大的东西。按照他的见解，仅仅习惯从科学角度看问题的人，自然也要被归入马尔库塞的“单面人”之列。更不用说市场社会中以最大利润为唯一目标的芸芸众生了。经济学在把人变为利润奴隶的异化过程中，是难辞其咎的。

从理论上讲，科学应当能够解决人类所面临的复杂的、相互交织的问题。但是由于经济学切断了它同其他学科的关联，切断了同更广阔的人类活动领域的联系，所以它在面对当今伦理的、社会的和环境的问题时就显得无能为力。况且，它对我们的市场导向的社会施以巨大的影响，狭隘的经济学思维事实上已成为我们最紧迫的社会问题和环境危机的主要根源。

把经济学看作科学，究竟值得吗？虽然有许多人相信科学可以拯救我们，但毕竟局限甚多。科学所揭示的仅仅是有关物质世界的真相之一面。如果仅仅从物质一面去考察事物的话，便无法得到有关事物存在的全面真相了。既然世界上的万事万物都处在自然的相互关联和相互依存状态中，那么，人类的问题也必然是相互关联和相互依存的。单面的科学的解决方式注定要失败，问题和危机要蔓延开来。[1]

佩优托试图要人们明白，佛教经济学与正统经济学的根本差异在于：后

[1] 佩优托：《佛教经济学》，泰国曼谷佛学基金会，1994 年，第 16 页。

者从经济的角度看待经济，而前者则要求从社会、个人和环境的相互共生来看待经济。佛教的这种超宏观的经济眼光倒是和新近出现的文化生态学或生态人类学颇为接近。佩优托在第四章中提出佛教经济学的两个基本原则也不妨看作是具有警世作用的生态伦理信条：

实现真正的生存和谐；不伤害自己也不伤害他者。[1]

这里的"他者"（others）显然不仅包括他人，同样也包括一切生物。

如果说正统经济学教导人们的是"多多益善"，那么佛教经济学则提倡"少比多好"，或干脆叫"少少益善"。这自然使人联想到道教的思想祖师老庄所向往的那种"小国寡民"和"人民少而禽兽众"的自然理想状态。

从经济学所关注的生产和消费的互动增长指标来看，资本主义工业社会确实已将人类带入前所未有的发展之中。"消费文明下的快乐奴隶"总认为自己比祖先时代享有更多的技术优势和物质财富，却不能从终极意义上追问经济增长数字之外的发展限度问题和生存意义问题。对此，佛教经济学的倡导者们从环境伦理的背景出发，为走入死胡同的西方经济学敲响警钟。他们认为对全球环境的持续恶化，经济学所鼓励的无节制的生产和消费当然要负主要的责任。他们希望把生态学和伦理学的要素整合进来，重组经济学的学科体制，使它不仅关注分析数据，而且也关注人与自然的和谐；不再单纯鼓励增长，而要更多地强调增长的极限。

从伦理的意义上说，经济活动必须按照不伤害个人、社会与自然环境的方式展开。换句话说，经济活动不应该对自身造成损害或对社会造成动荡，

[1] 佩优托：《佛教经济学》，第69—70页。

而是应当加强这些领域中的良好秩序。如果将伦理价值作为重要因素运用到经济分析中去，那么可以说一顿便宜而营养充分的餐饭当然要比一瓶威士忌更富有价值。[1]

通过这样的对照之后，两种不同理解的“经济”概念就截然区分开了。美国的著名人类学者马文·哈里斯曾强调：对经济的两种界定均有其合理性。人类学者更倾向于关注由文化传统所构建出的生产、交换和消费的动机（motivations）。[2]而此种动机又往往由文化背后更深层次的生态因素所决定。在他看来，经济学家用乐观主义的态度所观照的生产力进步，如果改换长距离的文化生态眼光去看，其实是迫于人口与资源之间的矛盾而被迫选择的“生产强化”之结果。从石器时代的狩猎采集到农业革命，再到以机器生产为标志的工业革命，人类迫不得已地走上强化生产、毁坏环境的恶性循环之旅：“当代的国家社会正全力以赴强化工业生产模式。我们只不过才开始为新一轮生产强化所造成的环境资源枯竭付出代价，而且无人可以预言为了超越工业秩序的增长极限应采取什么新的控制措施。”[3]在当今最富于远见卓识的智者感到为难的地方，佛家和道家思想的真实价值也就得到凸显：自然无为的生活方式也许是避免陷入生产强化恶性循环的唯一途径。道家圣人们似乎早就独具慧眼地看到无限制扩大生产与消费对人自身的危害，特别标举出“民居不知所为，行不知所之，含哺而熙，鼓腹而游”[4]的生活理想，希望通过节制人的野心和贪欲来达到人口与自然资源间的平衡。道家思想反复强调的“恬淡寂寞无为”“虚则无为而无不为”“莫为则虚”，表面上看

[1] 佩优托：《佛教经济学》，第 26 页。

[2] Marvin Harris, *Cultural Anthropology*, Harper and Row Publishers, New York, 1983, p.62.

[3] 马文·哈里斯：《文化的起源》（Cannibals and Kings: The Origin of Cultures），黄晴译，华夏出版社，北京，1988 年，第 3 页。

[4]《庄子·马蹄》，见郭庆藩《庄子集释》，中华书局，北京，1961 年，第 341 页。

好像是讲修行的训练，从大处着眼则可以理解为一种调节物我关系、天人关系的生态伦理。从这个意义上说，我们是否有可能像佛教经济学的建构者那样勾勒出一种道家经济学的原理轮廓呢？

道家经济学的逻辑起点在于摆正人与自然的关系。首先，人是自然的一分子、一部分，人与自然的关系是生死与共、唇齿相依的，所以不容忍把人自己凌驾于自然之上的狂妄态度，也就不会导致征服、劫取自然的人类中心主义暴行。庄子云："天地与我并生，万物与我为一。"[1] 这样理解的"并生"关系是保证人类效法自然、顺应自然的理论前提。人的经济活动当然也要在这一大前提之下加以统筹，以求得朴素简单的生存需求为限度，尽量回避人为地追逐生产强化和放纵消费的做法。而庄子塑造的真人形象，正是善守天然而拙于人为的万世之楷模。真人式的生活将会最小限度地妨害自然，最大限度地防止生产强化，使"天与人不相胜"的淳朴和谐状态得以长久维持。

在马文·哈里斯的经济观中，导致环境资源枯竭的是人为的生产强化，而导致生产强化的又是人口的增长所带来的生存危机，他把这称为"生殖压力"。人与自然之间原始均衡状态的打破，就是由这种生殖压力所造成的。如果我们不得不承认地球的资源是有限的，众多的动植物物种是不可再生的，而人口的增长却是无止境的，那么如何限制人口增长，就成了保证天人不相胜的和谐关系的根本。当今时代战争频繁，政治家们仅从政治和国际关系的角度去分析战争的起因，难免显得短视而不得要领。其实人与人之间关系的紧张和冲突，归根结底是由人与自然资源的生态—生存关系为决定要素的。不论是希特勒为日耳曼人争取生存空间的公开叫嚣，还是布什为控制世界最大的能源产地而冒充世界警察去攻打伊拉克，资本主义文明孕育出的"增长癖"才是战争和杀戮的终极罪魁。其潜在的病根就在于人口本身的增长以及

[1]《庄子·齐物论》，见郭庆藩《庄子集释》，中华书局，北京，1961年，第79页。

与人口增长成反比例的生存空间的负增长。老庄早在文明史的早期阶段就已经意识到这将是一个无法克服的矛盾，所以针锋相对地设想出一系列应对措施：一方面控制人口总量以保持生态系统的均衡，另一方面教育个人少私寡欲，防止陷入无休止的物质追逐。

2003 年春，即本文撰写之际，随着美英对伊拉克战争的爆发，世界各地出现了有史以来最大规模的反战示威活动。从伦敦到华盛顿，从约旦到韩国，参战国与非参战国的无数人民自发地走上街头，表示反对战争向往和平的良好愿望。然而，我们在认同这种维护和平的正义感和责任感的同时，也应意识到，由于缺乏宏观的历史性长焦距的思想透视，目前世界性反战运动的基本倾向具有“治标不治本”的缺陷。因为，战争必然爆发的根本原因表面上看是出于当下的超级军事大国的霸权和主战的首脑。其实作为资本主义国家机器的人格化代表，英美的首脑人物自己也是增长癖的患者即受害者，也是需要治疗和拯救的对象。没有他们，也会有其他的首脑站出来做同样的屠杀举动。真正的战争元凶是驱动资本主义制度的那种唯利是图的生产方式和无限膨胀的物欲和占有欲。这才是把人类赶上不归之路的“最大规模终极杀伤力”的源头所在。

2003 年 3 月 28 日，也就是美英对伊拉克的战争开始后一周时，美国的多位诺贝尔经济学奖获得者联合发表意见，他们通过算经济账的方式向美国政府论证了对伊拉克战争的“不合算”性质。面对着人类以高科技尖端武器的互相屠杀以及大量无辜平民的伤亡，这些知识精英居然还在计量投入与产出比的利润盈亏。笔者以为这正好暴露出西方式经济学的狭隘和偏执。尽管这些经济学家也表示了反战的态度，但是他们的理由却显得多么渺小和唯利是图啊。如果有佛教经济学和道家经济学的深层思想观照，我们或许才可以期待为人类战争和屠杀行为找到“治本”的逆耳忠言和苦口良药吧。

面对 B52 轰炸机在人群中投下集束炸弹的现实场景，每一个理性的人都不会无动于衷。反过来看，这样的场景为人们真正理解当今主流社会学的重要代表——齐格蒙特·鲍曼在《现代性与大屠杀》这部书中论述的惊人观点，提供了异常生动直观的活见证：为什么说高度的文明与高度的野蛮其实是相通的和难以区分的。

现代性的某些本质性的要素，如科学所培育出那种冷冰冰的、斤斤计较的理性计算精神，自我膨胀的技术以道德中立的外观加速发展着人类自我毁灭的力量，社会管理日益趋向非人性化的工程化控制方向，所有这些的结合，使对人本身的迫害和屠杀这种灭绝人性的惨剧成为设计者、执行者和受害者密切合作的社会集体行动。现代性始于理性，现在看来极端的理性却通向极端的非理性。现代性是现代文明的结果，而现代文明的高度发展超越了人所能调控的范围，导向高度的野蛮。[1]

西方的短视的经济学在“科学”的假面下培育出“那种冷冰冰的、斤斤计较的理性计算精神”，如何正在不知不觉地把人类整体引向自我毁灭的道路，我们通过电视画面中“高度野蛮”的现实屠杀景象，是否可以得到触目惊心的验证呢？

三、为什么西方人研究生态伦理不能绕过东方

文明建立以来的 5000 年，我们地球上的人类总数量从 2000 万发展到 60 亿之众，而其他物种则已经或者正在加速灭绝。这个无比残酷的现实，终于在 20 世纪后期打破了西方传统的人类中心主义世界观，唤起全球性的生态意识的觉醒。在东方智者们的眼里，当今风行欧美发达社会的素食主义者和简朴生活运动只不过是回到 2000 多年前佛教思想的境界而已。西方生态

[1] 齐格蒙特·鲍曼：《现代性与大屠杀》，杨渝东等译，译林出版社，2002 年，封底页。

批评对人类中心观的激进反叛也只不过是用现代的话语讲述着老子、庄子早就表达过的思想观念。也许有人会对这个说法表示怀疑，那就让我引述美国教育家塞西尔·安德鲁斯博士在《返朴归真》一书中所表达的新自然观吧：

重新思考我们的心路历程，发现自然的精神，学会过一种与自然相和谐的日常生活。自然正被越来越多地认为是哲学的源泉，是一盏航行的路灯。我们对自然有了一份尊重，便是对真实的自我有了一份尊重。[1]

我们读到这些文字时的第一感受，难道不像是在读老庄著作的现代通俗版吗？难怪佛教经济学的倡导人、泰国学者佩优托要说，西方那一套以欲望和利益为驱动力的经济学已经走到了死胡同里，唯有掉过头来汲取东方思想传统中的生态智慧，面向未来的新经济学格局方可以形成。

作为新时代运动的文学代表、美国小说家莱德菲尔德的《塞莱斯廷预言》和《第十种洞察力》告诉我们：现代社会的整体腐败是人性异化和非精神化的原因。而社会腐败的滋生根源，就是物质主义笼罩下的“有所企求”的贪欲，缺乏精神追求的现实紧张与焦躁不安。这位作者认为：如果从千年的历史视野回看，西方人在近 400 年走入了一种偏执的歧途：那就是只关注经济发展的严重偏执，导致人类痴迷于物质增长，因而迷失了自我。[2] 治疗的可能就在于如何借鉴印第安人的古老传统，重新建立新的精神生活理念。不难看出，新时代人治疗现代文明病的实质，就在于用前现代的、非西方的思想来补救误入歧途的西方工业文明对人性的扭曲，找回被资本主义破坏了的那种人与自然的依存关系。神圣未必要到教堂里去寻找，它就潜存在每个人面前的大

[1] 安德鲁斯：《返朴归真》，李安龙译，天津人民出版社，1998 年，第 159 页。

[2] 莱德菲尔德：《塞莱斯廷预言》，张建民等译，昆仑出版社，1997 年，第 30 页。《第十种洞察力》，李松梅译，昆仑出版社，1998 年，第 133—134 页。

自然万物中。只要人们放弃人类中心主义和物质主义的“开发”“占有”的眼光，那么同样的自然就会重新恢复其原有的美和圣性。

值得注意的是，作者对现代文明中人与大自然的关系的看法有了新的批判性表述：“西方思想已失去了和神秘的联系，把密林中的神秘魔力变成了木材，把原始生命中的神秘变成了驯养的美丽的动物。城市化已把绝大多数人隔离开来，所以我们现在把到大自然中的旅行当作是高尔夫球场上的挥击。”“现在我们的人口太多，而仅存的荒野又实在太少。等待到公园去参观的人们甚至一年前就做好了登记；而政客们却似乎决心要卖掉越来越多的公共土地。因此，我们中的许多人被迫从动物纸牌中，为我们来日的生活寻找些动物的象征，而不是到世界上的真正荒野之中，寻觅治愈的真谛。”[1]如此这般的议论，如不细看出处，人们也许会以为出自《哲学走向荒野》一类生态理论著作。也难怪小说作者会真诚地期待：未来的人类会居住在500年树龄的大森林里。

与文学家的呼声相呼应，生态女性主义的代表人物查伦·斯普瑞特奈克，用后现代的理论语言表达了新时代文学的基本批判倾向。她认为现代性的当下后果是造成了“极度现代的世界”，它的扩张需求已经超出了自然所能承载的限度。“尽管股份公司和政府有极度现代的宣传公式，但谁都知道，当一个国家生态方面的生命维持系统逐渐为GDP的大幅增长所吞噬的时候，这种发展肯定大错特错了。”[2]她还指出，现代社会把目光集中在物质扩张的过程上，它们假设社会中一切社会和个人的问题都可以通过物质产品的不断增长而得到解决，根本不去想一想耕地、空气和水这些实际的物质条件。在技术发展的促动下，“增长”过程开始加速，于是，为了满足不断激增的消

[1] 莱德菲尔德：《第十种洞察力》，第238—239页。

[2] 查伦·斯普瑞特奈克：《真实之复兴：极度现代的世界中的身体、自然和地方》，张妮妮译，中央编译出版社，2001年，中文版序言，第3页。

费水平，这个星球的生命维持系统便受到了贪婪的破坏。“然而，这一模式在生物学和生态学上永远错误，因为宇宙中所有生命形式都不能纯粹自主地存在，它们在分子水平上是与一切宇宙生命联系在一起的。”从这里不难看出，西方后现代主义生态思想背弃的是以机械论自然观为基础的资本主义价值体系，而在很大程度上认同了东方传统的宇宙观和人生观。在这种新的觉醒之中，一种幡然悔悟的见解逐渐普及开来。如斯普瑞特奈克所称：“将人当作孤立的生产和消费单元，并强化技术的发展步伐以及人类生活的分离性，简直是狂人的想法。这种想法预示了放纵的‘进步’，但是这个进步却带来了人类的苦难和一颗受伤的星球。”[1]

不过，面对现代社会呈现出的种种危机，斯普瑞特奈克并没有绝望和束手无策。她认为，只要我们意识到现代性危机的迫切性与严峻程度，努力寻求超越现代性失败假设的方向，就会在“生态后现代主义”主张中获得匡正极度现代之弊端，重新恢复社会元气和本真人性的状态。这是她比利奥塔、詹姆逊等后现代理论家显得更加积极进取的一面。斯普瑞特奈克在论述新的身心一体观时，特别强调了以针灸和中医为基础的整体治疗法对西方的机械治疗法的超越。这也使我们得出如下的看法：所谓“生态后现代主义”的建构，如同佛教经济学的纠偏设想，同样离不开对东方思想传统的再发现和重视。

有了这样的一种生态意识大觉醒的背景，我们在 20 世纪末期出版于美国的《生态哲学文献指南》里，看到不少从事生态伦理研究的著作者，居然将佛陀与老子等古代东方的圣贤当作世界上最初的伟大生态哲学家[2]，也就不足为奇了。我举出这些例子并非要给生态学和环境伦理学的正统找出远古的或东方文化的根脉，而是想说明：知识全球化新格局的到来，本身就是西

[1] 查伦·斯普瑞特奈克：《真实之复兴：极度现代的世界中的身体、自然和地方》，张妮妮译，中央编译出版社，2001 年，中文版序言，第 4 页。

[2] 参看：D.E.Davis，*Ecophilosophy：A Field Guide to the Literature*，San Pedro：R.&E. Miles，1989，p.13，p.55，p.221，p.241，p.272.

方思想重新面对文化他者并且进行对话和交流的结果，而且也为本土知识分子对自身传统的反思和再阐释提供了前所未有的参照条件。可以确信，在未来的生态批评日渐高涨的声音中，我们会听到更多的东方思想遗产的回声。那种“觉今是而昨非”的历史性的觉悟，也会自然地演变成“觉东方是而西方非”的文化价值观的大转化。这对于我们在西学东渐以来形成的唯西方科学马首是瞻的思维习惯，显然具有挑战性的意义。

四、为什么西方心理学不能绕过东方

1929 年，精神分析学创始人弗洛伊德的高足荣格，看到德国传教士卫礼贤从北京带回来的一部道教书籍《太乙金华宗旨》的德文翻译，从中发现了他在西方古籍中苦苦寻觅了几十年而不可得的超级智慧！荣格将这本书讲述的道教内丹功法奉为“高等文明”的结晶，反观西方的理智主义，则成了“未开化”状态的写照。[1]

荣格对西方文明的批判和对东方思想的推崇，具有充分的文化反思与寻根意味。这是因为他看到了资本主义与现代性的现实发展在追逐物质利益的疯狂中，背弃了人类美好的本性与精神理想。而这些宝贵的精神财富却相对完好无损地保留在东方传统之中，比如说瑜伽。荣格认为：“我深信在融合身心成为一体方面，瑜伽方法极为完美无缺。这些方法创造了某种精神性质，使得某种超越意识以上的直觉得以呈现。”[2]

直觉，作为东方思想传统的突出特点，在荣格及其心理学派的弟子们那里，得到高度的推崇。荣格在《心理类型》中提出，直觉能力虽然是非理性的，但是这并不意味着它是理性的对立面。直觉其实是处在理性的界域以外的某

[1] 荣格：《金华养生秘旨与分析心理学》，通山译，东方出版社，1993 年，第 76 页。
[2] 荣格：《东洋冥想的心理学》，杨儒宾译，社会科学文献出版社，2000 年，第 38 页。

种东西。荣格的直接传人——心理整合学说的创始者阿萨吉奥里（Rorberto Assagioli）把直觉方法全面引入心理治疗学的体系。他的《心理整合》一书有专门一节讲述直觉技术在心理治疗中的应用。该书指出："直觉是在西方传统中被压抑得最久、认识得最少的一种心理功能。"[1] 现代心理治疗恰恰看中了这个人类心理中亟待开发的层面，认为她足以提供西方分析理性所缺乏的那种整体把握事物的能力。生活在自然蒙昧阶段的早期的人类个体无疑都具有这种能力。在荣格看来，文明的欧洲人需要回归的，并不是卢梭所说的"自然"，而是回到自己的本性。他的目标应当是重新寻回自然人。[2]

那么，究竟应该如何转换西方人已经偏执化了的心灵呢？荣格的建议是，让西方人放弃科学和理性自大的架子，学习整体性领悟世界的东方智慧。他语重心长地说："让他们放弃一些令人毛骨悚然的技术，拆穿他拥有力量的幻象，远比强化他错误的观念，即认为他可以随心所欲，为所欲为，要重要得太多了。在德国，我们会听到一句滚瓜烂熟的口号'有意志处就有路'，这句话已导致千百万人类付出生命。"[3]

他还针对西方人格的病态，诊断说："生命的外在化一变而为无可救药的苦痛，人竟然不能理解：为何他受苦的原因是出自他自己。没有人对他的永不满足有过一丝一毫的怀疑，反而认为这是他合法的权利。他从来没有想过，这种世俗的精神食粮如果片面发展的话，及乎极至，必然会严重扰乱均衡。这就是西洋人之病，他们贪婪获取，冒进不已，除非全世界皆已受其贪欲波及，否则，他们是不会定下来休息的。"[4] 在这里，我们似乎又听到了佛教经济学对西方现行经济学的批判呼声。不同文化特有的价值观的碰撞，给西方心理学界的有识之士带来的启悟作用是显而易见的。如荣格所言："东

[1] Rorberto Assagioli，Psychosynthesis，Turnstone Books，1975，p.217.
[2] 荣格：《东洋冥想的心理学》，第 40 页。
[3] 荣格：《东洋冥想的心理学》，第 40—41 页。
[4] 荣格：《东洋冥想的心理学》，第 90 页。

洋的智慧与神秘虽然以他们固有的语言表露出来，无法模拟，但对我们而言，可称道者依然不少。它们提醒我们：我们文化里原本也拥有类似的东西，可是后来却给忘了。他们也提醒我们注意内在自我的命运——我们早就将它搁置一旁，视同无足轻重。”这样一种心理功能的重新估价与建构，会在何种程度上导致文化的整合与重新定向呢？我们在秦家懿、孔汉思的《中国宗教与基督教》里看到的答案是互补的观点。孔汉思在书中有一小节的标题是“西方能从东方学到什么”。他认为这场重新学习的实际效应，已不是用借鉴之类语汇能够把握的了，而是一场具有根本意义的世界观与人生观的大变革：

我们可以这样来描述第一次世界大战以来的西方世界所经历的变动：从男性化的—进取的、理智的—分解的阳的时代转化为一个更倾向于女性化的—防范的、接受的—综合的阴的时代。这当然不是个标语口号。今天的西方，越来越多的人，其中包括继承着普兰克、爱因斯坦和海森堡传统的自然科学家，他们都在强调分析的综合互补，理性知识和直觉智慧互补，科研和伦理互补，也就是科学和宗教互补。[1]

如果说“理性知识和直觉智慧互补”的认识为东西方的文化整合提供了某种明确的路标，那么越来越多的人希望从这种互补中获得实惠也就不足为奇了。东方智慧不仅通过宗教和哲学给予现代西方的理性化的知识体系提供反思与互补的启示，而且还通过民间文学的传统为西方的精神医学和心理治疗实践提供着卓越的范例和灵感的源泉。瑞士巴塞尔大学精神科门诊部的贝内代蒂教授在为《积极家庭心理治疗》撰写的前言中，说到伊朗裔的德国医生佩塞施基安如何利用自己的跨文化经验，发掘东方故事来革新心理治疗的

[1] 秦家懿、孔汉思：《中国宗教与基督教》，吴华译，三联书店，1990年，第243—244页。

主要成效："在治疗中，佩塞施基安并不直接和病人的心理阻抗发生冲突。作为一名伊朗人，他通过隐喻、诗歌、谚语、东方故事和神话，使心理咨询在一种和谐的气氛中进行。他使病人得到从前人传下来的无限智慧。任何人只要体验过本书作者在治疗中的热忱和乐观，就会理解到这种短期心理治疗为什么会取得如此大的成功。"[1]

佩塞施基安一开始就提到"东方智慧的存在形态——通过直觉得来的思想与西方现代的心理疗法之间的联系"。[2] 他从自己的从业经验中意识到，东方的故事、童话、谚语、笑话、格言等民间文学样式都潜在地具有一种心理医疗的能量。因而它们不仅是"为艺术而艺术"的存在。他说："早在心理治疗发展起来之前，人们就用这些工具帮助自己了。当有意识地应用虚构故事中的例子时，由于它们不来自患者经历的直接世界，也不会触发患者对暴露其弱点而引起的抗拒，所以能帮助患者对自己的心理冲突有一种新的看法。这些认识，使我产生了一种隐约的想法：在治疗过程中，应把隐喻的思想、虚构的故事和寓言当作加强理解的工具。"[3] 这位精神医师的尝试很容易让我们联想到，在欧美国家的心理诊所和讲习班里，为什么经常可见佛教故事和禅宗公案、偈语与直觉冥想的广泛运用。

五、为什么西方女性主义不能绕过中国

虽然女性主义以及与之相关的性学、性别学研究是 20 世纪西方学术的新兴亮点，但是顺延于连教授的思路，我们还是可以展开本节的标题所预设的问题：为什么西方女性主义不能绕过中国？这方面有趣的成果很多，这里

[1] 佩塞施基安：《积极家庭心理治疗》，杨华渝等译，社会科学文献出版社，1997 年，扉页。

[2]佩塞施基安：《冒险一试的勇气：用于积极心理治疗的东方故事》，明太等译，社会科学文献出版社，1998年，第2页。

[3] 佩塞施基安：《冒险一试的勇气：用于积极心理治疗的东方故事》，第 8—9 页。

仅就美国汉学研究的个别案例提出讨论。

案例之一是著名汉学家杰克·卜德的《中国文明中的性》一文。文章通过评述荷兰汉学家高罗佩开创性地探讨了中国文化中的性问题层面，对西方知识界了解"具有强烈父权制倾向的儒家和更加看重女性生命力的道家之间"的差别和观点张力，提供了简明的导引性概述。[1] 卜德首先敏锐地捕捉到中国文化中的性语汇特征，告诫西方人如果直接套用西方式的性概念去考察中国的文献会感到迷茫。而"色"这种具有隐喻性的措辞则是透视传统性观念的有效窗口。在辨析道家的女性观时，卜德也注意和西方的女性主义观点相区别："虽然从女性的观点来看，道教重视女性的满足这一点值得称赞，但是只要我们考虑一下实际的动机，疑团就油然出现了。房术的功用在于建构男人的生命能量（而非女人的），女性的能量则有待于转移到男人身上去。由此看来，房事过程可以被视为一种男性自私的典型案例。"这样的认识足以给那些认为道家提倡男女平等的西方女性主义者们提供实在的教训。

第二个案例是耶鲁大学东亚系孙康宜教授的《性别理论与美国汉学的互动研究》一文。[2] 文章提出，在文化全球化的影响之下，西方文学批评与传统中国研究正在成为相互关联日益密切的知识领域。重要的是要关注它们的互补空间。从性别理论与美国汉学的关系着眼，孙教授大胆地提出了如下问题：我们这些亚洲研究者和比较研究者的大多数仍在坚持一个错误前提：假定欧美的批评理论会给中国文学研究提供新的视角。但是我们从来也不会反过来考虑问题。这样，虽然汉学研究方面的学者已经做出对中国性别文化的开拓性的认识，并对当下流行的性别关系理论模式构成激烈的挑战，但汉学家们的观点却没有引起西方女性主义批评家的注意。对于这种忽略，一个重

[1] 杰克·卜德：《中国文明中的性》，叶舒宪译，见《性别诗学》，社会科学文献出版社，1999 年，第 108—116 页。

[2] 孙康宜：《性别理论与美国汉学的互动研究》，叶舒宪译，载《清华大学学报·哲学社会科学版》2002 年增 1 期，第 51—55 页。

要原因仍在于普遍的信念：传统中国作为文化“他者”和永远的边缘存在，对于研究普遍的女性和男性而言，其用途是有限的。然而事实上，古代中国文学中女性所起到的重要作用总是对西方女性主义学术所定义的“差异”概念构成挑战。

性别差异的主张是西方女性主义批评家所发明的最有力的策略之一，旨在加强她们的理论基础。但是，在中国古代，从来没有一种“性别之战”像女性主义批评家所描绘的那种英国男女作者之间的战斗。即使在中国古代男性和女性诗人之间真有某种“差异”存在，那也是一种不带敌意和防御性的差异。

孙康宜还列举出一些具体的新观点，说明女性声音的问题如何在美国汉学圈子里激发出新的学术方向。例如明清时期女性作者与当时“文人”文化的关系，尤其是文学中男性与女性声音的互动关系。毛伦·罗伯逊（Maureen Robertson）研究晚期的帝制中国的女性，如何通过强调她们诗歌中的主体而创造出“讲述自己”的方式。罗溥洛（Paul Ropp）和方秀洁（Grace Fong）提出的问题是男性文人对才女的文本化处理，解说此种文本化如何影响男性和女性两方面的阅读和声音。艾德玛（Wilt Idema）在他讨论“男性幻想”和“女性现实”的论文里，也提出了类似的问题：男性文人模拟女性声音。[1] 从这一理论立场，我使用了“交互发声”（cross-voicing）的术语来指涉中国诗中的声音流动性特点。这个术语会使人想起可以与之相比的“交互换装”的说法。这是因为中国的男性作者不仅习惯了用女性声音说话，而且女诗人们也力图在她们有意识地把自己从女性风格中解放出来的尝试中发出男性的声音。正是在阴阳互补与合一的意义上，“文化的双性同体”（cultural androgyny）这个术语才显得意味深长。很显然，所有这些对男性文人的声

[1] 艾德玛：《男性幻想和女性现实》，见《帝制中国妇女的新考察》，莱顿大学出版社，1999 年，第 19—52 页。

音与才女的声音之间的深刻互动的强调，反映着中国文学与文化的一种独特现象。

与此相关的另一问题是身体观的文化差异。孙教授举出美国汉学的最重要新著——夏洛特·弗斯（Charlotte Furth）的《阴盛：中国医学史上的社会性别，960—1665》（1999）一书，认为它向西方人展示了一个具有十足中国特色的阴阳合体之身的观念模型。弗斯通过《黄帝内经》的研究，发现“黄帝的身体”（典型的中国人身体）具有双性同体的性质，显示出“每个人身上都有的阴阳功能均衡”。对照之下，西方人用来指称男女之间生理差异的“性别”概念就只是一个“错误的名词”。[1] 换言之，对于中国人来说，所有的男性身体和女性身体中都兼有阴和阳的元素。比如说，每个人体中都有血，那是气的阴性方面，精液和经血作为身体排泄物都属于阴的一类；而身体的更为外在的部分则是阳。阴和阳在人体中的运作方式是相互补充的。可以看出，对中国人而言，女性的性别从来就不是一种“缺少”或“他者”。在讨论到中国的双性同体的身体时，弗斯特别引人注目地指出古代中国关于母体的独特能力的认识。与此相关，弗斯还专门指出欧美的“性文化”的偏颇，它助长的是一种与生育无关的性活动。同这种观念形成对照的是，关于双性同体的身体的中国话语总是建立在“性别的同类与互补”思想上的。这样，“其兼具阴阳的身体，就成为天、地、人的宇宙性结合的能动性有机生命的隐喻表现了。”[2] 也许有人会说，是中国人对身体及其象征意义的理解的“差异”，使得美国的汉学家的观点变得引人注目。植根于中国传统思想的阴阳互补的哲学，恰恰可以用来解决当代西方女性主义关于“差异”概念的争议。

孙教授最后引用 Emma Teng 的看法，认为在全球交流的时代，需要一种“双向的过程”。因为它对于真正的全球性理解是最好的希望所在：“西

[1] 夏洛特·弗斯：《阴盛：中国医学史上的社会性别，960—1665》，加州大学出版社，1999年，第46页。
[2] 夏洛特·弗斯：《阴盛：中国医学史上的社会性别，960—1665》，加州大学出版社，1999年，第311页。

方的理论必须结合到中国研究中来，而中国研究必须用来产生特殊的基础性的社会性别理论，它对于普遍的性别理论或是一种补充，或是一种挑战。”我们最终会发现，西方和亚洲不是相互排斥，而是相互增强的。

以上从西方人研究哲学、经济学、生态伦理、心理学和女性主义等方面，举例说明了为什么“不能绕过中国”的理由。作为本文总结，我想回到美国人类学家张光直的一个重要命题：中国的丰富资料本身就有检验西方人文社会科学一般理论和假说的试金石作用。

如果说在欧洲中心主义统治知识与科学的年代，西方人可以绕过中国和东方，仅凭西方的资料和经验去构建关于人类及其社会文化的一般性理论，那么在经历了“东方转向”之后的今天，这种做法就已经显得幼稚和不合时宜了。从中国文明的独特发生模式，到前述中国人的阴阳合一身体观，以及作为中医基础的经络穴位学说，没有一种是可以简单就范于西方的“科学”既定模式的。这个事实对于我们中国学者摆脱一个世纪以来西方“赛先生”强加给我们的有色眼镜，具有充分的启发性。可以肯定，20 世纪西方知识界的“东方转向”，最终也必然会给西方中心的社会科学模式宰制下的东方知识界带来重新定向和重新寻求文化认同的革新契机。

THE TENTH PART

第十章

反现代性与艺术的“复魅”

——全球文化寻根视野中的中国人文精神

本章从一部谈人文素质教育的书入手，透视市场化潮流冲击下的当今中国人文教育的衰败，分析人文素质的缺失所导致的近期和远期后果，再以几位反现代性的当代艺术家为案例，说明文化寻根意识对于抵抗世俗市场社会对人性的腐蚀，保持和发扬人文精神的积极意义。本章的讨论，立足于新世纪的文化变迁，对 20 世纪 90 年代发生的那场人文精神大讨论给予一个实际的回应。

一、人文教育何为

"我们配做父母吗？"这样的问题会让人措手不及，而作为书名有强烈的广告效应。细看这本书才知道是针对当下的国情讲家庭教育问题的：对家教的施教一方——父母提出资格性的质疑。作者曾莉虽年纪不大，但人生经历比较丰富，走了很多的地方。特别是在留学西方的生活经历，给了她一个参照，使她能够反过来看中国人文素质教育的缺陷。尤其是对在今天市场经济条件下社会转型期出现的公民人文素养方面的大滑坡现象，以及由此引起的种种变化，作者有非常自觉的反思。这种反思是由穿越不同文化的生活经历所决定的，是一种跨文化比较的产物。一个人如果只有单一文化的体验，那么他对该文化中的一切习以为常，认为就应该是这样，是天经地义的，这就难以产生反思。只有经过不同文化的体验，对差异的感受带有本能性，把本来认为理所当然的绝对化的东西相对化，才能促进反思的能力。这种文化比较对大部分没有出过国的人是有启发的。

文化人类学研究提倡到异文化中去田野作业，要有和你所生长于其中的文化全然不同的异文化经历，然后才能了解对方的文化。一个不期而至的后果是，人类学者到蛮荒的部落生活中经过一段体验，除了增加了对原始民族的认识以外，也开始对自己的社会提出了反思批判。那些边远的少数民族和原始部落的生活方式，成为反照西方社会缺陷的镜子。所以人类学发展到今天也转向研究西方社会自己的问题。

说到人文教育，也有一个文化差异的问题：中国古人讲的“人文”，那是和“天文”相对而言的，所谓“人文化成”。那么，西方的人文到底指什么东西呢？从学术上看，包括文史哲这类学科基本上都属于人文的范围。那么人文（humanity）的共性究竟是什么？其实用不着去远看，随便查一下《英汉词典》就会明白：人文主义、人文学科、人道主义等，这些词都是从同一个词根“人”（human）派生出来的。人文教育就是教人怎么做人，怎么维护人性。人文素质从根本上说就是人区别于动物、区别于神鬼的特质，而不是可有可无的点缀。不是说有了数理化、有了高科技，再增加一点美妙的音乐或者美术。人文对个人的成长而言，是基础设施的基础设施。所以，人文教育是不应该和其他知识与技能教育并列的。人文教育是最根本的，是使人成为健全的人所必不可少的。离开了这个根本，人就会丧失反思生命自身的认识，其他一切的东西都可以反过来变成对人性的一种伤害。看看“9·11”事件和伊拉克战争使用了多少科技手段，就可以意识到，科技离开人文会反过来成为大规模杀伤自己同类的凶器。理工科的教育离开了人文基础而片面发展，结果也就可想而知。

《我们配做父母吗？》这本书的出现代表了一种非常迫切的忧患意识。因为人文教育虽然在我们学校里也有些位置，教育部门各级领导也关注，但是毕竟是非常不够的，与商业广告和营销管理一套西方实用性新知识比起来，当今孩子们所得到的人文濡染，比前辈少了许多许多，可以说是微乎其微了。该书的第一章题为“生命的自觉”，其题词写道：

对生命的全方位认识，是我们接受过的教育中长期匮乏的东西，这造成了中国人普遍的人文营养不良。而对于我们这一代人，既面临着社会转型的困惑，又承担着培育新人类的重任，这样的人文缺憾就更叫我们捉襟见肘。[1]

其实我们中国传统教育就是以人文为主的。要说人文教育匮乏，不是我们的传统先辈时代就匮乏，而是西学取代国学以后才开始日益匮乏起来的。资本主义是以利润为价值导向的社会，其人生观和传统社会有了根本的不同。这样一来，西学东渐以来的现代社会转型，使中国自己的人文教育传统基本上被取代了。即使不能说它完全中断了，至少是发生了断裂。曾莉借鉴西方文化对人的关怀，反过来看中国，其实只是一个维度。我从这个维度联想到，还有中国传统文化这个本土的维度可以开发。有许多东西实际上是相通的。比如说中国道家思想，就包含着当今环保意识和生命伦理的基本内容。什么天人不相争，什么生物的权利，道家圣人都讲到了。最高的范畴——道，也不能超过自然，而且是效法自然的。[2]

今天以市场需求为导向的社会需要刺激就业，教育也就跟随着就业的指挥棒而旋转。这种急功近利式的教育，能够培养什么样的人呢？前景十分堪忧，可以说已经背离了教育的本质。以大学教育而言，我们的大学现状几乎是人文扫地了。上层主管者注重的是规模与招生和毕业的人数，搞大跃进式的高校合并与年年大扩招。下面的经营者则见风使舵，把学校变成了生财的场所。高收费和乱收费把教育变成了产业。教师们见面谈的最多的是买大房子和买车；而学生入校经济负担巨大，一心想学个实用的专业，好等毕业后迅速得到高薪职业的回报。在这样的大学氛围里能够有利于人文素质吗？会培养（摧残？）出什么样的人格呢？如果对照一下大学的鼻祖牛津、剑桥，就知道差别有多大了。进入那样的学校，首先感觉上就不一样。巍峨古朴的哥特式建

[1] 曾莉：《我们配做父母吗？》，海南出版社，2003 年，第 17 页。

[2]参看叶舒宪：《道家伦理与后现代精神》，见《原型与跨文化阐释》，暨南大学出版社，2002年，第81—98页。

筑群原来就脱胎于中世纪寺院，似乎要引导人蔑视世俗而追寻灵性。这些大学给人的最大益处是一种提升精神的有效动力。站在剑桥的学院里，左有达尔文的肖像，右面有牛顿的肖像。置身于这些知识伟人之间的学生，不容易把神圣的教育同谋求职业饭碗联系在一体。这根本就是两回事。与新兴的企业管理和市场营销一类实用学科相比，人文学科依然是这些学校的立校之本。

我们中国这边呢？立志学习文史哲的学生越来越稀有，一般是数理化考不好的才转到文科这里来。而偏离了人文之本的理工教育导致人格片面化。像清华大学的学生以硫酸试动物园之熊的事件，虽看似偶然，其实是相当有代表性的。这种现象值得教育者和教育管理者乃至家长们好好思考。大学毕业有一技之长就够了吗？即使掌握了相关的科学技术，专业成绩也很好，但是对生命和苦难这些根本性的人生问题几乎茫然无知，那么这样的教育不是有致命缺陷的吗？应该说是发生了根本方向的偏差。马加爵一类的事件不能看成孤立的个别人的行为，其重要的警世教训在于，人文是一切教育之根本。人必须先意识到怎么做一个起码的人，然后才有条件去做学生、蓝领、白领、科学家、管理者等等。青少年的人文素质教育，不能靠亡羊补牢式地发文件，搞突击学习或者临时补道德课。唯一的办法是从最高领导到基层，都要像重视科学技术那样重视人文教育，甚至要比科学技术更加重视才行。

从当今这样的教育现状背景下看，《我们配做父母吗？》这样一本专谈人文教育的书，和各种大学人文读本一样，显得非常有意义。而且它还可以引发出其他一些问题来。比如说可以促使教师们思考“我们还配做教师吗？”尤其是人文学科的教师。中国的传统中没有人为宗教（佛教是外来的）。但是古代的“教”这个概念就带有宗教和教育的双重蕴涵！从字形上看，“教”的本义是使人孝。“孝”这个字的古写法：上面是垂垂白发的老人，手下面扶着的是个小孩子。这就是孝，是最亲近的人与人之间关系的写照。中国式的教育就是以这种现世的人际关系为核心的一套修身学理为基础的。这也就是儒家教育的核心。相比之下，自然科学几乎没有太重要的位置。《我们配做父母吗？》前两部分所讲的生命的关怀的内容，正好和儒家的教育观即育人理论形成了对应。在这种双重参照下，今天我们把教育误解成了传授高科技的手段来谋生、挣钱、养家，争取小康的生活，这实际上把“教”的本质给遮蔽了。可见，从本书中可以引发出的思考是有普遍意义的，也是所有的父母和教师迫切需要的。

二、巴荒：艺术走向荒野

学院中的人文教育被忽略被排挤被割舍了，但是人文之魂却不会无家可归。对于人文素质缺失和人性片面化的异化，敏感的艺术家率先意识到其危机，并且以明确的反现代性立场，通过自己的画笔来进行寡不敌众的抗争。下面要分析的几位画家——巴荒、朝戈、丁方，就是市场社会大潮中逆流而上的叛逆者，也是文化寻根精神和人文精神的坚定守护者。

巴荒这个笔名同她的作品一样，对于沉溺于都市文明和物质享受的人有一种冲击力。

理解巴荒及其作品的思想线索无须远求，就潜存于作者为自己精心选择的笔名之中。试析如下：

“巴”可以说是作者对自己的血缘和祖籍之历史根脉的一种上溯和自觉认同。《废墟辉煌》这部书最后的文字“作者简介”中有清楚的表白：

巴荒，父为闽南渔民后代，母为巴人后代。50年代在成都……度过梦幻般的童年。[1]

---

[1] 巴荒：《废墟辉煌》，河北教育出版社，2000年。

稍加考释可以知道，巴人指的是古代巴国之人，位于今四川重庆一带，与成都一带的蜀国人合称为“巴蜀”。这两个字的共同点是都暗含着一种“虫—蛇”的意象。《说文解字》释“巴”字云：“虫也，或曰食象蛇。”《山海经·海内南经》有“巴蛇食象”一说。“巴”字小篆写法像蛇形。能够吞食大象的蛇该是什么样子呢？人们不难想象。古代中原的造字者对南方这个地方和人名的命名中显然包含着妖魔化的旨意。“蜀”字从虫，《说文解字》释为“葵中蚕”，联系到古蜀国又叫“蚕丛”，可知蜀字原指能够变形的蛾蝶类幼虫。按照古人的分类原则，蛇是长虫、大虫，蚕是短虫、小虫。二者实为同类。蚕和蛇皆被看成爬行动物，又都有周期性的变形特征。今日福建简称“闽”，这个字也从虫，似乎不是巧合。因为这些代表地名和国名的字都含有中原中心主义价值观对南方少数族群的蔑视和鄙视。所谓“南蛮”这一泛指南方人的妖魔化称谓可以为证。“蛮”字不也是从虫会意的吗？闽人也好，巴人、蜀人也好，都是蛮的一种。巴荒正是综合了自己母系的祖籍和父系的祖籍，才给自己改姓“巴”的吧。这一改动中有意无意地突出了对南蛮族性的认同。如果说文明与野蛮是相互依存的一对概念，那么只有对文明现实有所失望，才会向与之相对的“蛮”的一方加以认同。

再来看“荒”。如果说我对“巴”这个姓氏符号的解释有穿凿之嫌的话，那么了解到与之相配合的“荒”这个概念的价值蕴涵，就不会显得太穿凿了。以“荒”为自己命名是需要一些胆量的，也是意图鲜明的。假如现实的都市文明已经完全被物质主义和拜金主义所统治，那么不愿充当物欲追求、技术崇拜和市场宰制之现代文明奴隶的人，也就当然向往远离现代化生活中心的荒野之处和荒古历史。《哲学走向荒野》这样的书名，出现在有识之士普遍开始怀疑西方现代性的合法性和负面效应的当今，已经不会让人感到惊奇了[1]。文明与野蛮、都市与荒野之间的传统价值色彩发生了戏剧性的逆转。褒义的变成了贬义的，贬义的变成了褒义的。巴荒以她改名和她的书名《阳光与荒原的诱惑》，都在告诉人们，她在这场价值转换运动中的立场和态度。这部图文并茂而且充满诗情画意的《废墟辉煌》是她进一步向文明人展示“阳光与荒原的诱惑”以及这种诱惑的重要性的后续之作。它从神圣冈底斯的神山景观开始，到古格的黄昏日落为止，表面上好像叙述的是（如副标题所说的）西藏自治区阿里古文明之旅，实际上却在以“荒远”“荒绝”之美，召唤一种超凡脱俗的精神净化的朝圣之旅。换言之，它在更深的层次上向世人昭示着一种与追求现代化的主流的生活方式完全不同的另外一种可能的生存方式，那是一种轻物质而重精神的生存方式，它和重物质轻精神的现代市场社会在生命样态方面、在人与自然和人与人的关系方面都截然有别。究竟哪一种生命样态更理想，更符合大自然的生存法则呢？我想看了这部书的每一个有心人都会有这样的联想和思考。巴荒在“第扎达的世外桃源”一节曾以一个城市文化人的口吻对底雅乡人感慨地说：“你们这儿好，我们那儿不好。”这似乎不加掩饰地透露了作者对此问题的答案。她还这样发问说：

在现代人看来，80 年代末的底雅，历史无疑是无情地把它遗忘了。但底雅人却没有深深的不安，在缓慢的自然经济中依然保留着他们对自然的原始而淳朴的感情。这正是人类渴望保护的美德。也正是被视为宝贵的人类精神和情感遗产的部分。难道只有保留一种经济方式才能保留一种生命特色，保留一种文化与艺术吗？[2]

从这里不难看出，作者为了给都市文明人的生存方式提供参照和警示，

[1] 霍尔姆斯·罗尔斯顿：《哲学走向荒野》，刘耳等译，吉林人民出版社，2000 年。
[2] 巴荒：《废墟辉煌》，河北教育出版社，2000 年，第 179 页。

把远在边荒的藏族山民村落看成是“世外桃源”，这显然是将“文明”的对立面“蛮荒”之地乌托邦化了。巴荒为什么要如此情有独钟地追寻她的异域异族理想国呢?

三、寻根派的文学艺术潮流

我们知道，20 世纪以来，伴随着人类学对世界各个角落的异族文化、原始文化的探索，思想界和艺术界也培养起对此日益增长的兴趣。与人类学的思想首先发生密切关联的文学派别是超现实主义。它对异国世界有强烈的兴趣，其态度与从事田野作业的民族志作者恰恰有可比之处：他们都要在颠倒的意义上去工作，使陌生的东西可以理解，使熟悉的东西变得奇异。后来的人类学家克里福德用“陌生化”与“文化并置”来概括这种跨文化认识的原理，总结为文化批评的基本方法，成为大学讲堂上公开传授的东西。

拉美的魔幻现实主义也表现出逃避文明、回归原始的价值倾向。如阿斯图里亚斯的代表作《危地马拉的传说》（1930）。书中《文身女》一篇揭示了人性的原始淳朴如何在资本主义的拜金主义腐蚀下走向堕落，又如何凭借原始思维对抗邪恶，复归于朴。这一主题将原始与理想、现代与罪恶的对立贯穿于小说之中，显示了魔幻现实主义创作在反思与批判“现代性”的西方文明时特有的价值倾向。

原始复归的主题并不仅限于超现实主义和魔幻现实主义文学。在欧洲和北美发达资本主义社会中，20 世纪后期出现了种种新兴的原始主义运动。阿斯图里亚斯小说中的情景完全可以看作是现代人重新寻找灵魂的原始主义运动的寓言。玛丽娜·托戈尼克（Marianna Torgovnick）参加了 1992 年美国的“新时代（New Age）运动”组织的一次会议，主题为“滋养灵魂：在日常生活中发现精神性”（Nourishing the Soul: Discovering the

Spiritual in Everyday Life）。与会者们"滋养灵魂"和"发现精神性"的手段就是逃出白人文化传统，与美洲本土的印第安文化相认同。"美洲原住民文化的器物被认为具有提升精神品性的功用，在会场的内外到处摆设着。像巫医之轮的形象、彩绘的木棒、羽饰、横笛音乐与颂诗录音带等均在现场出售，琳琅满目，摆成一长串展台。"[1] 拥有这些原始道具的现代人似乎把握住一种转换文化身份的契机，凭借这些器物所承载的魔法力量去解脱沉陷于消费社会物质主义枷锁中不能自救的灵魂，抵抗由"现代性"负面效应所导致的种种心理失衡和精神危机。

现代西方人已经意识到文明病是不能靠传统医学方式治疗的，所以他们才诉求原始的仪式，诉诸美洲印第安人的"巫医之轮"，期望在当代世俗生活的喧嚣之外倾听到来自荒远绝域的原始的"声音"。在新时代运动者眼中，现代性的病态除了物质主义与金钱崇拜之外，还表现在性别歧视与压迫、残害动物、毁坏地球等方面。因此，反对性别压迫的女性主义同反对破坏环境的绿色运动相互认同，组合成"生态女性主义"的新流派便不是出于偶然了。出于现实批判的需要，原始文化中一切与当代社会相对立的成分都有可能获得"重审"和"再发现"，变成某种取之不尽的价值资源。换言之，原始性成为疗治现代性病患的灵丹妙药。

形形色色的土著文化和部落社会均可成为渴望治疗的当代人投射其理想的反光镜。

女性主义者从这面反光镜中看到的是母性中心文化和性别平等理念；环境主义者从中看到的是人与动植物世界的依存与共生；信仰追寻者从中看到的是圣洁的精神性；价值失落者从中看到的是滋养生命的原始魂灵；身心受害者从中看到的是疗救之希望，后现代哲学家从中看到的是解决人类现实困

[1] 托戈尼克：《原始的激情》（*Primitive Passions*），阿尔弗雷德诺夫出版公司，1997 年，第 177 页。

境的永恒之和谐……

人类学家往往为了专业需要而离开自己的文化，深入到边远的异文化中去。而形形色色的原始主义者们却是出于精神治疗的渴求才放弃文明人的城市生活，到部落社会乃至人迹罕至的野生丛林中去。他们宁愿选择与古朴的原始人为伍，甚至与大猩猩、猿猴等高等动物为伍，从中发现伊甸园罪恶之前的纯真生活体验。《原始的激情》中写到的纪德与荣格在非洲的体验，D.H.劳伦斯在新墨西哥的体验，珍妮·古多尔（Jane Goodall）和狄安·弗西（Dian Fossey）在非洲灵长动物中的迷狂般体验，可以说都是前一个世纪高更在塔西提岛的灵魂探险之翻版，西方知识分子为了在非西方文化中找回已经逝去的理想所经历的地理探求与精神探求之旅，看来目前还远未终结。东方的知识分子虽然多数在拥抱西方现代化，但也有人开始走向原始和荒野。这是值得我们关注的。巴荒八次进藏，她既不是传统意义上的下放和支边，也不光是为了绘画和学术的目的，她在荒原的诱惑和废墟的召唤之下寻求着自己的精神理想，因为那是在都市里、课堂上和书本中根本无法找到的。

玛丽娜·托戈尼克在《逝去的原始》一书中写到马林诺夫斯基的《原始人的性生活》时说，该书深受弗洛伊德精神分析理论的影响，把原始人的心灵视同为人类心灵之普遍性的标本，把对它的研究等同为对人性本身的探索。

研究原始人就这样进入到一个既奇异又熟悉的世界。那个世界由一系列的形象和观念构筑而成，这些形象和观念来自要把握原始人理解力的那种隐喻的情形，我把它们称作比喻（tropes）。这类比喻常说：原始人有如儿童。原始人是未驯化的我们自己，我们本我（id）的力量，是利比多的、非理性的、暴力的、危险的。原始人是神秘者，与自然融合，是自然之和谐的一部分。原始人是自由的，生活在“最低文化水准”，而我们则处于“高水准”。马林诺夫斯基和其他类似的人惯用此类层次的和等级的比喻。虽然是千变万化和自相矛盾的，这些比喻的整体形成了我称之为原始主义话语的基本语法和词汇，该套话语对于西方人对自己和他者的区分来说是至关重要的。[1]

原始人既然是本我的代表，未经超我的压制和驯化，也没有遭受逻辑和理性的操控，这不正是超现实主义作家、艺术家所竭力寻求的理想境况吗？在这一精神向度上，人类学者、超现实主义者和精神分析家不约而同地走在同一条道路上。如艾莫瑞所言，“超现实主义者和民族学家为了逃避西方的精神贫困，走上寻找部落的和另外的原始之人的另类形而上学的旅程。民族学的探险，如1931年达卡·狄包提（Darkar Djibouti）的非洲探险，与超现实主义者在非西方国家寻找土著人民传统的朝圣之旅形成对应。他们特别向往赤道以南的美洲大陆，如巴西、海地，尤其是墨西哥。安东尼·阿托南1936年到达墨西哥，安德烈·布列东在1938年，本杰明·佩雷于1942至1947年间也在那里，而皮埃尔·马比利则从1944年待到1946年。”[2]

从某种意义上说，超现实主义者都是一些精神冒险家，他们无法循规蹈矩地安于现状和平庸的日常生活。弗洛伊德所开辟的梦幻世界新大陆与人类学家所奔赴的异民族文化的新大陆都是他们期盼和向往的地方。一个是向个人内心世界的陌生领域的探险和拓荒；另一个是向现实世界的陌生空间的探险和追寻，两种探险同样是激动人心的。布列东来到墨西哥，他惊奇地发现：欧洲的超现实主义作家通过梦幻和自动写作而苦苦追求的东西，在拉丁美洲的自然和社会中却俯拾即是。他不由得发出如下感叹：“墨西哥真是块超现实主义的风水宝地！”我们看了巴荒重新建构的喜马拉雅和阿里古文明景观，难道不会像布列东一样发出感叹吗？

[1] 托戈尼克：《逝去的原始》（*Gone Primitive*），芝加哥大学出版社，1990年，第8页。

[2] 艾莫瑞（A.F.Emary）：《拉美文学中的人类学想象》（*The Anthropological Imagination in Latin American Literature*），密苏里大学出版社，1996年，第4页。

四、诱人的他者

后现代主义对宏大叙事的批判，对人类学中普遍化体系的批判，使人们明白，这些普遍化体系是用总体化的西方范式去肢解边缘的、本土的和他者文化，是一种认识上的和表述上的文化霸权之产物。

第一次世界大战动摇了自启蒙时代以来的西方理性与历史进步的信念，欧洲人对被殖民的、边缘的他者的看法随之发生转变，或以为他们拥有西方已丧失的某些美德，如淳朴、真诚、自然的节奏、与大地相依为命、宗教敏感性、集体传统的稳定性等。这些同西方社会自身的混乱与现代性之困境恰好形成对照。“在20世纪之中，西方基督教和启蒙主义的蔑视的（stigmatized）他者变成了西方理性主义的诱人的（alluring）他者。”[1]

如果人类历史的近代行程追随西方资本主义而误入迷途，前景暗淡的话，那么是否可以把解脱“没落”宿命的希望寄托在非西方的社会、文化他者、被殖民者或未遭文明污染的原始社会呢？民族志作为人类学者对异文化、原始文化的考察记录，也就这样无形中具有了传统的“乌托邦”的投射功能，成为西方人在“失乐园”之后憧憬“复乐园”的希望之所在。“高贵的野蛮人”也就顺理成章地为“没落的文明人”树立起人格榜样。寻根派的文学艺术在这方面同文化人类学一道，引导着对他者想象的根本改变。

曾在南美生活过的法国人类学家列维-施特劳斯在《忧郁的热带》一书中写道，人类学者在不同文化价值的认同上，常常会有“党异伐同”的倾向：

他所赋予异地社会的价值——那个异地社会与他自己的社会愈相异，他

[1] 艾莫瑞（A.F.Emary）：《拉美文学中的人类学想象》（*The Anthropological Imagination in Latin American Literature*），密苏里大学出版社，1996年，第4页。

似乎就认为那个社会的价值愈高——并没有独立的基础：他由于厌恶或敌视土生环境的习俗风尚，而在另外一个社会里看到价值。人类学家和自己的同胞在一起的时候，往往倾向于颠覆既有体制，反叛传统行为，但是，当他处理一个和他本身社会不相同的社会，他不但看起来充满尊敬之情，甚至到了采取保守主义观点的地步。[1]

与传统社会中培育而成的党同伐异心态形成对照，此种在人类学者中常见的“党异伐同”之倾向，也会以不同的程度和不同的形式出现在走出本土文化限囿的旅行者、探险者、海员、传教者、商人和学者、文人和艺术家之中。凡是把本土之家国视为价值归属和终极理想地的人，必然会把背井离乡、身处异域视为悲惨和不幸的事。自从人类学确认了全球之内任何地方的人也都是人的道理之后，情况终于有了改变。西方不再是价值认同的唯一理想，非西方也只有作为“西方没落”之反衬，才更加容易被理想化为淳朴未泯的乐园，成为未来希望之寄托。列维 - 施特劳斯认为：所谓“原始社会”自有其自身的价值，不宜按照西方社会的固有标准去衡量和评判。“它们利用环境的方式既保证了一种适度的生活水准，又确保了自然资源的保护。”[2] 与西方的工业文明相比，“原始社会”没有必要付出使人“变成机器”的代价，也许是“与人性不相违”的更好的生存方式。[3] 这一点正是人类学这门学科存在的最高理由之所在。

巴荒的书里随处可见类似的价值判断：西藏的物质文明虽不如内地发达，甚至停留在自然经济状态，但那里人的精神和道德水准却未必低下，而人口与自然生态的和谐则令人羡慕。

[1] 列维 - 施特劳斯：《忧郁的热带》，王志明译，三联书店，2000 年，第 499 页。
[2] 列维 - 施特劳斯：《人类学的范围》（The Scope of Anthropology），见《结构人类学》（*Structural Anthropology*）卷二，雷顿（M.Layton）英译本，企鹅丛书，1978 年，第 28 页。
[3] 列维 - 施特劳斯：《人类学的范围》，见《结构人类学》卷二，第 30 页。

下面，我们只要考察一下“荒”这一概念在中国文化史上的政治地理意蕴，就不难理解巴荒所建构的荒野美学是如何通过对“蛮荒”观念的颠覆性改造，使传统的“蔑视的他者”转化成“诱人的他者”的。

汉语文化中“荒”的观念是由《山海经》的《荒经》奠定原型的。《荒经》不仅为中国文学中“荒远怪异”意象，而且给中国思想中的“荒诞无稽”观念提供了“政治地理”的原型。时间的“古”和空间的“远”是对“荒”的想象之条件。在儒家正统意识控制下，中原中心主义的文化代码系统专用“荒”“怪”“异”之类象征边缘性和异端性的语汇来为“王化之外”的空间和事物命名。而与“中心”和秩序相对立的“荒”的理念也为一切反叛和挑战正统价值的言论找到立足点。贾宝玉来自“大荒山”，庄子、曹雪芹等标举“荒唐言”，皆为其例。以巴人和闽人后代自居的巴荒也是这样以“荒”为修辞战略，来展开她的“想象的政治地理”乌托邦景观的吧。

弗莱指出：“如果我们不承认把一首诗同另一首诗联系起来的文学意象中的原型的或传统的因素，那么从单一的文学阅读中是不可能得到任何系统性的思想训练的……把我们所遇到的意象扩展延伸到文学的传统原型中去，这乃是我们所有阅读活动中无意识地发生的心理过程。一个像海洋或荒原这样的象征不会只停留在康拉德或哈代那里，它注定要把许多作品扩展到作为整体的文学的原型性象征中去。白鲸不会滞留在麦尔维尔的小说里，它被吸收到我们自《旧约》以来关于海中怪兽和深渊之龙的想象性经验中去了。”本着这种从整体考察局部的批评原理，曹雪芹笔下的大荒山意象只有还原到中国文学传统中对荒远渺茫的想象经验中去，方可得到透彻的解析。巴荒的蛮荒理想国当然也不例外。

《楚辞》是《山海经》以外最多言及“荒”之意象的先秦古书。《离骚》中云：“忽反顾以游目兮，将往观乎四荒。”朱熹注“四荒”云：“四方绝远之国。”看来“荒”的想象同距离感有一定关系。空间上的“绝远”是“荒”

的条件。那么，究竟远到何种程度呢？《大荒西经》所说的“日月所入”和《大荒东经》所说的“日月所出”透露了答案：远到空间上不能再远的地方。古人相信太阳月亮的出入之处在天地交界的东极西极，那也是想象中世界的最边缘处。《山海经》的“大荒四经”基本上奠定了汉语文化共同体有关非“中国”部分的远方世界的想象图景。从《博物志》《神异经》《列子》到《西游记》，此种荒远世界的景象虽然有所发展有所增补，但其怪异、凶险的表现特征却同《山海经》如出一辙。后世大凡怪异荒唐、查无实据之事皆可称荒怪。以儒家理性主义为代表的正统思想，不能容忍怪力乱神现象的流传。《荀子·正名》云：“无稽之言，君子慎之。”与“荒”有关的东西，大都属于无稽，“荒怪”一词的出现，实非偶然。而“荒诞”与“怪诞”等近义词所构成的语义场，大致勾画出儒家理性主义所指认的谈论禁区。

荒远与中央的空间对立还具有另外一层文化蕴含，那就是以怪异荒诞来打破人们习以为常的世俗秩序的合法性，为超越和创新的思想提供契机。因为对荒怪事物的关注必然会引发人们对熟悉的现存事物的反思，产生某种陌生化的效果，而这种空间转换和价值转换最有利于观念上的去蔽和更新。符号学家指出：“在每个世界中，事情的发生都遵照那个世界的文化代码，所以可以预料，因而不是‘新的’。与此相反，如果进入别的世界，这不论对原属的世界，还是对要进入的世界，都会见到无法预料的事，会导致打破以往的秩序。”[1]

同样的道理还可以通过“中心”与“边缘”的对立范畴来加以说明：“中心”的秩序化是完整的和稳定的，而“边缘”的秩序化则是不完整和不稳定的。“中心”由于受完整的代码控制而处于优势状态；“边缘”则由于脱离代码或无法编码而呈现为“异化”状态。“中心”并不能发生什么“新的”的事情，倾向于沉闷呆滞；而“边缘”则是新生事物产生的地方，呈现出一种活

[1] 池上嘉彦：《符号学入门》，张晓云译，国际文化出版公司，1985年，第168页。

泼的状况。两者之间的对立产生出张力："中心"意欲扩展自己的秩序而排除"边缘"，"边缘"则寻找秩序的缝隙而威胁"中心"。[1] 由此不难理解，正统意识形态控制下的文化代码系统为何要选择"荒""诞""怪""异"这样一些代表"边缘性""异端性"的语汇来为"王化之外"的空间和事物命名。封建官方的行政区划"五服制"中有"荒服""蛮服"一类术语的出现，一方面体现着中央帝国霸权话语对边远异族人的他者化蔑称；另一方面也表明了要征服和控制这些地区的人民和物产，使之臣服于中央政治的意图。"服"者，对中心而言是征服，对边缘化的他者而言是服从。

"荒"不仅同象征社会秩序的"中心"相对立，而且还同文明社会所崇尚的若干正面价值相对立，成为某种负面价值的编码符号。如"荒废""荒乱""荒亡""荒失"等等。《诗经·唐风·蟋蟀》笺："荒，废乱也。"围绕着"荒"这一概念的这些语义层面是文化编码中值得分辨的现象。

以上的考察可以说明，巴荒在给自己改名时需要怎样的勇气，她在张扬她的"荒野美学"和"诱人的他者"时，要冒多么大的风险。这里最好还是用她对"荒"的由衷赞颂来结尾：

像泉河流水亘古不断，我们凭声音就能感触到它的生命之势，在一派荒绝的风干土林中正年复一年地春发大地。[2]

五、复魅：朝戈、丁方绘画中的神性

黑格尔关于艺术与资本主义相互敌对的命题曾经引发学术上的持久争议。今天热衷于讨论这个命题的人已经日渐稀少，然而回顾现代艺术史的主

[1] 池上嘉彦：《符号学入门》，张晓云译，国际文化出版公司，1985 年，第 169 页。
[2] 巴荒：《废墟辉煌》，第 181 页。

体方面，人们不得不承认，在近 300 年现代性确立的过程中，敏感而执着的优秀艺术家很少有屈就附和这个世俗的市场社会的，他们在价值取向上大都是反现代性的。

新时期以来，中国追随西方发展现代性的这几十年，同样催生出像朝戈和丁方、巴荒这样一批反现代性的特色艺术家。前些年，巴荒以她的《阳光与荒原的诱惑》一书和西藏风情画而扰动着艺坛；如今，朝戈和丁方的 2004 年画展又将“精神维度”的文化反思性问题抛给了所有不愿意在物质主义、消费主义洪流中随波逐流的人们。在我看来，他们自 20 世纪 80 年代以来就在自己的艺术生涯中苦苦追寻的“精神性”，并不能简单理解为通常所说的精神文明，而是一种足以指引人的心灵超越于尘俗世界之上的信仰力量。在现代性的根本冲突——“神圣与世俗”的对立方面，两位画家都鲜明地表白了他们的反世俗化的立场。朝戈说得好：他希望自己的绘画表达出一种崇敬感，要培育人们一种“仰视”的态度。超越那种普遍流行的世俗的功利性的实用主义眼光。这自然使我们联想起中外思想史上各种“艺术替代宗教”或者“美育代宗教”之说。在观赏了朝戈笔下的塞外草原和丁方幻梦中的黄土高原之后，敏感的观众一定会有自己的“神性”发现和一种近乎净化的感觉吧。

在价值观念上，朝戈和丁方都应该属于文化寻根一派。朝戈把自己认同为一个草原“牧民的儿子”。虽然身居现代文明的都城，却认为“过度的都市化一定是人类文明的一次癌变。”他还说：“在我的观察中，这种强烈的后现代都市，集中了人类的贪婪、伪善、虚荣、实用主义、残暴等等人类品质中最危险的东西。使我们感到安慰的是，往往在牧区或乡村那些边远的地方，还比较好地保留了人类品行中另外一个极端方面——那种真实的、原初的人性。可是从世界范围来看，这种平衡正在失去。城市的文化——实际上是毒素，正在迅速地传播到在我们看来边远的乡村或牧区，这是使我内心战栗的最痛苦的地方。我们在草原纯净的空气中，也开始闻到那种都市才有的二氧化碳和种种杂质的味道。”[1]

与朝戈的这种反现代性立场一样，丁方则用“我心在高原”这样的书名表达了自己的不合流俗的审美人生态度。出生于陕西，黄土高原铸就了他作为艺术家的根性和品位。“天地人神”是牵动他艺术灵感的根本要素。用丁方自己的话说：“要想成为一名真正的艺术家，个体的人必须返回其精神母土。因为只有获得蕴藏于大地深处的力量，才能使得我灵魂真正地上升。”[2]他深切地感受到人类文明的危机，称之为“自然的荒漠化和人心的荒漠化”，并主动用自己的艺术信念去“承担”起一种“守护”的使命。

对于代表现代文明的理性观照，丁方有一幅经典性的画《废墟》，收入《中国油画二十家·丁方》，排在卷首第一的位置。画面中一个赤裸的人孤独前行，路的下方是已经废墟化的都市高楼。[3]人的倔强与执着同整个深暗阴沉的画面色调形成强烈对照，发人深思。其题词云：“一个憔悴的灵魂，在漫漫黑夜中离开了人类营造的物质废墟，踏上寻访希望之路。”在我的理解中，丁方画集的这幅开篇之作完成于2000年，似乎是对一年后的“9·11”世贸双塔毁灭的梦幻预兆。从更开阔的意义上，这幅画也可以理解为人类的现代性城市文明走向自残自戕的象征性预示。如果说人类300年来追求物质的现代性旅程可以随着纽约双塔的废墟化而暂告终结，那么新的精神之旅也许能够以此为起点。

丁方的这个思路恰好吻合了西方民间的文化寻根派——新时代运动（New Age）的精神追求。

为了在世界性的文化寻根思潮的大背景中理解中国当代画家的精神性意

[1] 朝戈：《敏感者——一个知识分子画家的叙述》，三联书店，2004年，第70—71页。
[2] 丁方：《我心在高原》，三联书店，2004年，第7页。
[3]《中国油画二十家·丁方》，北京美术摄影出版社，2004年。其素描见《我心在高原》，第106页。

义，有必要从现代性的起源与反思着眼。本书开篇就提到西方社会科学的奠基人马克思·韦伯的比喻，把资本主义看成对传统社会的宗教精神的一场空前“祛魅”。在追求利润最大化的资本增值世俗需要面前，一切神圣都变得微不足道了。然而，在资本主义确立自身的300年里，这场“祛魅”运动的结果是文明与人性发生了根本危机，生存还是毁灭的严峻考验已经提前到来。对此，艺术家希望以“复魅”来挽救人的精神性。

从“全球地方化”（glocalism）的辩证意义上看，当代的文化寻根也不妨理解为全球化过程的另一个侧面。像朝戈醉心吸收了西方绘画的技法和卢梭、弗洛伊德等西方思想家的养料，却情有独钟地表现家乡草原的人文地理风貌；丁方借来西方的悲剧意识和浓厚油彩，却将其灌注于生他养他的黄土地景观之中，他们的作品都可视为全球化和地方化的双向互动作用下的生动范例。

在20世纪思想回应资本主义和现代性危机，经历了“东方”“原始“和“生态”三重转向之后，人们终于意识到：现代社会的根本弊端在于它必然在资本和利润的追逐中彻底改变亘古以来的人与自然的均衡关系，从而将人类引向无法在这个地球上持续生存的危险境地。人们开始明白：资本主义生产生活方式在对一切传统社会“祛魅”之后，正陷入一个“死胡同”——一个人类不受任何精神约束的放纵欲望与技术无限膨胀的时代，人与自然间的均衡已被打破。文化寻根的意义就在于重新唤醒人类的敬畏自然之心，重新估价人在宇宙自然中的位置。如果把启蒙运动看成现代性的“祛魅”，那么，今天的这种再启蒙也就相当于重新“复魅”——重新体认大自然的神圣本性。

如此看来，画家朝戈和丁方的草原情结、黄土地情结同巴荒的荒野情结一样，均有对抗城市文明异化、守护本真自然的“复魅”意蕴。如果从理论上加以定位，那么今日的文化寻根派艺术家的创作就可以理解为对现代性危机的直接回应。

朝戈和丁方作为同一个历史转型时代的见证者，他们不约而同地看到了现实社会危机所在，并身体力行地通过艺术实践来寻求解救危机的精神力量。他们在自己的绘画语言中表达的“神性”，不是像传统宗教那样召唤人们对超自然力量顶礼膜拜。而是在物质主义的使用价值之外培育我们面对自然时的那样一种尊重和敬畏的眼光。那是足以让人觉悟到物质主义“死胡同”的灵性的眼光，是同文化寻根的三大转向完全吻合的眼光。

自法国画家高更为 20 世纪的艺术史揭开学习原始人的运动，到新千年到来之际新萨满主义（new shamanism）浪潮的席卷欧美，“复魅”的历程虽然比“祛魅”的时间要短得多，但是其精神影响力却非同小可。人类学与比较宗教学家对萨满教的研究在 20 世纪形成热潮，获得普遍共识。比如，把巫术看成是与萨满意识相通的宗教活动。一般认为，萨满教属于人类最古老的宗教形式，其发生是以万物有灵的世界观为观念基础的。根据人类学者哈利法克斯（Joan Halifax）的归纳，萨满—巫术的基本特征有如下几方面：一种对幻象的追求，或者分解与复原的体验，出入上中下三界的能力，进入出神状态的能力、医疗能力以及在社群与非常态的世界之间沟通的能力。维特斯基（Piers Vitebsky）则强调，萨满教不是一种独立的、统一的宗教，而是一种跨文化的宗教感觉与现象。萨满的意识及其主题出现在人类的整个历史、宗教和心理之中。其传统可谓深厚无比：从我们的石器时代的先祖就开始了。[1] 在 70 年代，西方学者又从原始宗教世界观方面着手，研究古亚洲美洲式萨满教的意识形态内容。如韦斯顿·拉巴尔（Weston Labarre）提出，美洲印第安人宗教多半保持有他们的祖先在进入新大陆时自亚洲老家所带来的石器时代基层的若干特征，尤其是萨满教对进入迷狂状态的强调。培特·佛尔斯脱（Perter T·Furst）则构拟出亚美萨满教所共有的八大特征。美国华

[1] Piers Vitebsky，*The Shaman：Voyages of the Soul，Trance，Ecstasy and Healing from Siberia to the Arctic*，1995，p.6.

裔人类学家张光直认为，这些特征几乎全部与中国古文明相吻合，并进而举出了下列例证：

公元前5000到前3000年前仰韶文化中的骨骼式的美术；公元前3000到前2000年前东海岸史前文化里面带兽面纹和鸟纹的玉琮和玉圭；殷商时代甲骨文中所见对自然神的供奉，世界的四土，四方的风和精灵，和凤为帝史的称号；商周两代祭祀用器上面的动物形象；中国古人对“在存在的所有形式中‘气’的连续存有”的信仰；东周《楚辞》萨满诗歌及其对萨满和他们升降的描述和其中对走失的灵魂的召唤……甚至于萨满教迷魂失神这一方面也可以由祭仪与酒的密切联系并由有迷魂效用的大麻在古代的使用看出来。[1]

从生理的基础层面看，西方的科学理性发展过分地侧重大脑的左半球，导致了人性自身的分裂以及人与自然的分裂。相比之下可以看出，我们史前到古代的传统、东方的传统才是滋养完整的人性的传统。从人类中心主义的自大狂到人类自造孽的当代发现，是那些痛苦、敏感而近乎疯狂的文学家、艺术家，最先帮助我们启悟过来，完成这个伟大的认识发现的。因为是他们在文明昌盛的时代依然保持着史前遗留下来的萨满意识的潜在能量。这是一种无师自通的从平凡中洞察神性的能量。新萨满主义运动有一个口号：重新向原始人学习。学的是什么？就是在现代性展开的历程中被“祛魅”所失落的心理能力——对自然万物的生命感知。印第安酋长写给美国总统的话，我们已经引用过。其中说的“地球上每个地方都是神圣的。每一根闪亮的松针，每一片沙滩，黑暗的森林，每一片薄雾，每一个嗡嗡的昆虫，在我的族人的记忆与经验中，都是神圣的”[2]就是萨满式感知的活注脚。

[1] 张光直：《连续与破裂：一个文明起源新说的草稿》，载《九州学刊》第一卷第一期（1986）。
[2] 杰拉德·戴蒙德：《第三种猩猩——人类的身世与未来》，王道还译，海南出版社，2004年，第329页。

如此看来，身为东方画家的朝戈和丁方是幸运的。他们虽然学的是西画，却与中国传统中蕴藏的萨满意识和感觉息息相通。笼统地称之为“知识分子画家”似乎还不足以概括他们的特质，用“通神者”和“批判者”这样双重界定也许能够更加准确，他们都是非常自觉地通过艺术眼光来表达他们对现实的感受和批判态度，他们对社会人生的价值承担和对维护人性完整的理想化憧憬。如果说他们作品中的共同特色是一种宗教性或灵性，那么这是他们信仰经验中本土维度的见证，当然也和西方的新萨满主义所寻求的“复魅”是相通的。

人文科学的目的就是扩展或者加深我们对于人类存在的认识——其光荣与失败、幸福与苦难，人文科学应该澄清实现生命更高可能性的条件，以此来援助提高人生质量的努力。人文科学应该在心存道德选择的人那里阐明意志、想象和理性的动力，个体通过道德选择塑造他们的命运。[1]

六、民间剪纸：全球地方化视野中黄土文明的精神价值

从反思现代性危机和反叛西方资本主义道路的高度，重新审视全球性的文化寻根思潮，可以把全球地方化理解为全球化过程催生出的新的本土文化自觉。

人作为世界上唯一的文化生物物种，对自己的文化遗产的珍视和保存、传承，其实也就是人对自己的种群的生存资源和生存方式的自觉延续。这种文化自觉正是在全球化浪潮的冲击和刺激之下日渐成熟起来，于是有了20世纪后期由联合国为平台的，在世界范围的各民族文化中实施的调查和保护“人类口头与非物质文化遗产”的工作。“非物质文化遗产”显然是一个比

[1] 美国《人文》杂志社：《人文主义：全盘反思》代前言，多人译，三联书店，2003年，第4页。

较绕口的西化概念，不仅对于广大中国民众来说的确还是非常费解的新词，就是西方一般的公众也会觉得陌生。不过，只要从我们熟悉的“物质”与“精神”相对的话语模式出发，就可以从精神遗产或无形遗产的高度来理解这个新名词的真谛了。近年以来，随着联合国教科文组织两年一度的申报筛选项目的实施，申报遗产已经成为许多地方政府关注文化的重要动力，催生出发掘和弘扬传统民间文化的热潮。

然而，关于为什么申报的问题，以及文化遗产的现代意义的问题，在理论认识方面还存在很大的盲区。难道只是出于扶贫和抢救的功利目的吗？人们对“文化搭台经贸唱戏”这样短视和浅薄的口号已经习以为常。这就尤其需要具有高瞻远瞩的文化见识的思想者站出来加以引导。在这方面，中央美院的非物质文化遗产研究中心的“中国民间剪纸无形遗产申报”可以作为一个值得关注的案例。项目负责人乔晓光十多年来奔走在黄河流域民间村落，他不仅熟悉本土的艺术传统和众多的民间艺人，而且能够从文化生态的整体眼光来把握民间剪纸的精神功能，揭示民间艺术活动长久不衰的内在动力。

剪纸和信天游、腰鼓舞一样，不是可有可无的日常生活的点缀。它就是我们这个物质资源相对贫瘠的黄土文明的民间精神生态的一个组成部分。我们早已经熟悉了从帝王的宫殿广场——北京的天安门或上海外滩的华丽灯火中认同我们的民族文化，却不习惯从黄土高原的婆姨们能剪能绣的祖传技艺以及这种技艺所负载的精神品格中去体认我们文化的内蕴生命力！知识全球化进程和文化生态的自觉意识，给我们文化中国的资源价值达到空前高度的重新审视与重新估价的契机！有识之士终将会意识到：保存和传承某种文化特有的人文精神（非物质文化遗产）的重要性一点也不亚于发展物质生产和追逐经济的增长率。

正像“生物多样性”这样一个崭新的概念，对于整个生命世界的生态系统共存共荣具有非常的意义一样，“文化多样性”对我们现代人已经习惯的单一标准的现代性认同也具有一种反观和反思的参照价值。如同人类学家从他们所研究的“原始”社会获得启发，从而转过来批判自己的“文明”社会之弊端。为保护民间美术遗产而大声疾呼的乔晓光教授自己，就在走访陕西旬邑县“剪花娘子”库淑兰的窑洞时，留下了自我反思的宝贵的记录：

我感叹这贫瘠的土地，感叹这穷困中的芸芸众生，我宁愿这仅剩的民俗和民间艺术一夜消失，只要人民能早日走出贫困。但我那悲天悯人之心又很快发生了动摇。贫困中的农民并没有我们这般多的感叹和抱怨，他们自有其生之欢乐，死之悲苦，他们淳朴、诚实、热情善良的品性却又实实在在得自贫困闭塞的这方水土。这反倒比衬出现代文明社会人性生存的脆弱、矫情和贫乏。我总在追想，这一方水土何以有这般神奇，使他的乡民们保持如此淳厚善良的美德，并创造出这般通达乐观、情感炽烈、充满美好的民间艺术。我想这正是古老深厚的民间活态文化在民间群体生存心灵里长期积淀，形成的生命信仰力量。[1]

同样是艺术家，出生在这块黄土地的画家丁方，作为今日画坛油画创作方面具有鲜明个人风格特色的一个代表，也是从这块以物质的相对贫瘠和精神的极大深厚为特征的黄土高原中获得思想营养和艺术灵感的。对于他来说，这一望无际的黄色土层下面潜藏着华夏历史文化的矿脉，即这个黄皮肤的民族数千载生存斗争的史诗般壮美的精魂。以下就是丁方自述的观察体验：

我常常独自一人在黄土高原那辽阔而雄伟的峁塬上体验着自然与人类的深刻关系。当时写下的手记片段，可以作为我创作的那批以陕北人物和

[1] 乔晓光：《沿着河走——黄河流域民间艺术考察手记》，北京：西苑出版社，2003年，第13页。

风情为主题的素描组画的精神按语：“自然比我们之中的任何强者都要强。在那深沉浑厚的原野、山脉与河流的拥围下，人们的衣帽、手臂和筋脉都打上了它们的烙印。尽管土地对人们是那样的苛刻，但却不曾有人背弃故土。”“自古以来，那里的人们便受尽了苦难，劳累虽夺去了人们的容貌，但却没有夺走人们达观的欢笑；我从中感到了那里的人们对土地的眷恋之情深，感到了他们默默忍受苦难时所体现出来的庄严、伟大。”在这一认识的基础上，通过厚重的笔触去刻画展现于黄土高原之上的人文气象——这是一种由质朴的造型、严整的结构与雄浑的力度构成的人与天地同在的宏大场景。这一场景的史诗性质，常常驱使画笔将一个普通的景观处理成既是现实的又是永恒的。[1]

一般来自都市和学院的考察者，自然习惯从都市生活的物质水准来看穷乡僻壤的贫困。但是，正如有学者指出的：“贫困必须被视为是对基本能力的剥夺，而不仅是收入的低下。”再从《佛教经济学》的作者佩优托（泰国）的观点看，判断贫与富的尺度不是物质财富的多寡，而是人心欲望的大小和所能达到的境界程度。[2] 千万年的西北风扬尘所生成的黄土高原，在资源物产方面的确是相对贫瘠的。可是正是这块物质相对贫瘠的生态环境中培育出了我们这个在世界古文明中生命力最持久的（或者说是仅存的未曾中断的）华夏文明。这里面蕴涵着的巨大历史能量和生存韧性，无疑正是最值得珍视的文化特质和文化精髓。

从年高八旬仍“剪剪不息”的“剪花娘子”库淑兰那里，我们看到的岂止是一种技艺啊？与当今那些盲目追逐小资情调的都市白领相比，与拥挤在

[1] 丁方：《我心在高原》，北京：三联书店，2004 年，第 49 页。
[2] 佩优托（Ven P · A · Payutto）：《佛教经济学》（*Buddhist Economics*）修订本，曼谷：佛学基金会出版，1994 年，第 27 页。

具有辐射的钢筋水泥丛林所谓追逐时尚的一代，沉醉于声色、品牌与物质享乐，痴迷于网络游戏的一代相比，究竟是谁更在精神状态上显露出“贫困”，谁才更需要拯救呢？这也许是我们在审视活态文化传统之余，值得久久思量的问题。按照《佛教经济学》的观点，现代市场社会的巨大偏向造成人的精神的委顿和心灵的荒漠化：“绝大多数的广告都向公众灌输着一种对自私自利的偏好，它们让我们成为完美的消费者，除了尽情消费现代工业的各种产品之外，不再有更高的生命追求。在这一过程中，我们被塑造成了一批‘饥饿的鬼魂’，为了满足永不消失的热望而追逐不停，而社会也就变成了利害冲突和物欲横流的场所。广告还迎合人们要求炫耀其拥有物，以此作为获取社会地位之手段的心理。一旦品牌和派头成为主要的标准，人们便盲目地花费不必要的钱去追逐昂贵的商品。在极端的情形中，人们受到追逐时尚的需要之驱动，几乎丧失了自主性，他们不能等待片刻，省下钱去追求最新的流行物，他们只知道用信用卡付账。花费大于收入的现状将会导致恶性循环。”[1]这位泰国和尚学者佩优托所描画的现代人精神委顿景象，给我们的黄土地民间艺人们的精神生态提供了非常鲜明的对照。从这个角度看，与市场的商业价值无关的剪纸艺术，代表着乡土间的一种生存样态，可以开发作为医治现代文明病的良药。

如果就“人类生存与生态环境”这个主题展开思考，对作为中华文明之根的黄土文明价值的反思可以纳入生态人类学这门边缘学科的特殊视角。我们今天的发展观源于西方的人类中心主义的价值理念，这种价值理念往往超越了我们自己传统的价值理念（不崇拜进化与发展，而信奉均衡与循环），基本上成为现代世界上支配性的强项文化观念。过去我们一直试图依照西方的这种价值理念去引导人类未来，而在经历人类学的世纪转折（从寻求放之

[1] 佩优托：《佛教经济学》，第 25 页。

四海而皆准的人类文化普遍规律，到寻求各个民族文化的特殊性）之后，我们今天觉悟到世界未来的方向必须置于广泛的全球多元化文化视野下，重新加以权衡。除了西方文化以外，人类各个族群的丰富多样的生态经验和生存经验都是值得珍视的。具体来说，文化的多样性是我们人类未来的生存保证。中国作为多民族的国家所孕育的多民族文化数千年来延续到今天，是全世界绝无仅有的。中华多民族的共存之道就是给人类不同族群未来和平共存的巨大启示源泉。也许有人说，我们中国人自己这样说是不是太自豪了点？我可以借用 20 世纪西方最著名的历史学家汤因比的说法。他观察和比较了世界上的 26 种主要文明之后，最后得出的结论是：过去的 500 年，是西方人的文化在物质上统一了世界，未来的 500 年（从 21 世纪始），这个世界将达到精神上的统一，而西方的基督教文化因自身的衰败无法做到这一点，有谁的文化可以引导人类达到精神上的统一呢？那就是以儒家的中庸精神为核心的中国传统文化精神。我觉得汤因比不是信口开河，因为事实上只有中华文明这样的一种文明在历史上未曾中断地延续到了今天。

文化人类学 100 多年来已经研究穷尽了地球上所有的原始文化，可对中华文化生命力奥秘的研究却基本上还是空白。如果国际上的人类学家一起研讨这个问题，会对整个现代性危机中的世界具有重要借鉴意义。当把目光聚焦在黄土文化区，就会意识到，不管是对华夏边缘关系进行历史研究，还是对华夏文明的起源进行发生学探讨，黄土高原都具有其独特性与典型性。黄土高原文化和西方以及世界其他古文明发生具有不同的生态性质。过去西方学者关于文明起源的主要理论是所谓大河流域的水利说。极为重要的代表就是尼罗河、两河流域、印度河、恒河流域产生的最古的三个文明。它们都是靠大河之水的灌溉发展规模农业，进而产生高度文明的。关于文明的起源，美国学者魏特夫的“水利说”非常流行，其立论根据就在于此。然而仔细考察中华文明的起源，却完全不是如此。只要看看中国新石器时代文化遗址的分布，就可以明白：当时根本没有利用黄河的水进行灌溉。水利灌溉催生文明的说法至少在我国境内的考古发现中无法验证。如果我们忽视了本土文化的特殊生态之根，很可能被“水利说”所迷惑。没有用黄河水进行灌溉，也没有发展起大规模的集约农业，那么中国文明起源的独特性、延续性奥秘在哪呢？

从西安半坡仰韶文化遗址可以知道，6000 年前的黄土高原没有许多种粮食，只有一种，就是小米，即古人所说的社稷江山的“稷”。原因是小米是耐干旱的作物，不用灌溉，甚至没有降雨，它也能生长！小米这种作物跟气候和黄土的关系极为密切，所以我们也许能从这一点发现中国文明的特点发端于黄土地的特殊生态根源。直到现代，我们中国人还是靠“小米加步枪”对抗外敌侵略，捍卫了延续 6000 年的这种生存方式。我们今天在黄土地上的民间文化考察，可以有助于反思这样重要的研究课题，深入了解中华文明的延续性中透露的生态经验。在世界的四大文明古国中，可以说依托黄土地而生的中华文明是生态条件最差的一个，可偏偏又是这一个文明的生命力最为持久。在全球地方化视野中真正地关注中国问题，把中华多民族文明的历史发生和延续之谜揭开，应该会为人类文明走向的多元选择提供更多更有价值的参照。

从全球地方化的角度看，无论是土窑洞里世代传承的剪纸，还是至今激荡在黄土高坡上的高亢爽朗的信天游歌声，既可以从一般意义上理解为民间艺术的地方样式，也可以从文化整合的意义上视为构成这个独一无二的文明传统的有机的血肉，其所体现的精神价值与生命力，应当和这个文明本身一样持久。

THE ELEVENTH PART

第十一章

文化寻根的学术意义与思想意义

- “文化寻根”解题
- 文化寻根的学术意义
- 文化寻根的思想意义

鉴于国内理论界对文学艺术方面的寻根思潮有相当关注和讨论，而对作为 20 世纪全球性思想风潮的文化寻根不甚了解的现状，本课题侧重梳理出后一方面的主要线索和表现。取材除了近年来收集的文献资料以外，还借鉴人类学的田野作业方式，摄入个人的实地考察和体验。特别注意从各种边缘的或非主流的、非官方的、非学院派的亚文化视角去发现和审视问题。

比如，针对西方文明中根深蒂固的白人优越论，以及以此为基础的种族主义和沙文主义，本课题关注了西方文化寻根大潮中风起云涌的“黑色风暴”——从人类学关于人类起源的“走出非洲”说，到黑非洲艺术对现代主义的影响，再到《黑色雅典娜》和《黑色上帝》这样争议巨大的学院派著作（还可以补充的是德国历史学家阿斯曼的《摩西这个埃及人：西方一神教中的埃及记忆》，哈佛大学出版社 1997）；针对西方文明主流的希腊罗马文化传统，特别提出了在历史上长期被压抑和忽略的另外一条重要文化根脉——凯尔特文化，描述了凯尔特复兴在现代文化艺术诸方面的突出表现，揭示这一被正统文明史观所遗忘和埋没的文化传统的巨大能量和独特价值；针对父权制文明的男性中心主义意识形态，考察了过去一两个世纪中风起云涌的“女神复兴”运动，并力求勾勒出其学术上的重要动向及其对相关学科的冲击与革新作用；针对基督教在西方文明的精神史中的传统主导性地位，考察近半个世纪以来反叛和超越基督教思想的新时代运动、新萨满主义，特别是这些民间思想文化风潮给当今文学艺术创作带来的强烈反响，分析了以《哈利·波特》为代表的超级畅销书的巫术—魔法复兴的思想文化背景，以及以卡斯塔尼达为代表的人类学小说在萨满教复兴大潮中推波助澜之功用；针对西方文明自大的偏见，从后殖民的立场探究西方理性的“原始情结”和原始主义在学术上的发展及最新表现，尤其是人类学界关于帝国主义霸权话语如何“发明原始社会”的知识社会学辨析成果，在促进文明自身的反思与批判方面所起到的再认识与再启蒙的重大作用，体现为对人类学的对应关键词“文明/

野蛮”的系谱学分析和文化语义学的颠覆。又从“现代性的文化体验”这个角度去审视2003年春季发生在我们身边的两大国际性事件——伊拉克战争和SARS瘟疫，把它们理解为体察现代性风险的最佳机会，希望把流于玄虚和抽象的现代性理论争辩，按照现象学的“还原”方式，重新落到当下生活中，获得亲身经历的体察和感觉丰富的领会。

如果读者能把这些分别叙述的文化现象合成的一个有机整体，从“现代性的文化体验”上获得感觉的整合，我想，“究竟什么是西方的文化寻根运动”的问题，就可以有一个大致的轮廓。而且这场寻根运动与现代性的关系如何，也就可以梳理出一个眉目。那么，这场声势浩大而持久的文化寻根运动的性质和意义是怎样的呢？下文拟分三个层面做出理论总结性的论述。

一、“文化寻根”解题

我们汉语里的“寻根”这个词，总是多多少少与血缘世系上的“追宗认祖”相联系。20世纪80年代以来的“寻根文学”热，使这个词的文化语境得到凸显，“寻根”或“寻根文学”也就成为我们文学批评和文化研究中具有了学术话语性质的流行词。翻开任何一部中国当代文学史，“寻根文学”已经成为不容忽略的创作流派而占据了专门章节的内容。不过，如果将视野拓展开来，从现代性的宏观背景去审视，就会意识到寻根不只是文学现象，而是包括和涵盖了文化艺术各个方面的一种思想现象和文化现象。我们在学院派学者的民俗文化研究热潮（如傩文化）和非学院派非科班的学者萧兵、何光岳的上古文化研究著作中，在影片《黄土地》《红高粱》《菊豆》的凝重镜头画面里，在画家罗中立的《父亲》和巴荒的西藏风情油画系列中，在以董克俊、尹光中为首的美术流派“贵州现象”中，在民间美术发掘家靳之林、乔晓光等收集的抓髻娃娃和剪纸造型中，在作曲家瞿小松、谭盾等融合边远异族风格的音乐曲调中，甚至在当今如雨后春笋般涌现的民俗文化村景观和各类新建“古迹”上，在徒步暴走族的新疆沙漠旅行和藏地探险游热潮中，都可以依稀感受到文化寻根作为心理情结或作为一种激情的存在和跃动。[1]

寻根文学在刚刚打开国门向世界开放的20世纪80年代的中国风起云涌，绝非偶然。文化的碰撞与反差，如何使文学在我们这个没有人类学传统的国家知识谱系中具有了人类学的性质，我在对寻根文学的代表人物韩少功所著《马桥词典》的文化分析中曾有初步的探讨。[2]这里需要进一步指出的是：文化寻根是一场再认识运动。其主旨可以从人类学的角度概括如下：在后殖民语境下，如何重新审视长久以来在西方主流的霸权话语压制下的被边缘化和卑微化的事物之真相，重新发现各种本土性、地方性知识的特有价值。对于中国文化而言，这种再认识的意义，如乔晓光的黄河流域民间美术考察手记《沿着河走》卷首引言所说：“我们已习惯了从汉字了解中国，从古典史籍、宫殿遗址、文物珍宝、圣贤精英、帝王将相去认识中国，但我们很少从一个农民、一个村庄、一个地域的习俗生活、一首口传的诗歌、一件民间艺术品——世界很少从民间认识中国。”[3]无论从马桥村民的鲜活口语词汇中，还是从民间的剪纸造型中，我们所获得的文化信息的质和量都远不同于从课堂和教科书里所获得的。如果说文化多样性比生物多样性更值得人文学者珍视的话，那么全世界范围的文化寻根，就具有在西方资本主义生产生活方式和现代性的价值之外，寻找人类生存选择多样性和未来发展道路多样性的重要文化生态意义。从这个高度看，文化寻根是牵涉我们这个星球和人类的互动以及人类内部互动关系的终极关怀问题，而绝不只是怀旧、复古、保守的传统主义、迷恋民间乡土习俗或者展现地方特色。当年的寻根文学的一些作家由于尚未

[1] 参看叶舒宪：《艺术走向荒野》，载《东方文化》（广州），2002年第5期。
[2] 参看叶舒宪：《文学与人类学相遇：〈马桥词典〉的认知价值》，见《原型与跨文化阐释》，暨南大学出版社，2002年，第321—333页。
[3] 乔晓光：《沿着河走》，西苑出版社，2003年。卷首。

达到这样明确的理性认识，在创作中确实有追求地方土气风格的偏向。

从字面上看，“寻根”这个措辞是一种隐喻，包括叶落归根、绿叶对根的情义、狐死必首丘、鸟飞返故乡等等，这些贯穿古今的不同说法，都是基于同样观念的隐喻。人们之所以津津乐道这些比喻措辞，因为它们充分代表了人类深藏于心底的某种情愫。借用乔治·拉考夫（Geoge Lakoff）和马克·约翰逊（Mark Johnson）在《我们赖以生存的隐喻》（Metaphors we Live by）中的术语，我们可以把“寻根”视为那种蕴涵着张力的“隐喻性概念”（metaphorical concept）。[1] 如他们在著作中所说：“隐喻构成我们的语言的本质要素，因此我们的思想和行为也在很大程度上与隐喻有关。我们思考和行动于其中的日常观念系统就其本质而言就是隐喻的。”寻根的隐喻把人的文化归属心理表达成一种具有普遍性的生物法则。其背后的实质却是文化认同的一种方式。“根”是生物中植物的生长源头。对“根”的强调旨在为事物追本溯源，发掘新与旧之间的潜在联系。

寻根比喻背后的实质是文化（身份）认同问题。处在文化变迁加剧时代的人，如何在传统与现代、西方化与本土化的冲突背景中确认自己的文化价值取向的问题。因此，它既是每个人都无法回避的普遍性问题，又是迫在眉睫的当下性难题，它充分体现了现代性与后现代性之间的纠结与张力。我们在这里把 20 世纪以来的全球文化寻根运动理解为对现代性的一种反驳、反思和反叛的结果。当然，也可以从更加宽泛的意义上把它理解为现代性反思的一种表现，即包含在现代性自身之内的自我质询与自我批判。之所以如此，是因为“现代性面对的是既不明确又难以预料的未来：没有任何的传统参照对象可以为某些未来道路的选择做保证，因为现代性不断地制造断裂，任何建立在科学基础上的知识都不能辨别它们。因为它的行动本身就提高了不确

[1] Geoge Lakoff, Mark Johnson, Metaphors we Live by, *Chicago: The University of Chicago Press*, 1980, p.6.

定性的程度。”[1]

这种不确定性，吉登斯也称之为“实验性”。他指出：“现代性本身已经成为实验性的了——是所有人的生活都被卷入进来的宏大实验。但是在任何意义上这都不是一种在可控制的条件下进行的实验。”[2]吉登斯还一再强调，人类尚做不到自己掌握自己的命运。我们今天生活的世界乃是“一个失去控制的世界”。[3]而且，令人不安的是，过去被认为创造了越来越大的确定性力量——人类知识的进步以及对社会与自然的“控制性干预”——实际上却不可预测。如果我们同意法国的现代性研究者伊夫·瓦岱所引用的这个判断：现代性就是“运动加上不确定性”，那么寻根的努力就可以理解为重新寻找确定性的生存需要了。这里既有生物种群面临生存威胁时的近乎本能的自我保护反应，也有出于理性和智慧的权衡与选择。换言之，寻根者的目光好像是向后看的——回头寻找来路，但是由于他是在前瞻的前景暗淡情况下不得已才回头望的，所以他的向后看也就充当着和包含着替代性的向前看。社会文化的生命延续在面临莫名的不可测的风险威胁之下，为保存自身而采取的以退为进的生存战略。

我们知道，在古代社会，人们有宗教世界观提供的历史理念，现实生活被看成是朝向上帝既定的救赎目标的一个环节。启蒙主义以来建立的进步历史观——曾经是现代性思想基础——认为，人类历史朝向永恒的进步阶梯逐级前行。而今，反思现代性的结果使人们终于意识到，未来既没有救赎，也未必是进步，不确定性的召唤声中祸福参半。我们突然变成了现代性之瞎马背上的盲人！面对前所未有的巨大风险，我们究竟要被带到哪里去，谁也无法说清。这样，回头寻找来路，以求从困顿和迷失中解脱出来，这，就是文

[1] 伊夫·瓦岱：《文学与现代性》，田庆生译，北京大学出版社，2001 年，第 119 页。
[2] 吉登斯：《超越左与右》，李惠斌等译，社会科学文献出版社，2000 年，第 227 页。
[3] 吉登斯：《超越左与右》，李惠斌等译，社会科学文献出版社，2000 年，第 3 页。

化寻根的真实的精神底蕴吧？正是这种终极关怀性质的精神底蕴才使得寻根的激情具有其宏大而深沉的召唤力。

理论上的这种认识，可以帮助我们重新看待诸多习以为常的文化现象，能够从实质上加以辨别区分。否则很容易把文化寻根同一些似是而非的现象——如形形色色的原教旨主义和民族主义运动相混同。

二、文化寻根的学术意义

“寻根”的比喻从假想中的生物的认祖归宗现象出发来类推人类的习性。笔者曾经把这种类比认同的自觉寻根意识解说成在农耕文化的生产生活方式中得到强化的心理情结，或者是由大自然的季节性周期变异而得到启迪的一种向往“永恒回归”的执着的思想倾向：

在占进化历史 99% 的狩猎采集时代，人与禽兽相周旋，过着飞土逐肉的生活，居无定所，尚无家园、故土一类的意识，更不会有落叶归根之类的观念……只有农业这种产食模式的发明把人的生存同土地紧密地联结为一体，发展出定居的文化形态——村落乃至市镇、城邦……建立在地缘意识基础上的种种价值观念由此应运而生，如家园之恋、故土之思、邻里乡党、宗庙社稷、籍贯祖坟等等。[1]

就现代社会而言，大多数的文学艺术家和人文知识分子，相对于科技知识分子和政府官员，更倾向于成为坚定的文化寻根派。在现代学术史上，除了比较宗教学家艾利亚德的名著《永恒回归的神话》之外，对精神的寻根做

[1] 叶舒宪：《归根情结说》，载《天涯》1998 年第 1 期；收入《两种旅行的足迹》，上海文艺出版社，1999 年，第 118—129 页。

出专题性哲学论述的，有法国思想家西蒙娜·薇依的《扎根：人类责任宣言绪论》一书。如果不拘泥于字面上的说法，而是考察思想的实质，那么海德格尔的存在哲学就可以理解为当代寻根精神的最大体现。他曾经充满忧虑地警告世人，构成现代性之动力的科学技术力量正在把我们人类从这个大地上“连根拔起”。[1]这种“拔根”究竟是怎么发生的呢？海德格尔在《诗人何为》中结合对里尔克诗歌的阐述有过精当的说明：“技术统治之对象事物愈来愈快，愈来愈无顾忌，愈来愈完满地推行于地球，取代了昔日可见的世事所约定俗成的一切。技术的统治不仅把一切存在者设立为生产过程中可制造的东西，而且通过市场把生产的产品提供出来。人之人性和物之物性，都在贯穿意图的制造范围内分化为一个在市场上可计算出来的市场价值。这个市场不仅作为世界市场遍布全球，而且作为求意志的意志在存在的本质中进行买卖，并因此把一切存在者带入一种计算行为之中。”[2]人性的物化，马克思也曾视为资本主义生产的特征。但他坚信资本主义只是向理想的共产主义过渡的一个阶段。因为有科学技术作为生产力的解放，必然推动社会前行。到了海德格尔生活的核战争时代，对科技的看法发生了重大变化。技术同市场一样，都是像魔鬼一般给人性拔根的不可控力量。海德格尔不能再像歌德、马克思那样对未来持乐观预期了。

作为对存在哲学的回应，薇依也认识到人性拔根的危险和扎根的重要性。她说：“扎根（enracinement）也许是人类灵魂最重要也是最为人所忽视的一项需求。这是最难定义的事物之一。一个人通过真实、活跃且自然地参与某一集体的生存而拥有一个根，这集体生活生生地保持着一些过去的宝藏和对未来的预感。所谓自然地参与，指的就是由地点、出生、职业、周遭环境

[1] 海德格尔：1966 年 9 月与《明镜》记者谈话，见《只还有一个上帝能救度我们》，《海德格尔选集》，孙周兴编，上海三联书店，1996 年，第 1305 页。

[2] 海德格尔：《诗人何为》，见《海德格尔选集》，孙周兴编，上海三联书店，1996 年，第 432 页。

所自动带来的参与。每个人都需要拥有多重的根。每个人都需要，以他作为自然成员的环境为中介，接受其道德、理智、灵性生命的几乎全部内容。”[1]

薇依把拔根状态视为一种现代生存的疾病。她认为造成拔根状态的原因主要有两大方面：军事征服和侵略导致的传统中断，金钱和经济支配力量的冲击。就目前的发展态势看，这两方面的威胁在新世纪有增无减。拔根状态的加剧也必然激发更强烈的归根需求。这就给现代知识谱系中的社会心理学和精神医学，以及尼采意义上的文化治疗学，提供了充足的用武之地。艺术治疗或文学治疗命题的倡导，其实正表明文化寻根所具有的重新滋养的治疗学意义。[2]

薇依和海德格尔显然都是从个体的精神需要方面来发挥“根”的比喻的。在他们看来，人的“根”就是完整的人性。因而，现代社会的“拔根”状态，也就是人性的扭曲异化状态。从学术意义上看，文化寻根大潮虽然与个人的精神需求密切相关，但其文化的超个体向度负载着更丰富的知识内涵，对于人文社会科学的其他方面也产生了积极的影响。引发了许多学科成见和历史成见的消解和再认识过程。对于原有学科和知识体系的反思、重新整合和重新认识评价，多少具有再启蒙的性质。

举例来说，西方社会中知识精英们的文化寻根，对于东方国家的社会文化具有重要参照和启示作用。它可以引导对各自传统的再发现和再认识。19、20 世纪以来，随着全球民族解放运动的开展，寻找民族国家文化源头的努力，此起彼伏。比如，古代印度人，由于印度教轮回时间观的制约而缺乏足够的历史意识，对印度文化的源头没有什么真切的认识。只有在西方的印欧比较语言学和比较神话学、比较宗教学兴盛起来以后，关于史前印欧文

[1] 西蒙娜·薇依：《扎根：人类责任宣言绪论》，徐卫翔译，三联书店，2003 年，第 33 页。

[2] 参看拙文《文学治疗的原理与实践》，见叶舒宪主编《文学与治疗》，社会科学文献出版社，1999 年，导言；李亦园：《民间文学的文化生态》，见《文学与治疗》，第 3—19 页。

化（雅利安文化）移入和印度本土史前土著文化合流的双重根脉，才第一次为印度人所知晓。以这一新知为基础研究印度历史、语言、宗教、哲学的新局面才得以形成。

再比如伊拉克，在西方考古学家的两河流域考古学大发现以前，并不知道自己国土的漫漫黄沙之下沉睡着的是足以让举世皆惊的人类最早文明城邦——苏美尔。苏美尔文明的再发现不仅给伊拉克的历史文化寻根带来极大的刺激，而且也改写了整个世界文明史，对古埃及文明的鼻祖老大地位提出了决定性的挑战。美国考古学家克拉莫尔的《历史始于苏美尔——人类有史以来的 27 项第一》[1]，就以考古实物为据，突出显示了 5000 年前苏美尔城邦文明所具有的文明之根的意义。苏美尔所发明和使用的楔形文字是人类最早的文字，一部世界文学史也就自然要以苏美尔文学为首章来开篇了。当代伊拉克人对古老的苏美尔文明的历史认同虽然未必有充足的人种学和系谱学依据，但是考古学这门学科在文化寻根方面的特殊作用却非常明确地展示给了世人。

虽然不属于考古学却具有“知识考古学”意义的，还有在 20 世纪中期勃然兴旺起来的口传文化研究。其独特的学术价值在于，用文化寻根的眼光去穿透文明史的表象，在书面文化（文明）压制和遮蔽的背后，发现出更为悠久的口传文化。这方面的研究在 20 世纪末期出现了很令人振奋的成果，包括荷马史诗和《旧约》《新约》在内的早期文献，都被重新理解为口传文化的后代文本化产物。当年哲学家海德格尔要求现代思想者把目光重新定位在前苏格拉底的时代。无独有偶，作家博尔赫斯也要求人们关注希腊文字未能记录下来的东西。他写道：

[1] S・N・Kramer，*History Begins at Sumer*，New York：Doubleday Anchor Books，1959.

毕达哥拉斯故意不留下书面的东西，那是因为他不愿意被任何书写的词语束缚住。毫无疑问，他肯定已经感受到“文字能致人死命，精神使人新生”这句而后在《圣经》中出现的话的含义。他感受到了这一点，所以不愿意受制于书面语言。

毕达哥拉斯有意不写下任何东西，他是想在他逝世后，他的思想还能继续留在他的弟子们的脑海中。这就是“Magister dinit”（拉丁文，意为“吾师曰”）（我们在孔子弟子那里看到的“子曰”，何其相似啊！）的来源，但这并不意味着他的弟子们会被导师说过的话束缚住手脚。恰恰相反，这正好强调了他们可以完全自由地发挥导师指出的思想。[1]

博尔赫斯还以柏拉图、基督耶稣和佛陀为例子，进一步说明这些口授的大师比书面记录更加超越的一面：“他（柏拉图）说书就是肖像，人们会把它看作是有生命的，但向它们提问时，它们却不会作答。为了改变书不会说话的缺陷，他搞了个柏拉图式的对话。这样，柏拉图就以许多人的身份出现了。有苏格拉底、高尔吉亚和别的人物……他死后也没有留下任何书面的东西，他是一位靠口授的宗师。对耶稣基督，我们知道他只写过几句话，却早已被泥沙给抹去了。之后，他没有再写过我们知道的东西。菩萨（指佛教创始人释迦牟尼）也是一位口授的大师，他的说教至今仍萦回于人们的耳际。”[2]作为补充，我们还可以将中国的孔子也算在靠口授的伟大宗师之行列中。他本人不仅有“文献不足徵”的表白，而且挂在他名下的唯一著作《论语》也充分显示着对话性语录性的口传特征。在我们今天的写作辩驳中常用“唱反调”一类说法，其实也是口传文化的音乐方式在书写文化时代的遗留物。

可以预期，随着知识社会学的反思大潮和福柯的系谱学的历史分析思路

[1] 博尔赫斯：《书》，陈凯先译，见《博尔赫斯文集·文论卷》，海南国际新闻出版中心，1996年，第178页。
[2] 博尔赫斯：《书》，陈凯先译，见《博尔赫斯文集·文论卷》，海南国际新闻出版中心，1996年，第179页。

的普及推广，文化寻根运动还会给新世纪的人文历史研究带来知识更新的更多契机。

三、文化寻根的思想意义

关于文化寻根的思想意义，本栏目的系列文章中已经有所涉及。归结起来看，文化寻根作为现代人文化再认同的方式，它可以扩展着我们进行社会现实批判的参照视野和维度，提供社会发展道路选择的多样性参照，避免盲从性地追随一元化的资本主义市场社会价值模式和对其前景盲目乐观的偏执。倘若从卢梭的复归自然理想算起，可以说，寻根从启蒙时代开始就是现代性话语谱系之中的重要维度。

如果有人问，为什么世界性的文化寻根运动偏偏在文学艺术方面得到突出的显现和最多的关注呢？倘若我们能够把握到在“文化寻根——审美现代性——艺术治疗”（从代表人物上看，就是“卢梭——波特莱尔、尼采——海德格尔、福柯”）之间的思想史线索和学理上的逻辑联系，那就能够对这个问题心中有底了。下面再分四点加以阐说。

1. 文化寻根的时间向度与空间向度。如前所述，文化寻根是以向后回望来路的方式代替直接的前瞻。从希腊神话的黄金时代原型，到希伯来神话的伊甸园原型，理想的时间都被确认在过去。这就给复乐园的想象奠定了超越历史过程、重新回归初始的时间维度。随着近代以来人类学意义上的跨文化比较视野的出现，寻根的纵向时间维度可以顺理成章地转换为横向空间维度。

本尼迪克特·安德森《想象的共同体》描述了 16 世纪以来西方的地理大发现给社会意识带来的巨大影响：西方人的乌托邦幻想如何与北美新大陆的探险传奇结合起来。“地理大发现已经使人们无须再从已消逝的远古中寻找模式了。在乌托邦作家之后接踵而至的是启蒙运动的先驱者，如维科、孟德斯鸠、伏尔泰以及卢梭。他们愈来愈常借用一个真实的非欧洲为素材，从事密集的颠覆性写作，以攻击当时的欧洲社会和政治制度。事实上，这时已经有可能把欧洲想成只是许多文明中的一个，而且不一定就是上帝所挑选的文明，也不必然是最好的文明。”[1]

究竟有没有“最好的”文明呢？至少在20世纪的斯宾格勒和汤因比的宏大的比较文明史视野里，西方文明绝非“最好”。没落的前景好像是宿命。汤因比在和东方思想家池田大作的对谈中，把引导未来500年间人类精神统一的希望寄托于儒家的思想，似乎是在比较中找到了“最好”的文化价值。20世纪以来主要由人类学家培育出的关于珍视“文化多样性”的宝贵思想，和同一个世纪的生态意识大觉醒培育出来的珍视生物多样性的观念，正在成为全球社会的普遍共识。人类学家不再把寻根等同于怀古、恋旧，开历史倒车。其实大凡说到“复兴”“回归”，就多少包含着文化寻根的意识在内。不论是现代文明中凯尔特文化的复兴、女神宗教的复兴，还是当今物质发达社会的成员中流行的精神向萨满教—巫术—魔法、瑜伽、冥想的回归，向大自然和动植物的回归，都不再是简单的时间上的回溯，或黄金时代、伊甸园理想的复活。世界上非西方的、边缘地区的文化样态足以成为寻根的现实空间参照。像人类学家威泽福德的著作《野蛮人与文明：谁将存活？》，就很有代表性地突出了现存“野蛮人”生活的借镜意义，给文明敲响了警钟。

当然，西方主流文化是不会轻易放弃自身的市场化运转目标，屈从于边缘和“野蛮”的。福山《历史的终结》第七章为“拒绝文明的运动”，其中写道：

在近代，从19世纪初的浪漫派思想到60年代嬉皮士运动，有意排拒科

[1] 本尼迪克特·安德森：《想象的共同体》，吴睿人译，上海世纪出版集团，2003年，第83页。

技和理性社会者为数甚多。其中最一贯反技术文明的是环保运动。他们申论说如果能不操纵自然，而接近原初的前工业状态，人才会过得比较幸福。[1]

不过，福山追溯了这种反文明倾向与卢梭怀疑“历史进步”思想的联系，认为不可能让科技理性自我放弃而使历史走上回头路。显然，科技发展走的是有去无回的路。一往无前的技术自我膨胀再加上为利润而生产的市场经济，作为构成现代性基础的两大动力源头，昭示着资本主义社会的运作实质。迄今为止的任何反对与反叛似乎都还不足以阻拦其发展的不断加速的势头。而从“增长的极限”来判断，只有资源和生态的承受限度才是使这种人力无法控制的社会运行最后终结。而“世界体系论”的代表人物华勒斯坦等已经把这个期限提前到了21世纪的20—30年代，似乎可以说是迫在眉睫了。

现代性取代传统社会的时间观、历史观，确立其自身的以无限发展和进步为号召前景的价值体系。按照哈贝马斯的说法，这是一种未来优先的时间观，所谓进步、革命、发展、增长等等价值观念，正是随着启蒙运动以来的现代性确立而流行开来并且建立起合法性的。歌德所表达的“浮士德精神”以及黑格尔所信奉的“世界精神”，都是以不断前行为根本特征。这种进步世界观的现实基础则是扩大再生产的需求和资本增值自身的需求。自从后现代主义的批判观点风行以来，越来越多的人意识到限度的严峻性，意识到超越现代性的迫切需要。人类只有超越扩大再生产的模式、增长的模式，才能在这个地球上，在现有的资源环境中持续生存下去。文化寻根的取向本身就是这种超越的体现。问题在于，寻根能给出可行的出路吗?

吉登斯在《超越左与右》一书中“现代性的负面”结论部分写道：“从积极的角度来看，自然的消解带来的各种机会和困境，为处于人类相

[1] 弗兰西斯·福山：《历史的终结》，集体翻译，远方出版社，1998年，第103—104页。

互依赖具有深远而且全面意义的世界中的我们揭示了普遍性的价值。为了摆脱生产主义，意味着要在自主、团结以及追求幸福的主题引导下恢复积极的生活价值。”[1]

从斯坦利·戴蒙德的《寻找原始人》到罗宾·克拉克和杰弗里·欣德利《原始人的挑战》，我们清楚地看到，西方人类学者的寻根的理论建构，在突破发展主义和生产主义成见，引导人们“恢复积极的生活价值”方面具有积极贡献。而从文化传播的意义上看，这种归真返璞的掉头回转对于后发展中的民族国家，也有防患于未然的借鉴作用。

2. 理论旅行——文化医学的治疗意义。文化寻根大潮的策源地为什么是在西方社会？美国教育家安德鲁斯博士《返朴归真——重回美好的生活》，立足于当今世界物质上最富足的社会（美国）现实，却大声疾呼地向人们发出要求“重回”的呼唤。这也许对于追赶美国的现代化步伐与攀比其物质财富的其他国家的成员来说，更加具有一种前瞻性的启发：

我们的百万富翁列第一，生活在贫困状态的老人和儿童也列第一。

我们的物质财富列第一，财富的不均匀分布也列第一。

我们的高楼大厦列第一，无家可归的人也列第一。[2]

安德鲁斯排比出这些问题时还不忘发问：虽然我们拥有了最多的财富，但是美国人的梦幻怎么变成噩梦了呢？这种惊人的诊断就使“重回”的要求具有了文化治疗的意义——必须改变现有的生活方式。放弃贪婪，崇尚简朴。

世纪之交的全球最畅销书《哈利·波特》的女作者罗琳在回答采访时说，她曾患抑郁症，有强烈的治疗的冲动，摄魂怪（Dementors）（《阿兹卡班》）

[1] 吉登斯：《超越左与右》，李惠斌等译，社会科学文献出版社，2000 年，第 240 页。

[2] 安德鲁斯：《返朴归真——重回美好的生活》，李安龙译，天津人民出版社，1998 年，第 13 页。

即为心理抑郁症的人格化表现。我们可以发问：是什么东西摄走了当代人的魂灵，使他陷入迷茫和苦闷而不得自拔？心理学家荣格的著作《现代人寻找灵魂》，或许能够让人领悟：魔法的复魅其实是要为追逐物欲而丧失了灵性的当今人类招魂。

马尔库斯和费彻尔的《作为文化批评的人类学》一书写道："世界依然充满着文化差异，而事实上，绝大多数的可能性已为人所知，或者至少已经被人们考虑到，而且所有的异文化世界都已经被现代生活所渗透。因此，现在重要的问题，不是别的地方存不存在理想生活，或者古时候的生活是不是较为理想，而是任何地方日常生活的意义以及可能性的新组合如何可以被发现。"[1] 可喜的是，21 世纪初始，人们对地方性知识的重视程度是前所未有。《本土知识》[2] 这样的专题能够充分吸引各方面的关注，自然是值得庆幸的事。这边的药草能治疗那边的病，这是萨义德等所说的"理论旅行"的题中之意，非常值得深究。

3. 文化寻根的重要思想意义还可以通过考察寻根的内在矛盾来获得。这个矛盾就是：与现代性相悖反的文化之根的再发现，如何承担起指引未来社会方向的重任呢？这种矛盾在现代中国历史文化中的表现形式，美国的德里克有一段精辟的概括，他说："启蒙运动既成为使人们从过去中解放出来的工具又是对民族的主体性和智慧的否定；而过去则成为一种民族特性的源泉又是加诸现在的负担；个人既是现代国家的公民又是全民族解放的威胁因素；社会革命既是把阶级和社会群体解放出来从而建立一个真正民族的工具又是导致民族解放的分裂因素；乡村既是古老的民族特性的根源又是发展的绊脚石……诸如此类的矛盾无穷无尽。它们在不同的社会视野里以不同的方式表

[1] 马尔库斯、费彻尔：《作为文化批评的人类学》，王铭铭等译，三联书店，1998 年，第 163 页。
[2]《本土知识》，载《国际社会科学》20 卷 3 期专号，2003 年。

现出来，但是它们都属于现代性的矛盾。”[1] 反思的现代性如果能自身包含文化寻根的需求与滋养作用，那么如何有效地开发利用文化之根的资源去为现代社会纠偏补缺，就成为最现实的课题。

一方面，“过分简单地指望从异文化中寻求新模型，是不现实的理想，文化的替代性模式并不像技术那样可以轻易引进”[2]；另一方面，没有这种作为反照的理想也当然不行，那样更无法从相对化和陌生化的立场上帮助大多沉陷于追逐物欲的社会现实中的人摆脱痴迷状态。

4. 文化寻根在相当程度上表现为抵抗工具理性霸权的一种复魅方式，在高扬思想性与批判性的同时，要求重建感性、诗性、神性的文化，对现代性的科学主义予以补充与校正。现代文明主流的复魅，可能需要对科学理性的同时吸收与克服，需要一种反神话的神话。荣格在分析西方文明社会的症状时说得明白：“目前正在腐蚀西洋人的心灵的，乃是人们在政治上、社会上以及知识上不遗余力地追求权力，拼命扩张，贪婪获取，永不满足。这种情况也流传到东方来，其势莫之能遏，其后果亦无从衡量。不仅印度如此，连中国亦不能免。以前灵魂赖之以生或极力追求的东西，现在许多已消灭得无影无踪。文明的外在化付出丧失精神文化的可观代价。”[3] 人文知识分子出于职业本能对这种丧失精神的代价最为敏感，因此也自觉或不自觉地表现出对物质主义的警惕、忧虑和排拒。从卢梭到海德格尔的西方近代思想史，可以和文学“复魅”的代表作《指环王》相互对应起来看：那枚招来无数杀身之祸的魔戒，原来就象征着足以控制和毁灭人类的贪欲。现代性和贪欲的关系，应该与现代性和风险的关系一样，得到理性的最终审理。

[1] 阿瑞夫·德里克：《现代主义和反现代主义》，见萧延中等编：《在历史的天平上》，工人出版社，1997年，第219—220页。

[2] 马尔库斯、费彻尔：《作为文化批评的人类学》，王铭铭等译，三联书店，1998年，第165页。

[3] 荣格：《东洋冥想的心理学》，杨儒宾译，社会科学文献出版社，2000年，第89页。

THE TWELFTH PART

第十二章

文明反思：寻根的哲学话语

- 俄狄浦斯的双眼
- 高更的背弃文明
- “根”与“跟”
- 文化寻根的话语分析

“哲学”这个词在希腊文的意思，等于“爱智慧”。而智慧产生的根源就在于求生存的原始经验。

文明人的自大狂所导致的理智的盲区就在于，人忘记、蔑视和压抑了文明之前的“原始”智慧，即以盲人导师荷马为特殊形象的那种口传文化的深远传统之智慧。

为哲学鸣锣开道的希腊哲学家柏拉图站出来公开攻击指责盲人导师荷马，诋毁神话和诗人，这表明希腊文明对原始智慧压抑和排斥的开端！

与柏拉图同时代的伟大古希腊哲理剧作家索福克勒斯利用神话智慧，创作了戏剧史上无法超越的不朽杰作《俄狄浦斯王》。其所代表的原始智慧的声音震撼着一代又一代的文明人，但是后来终于被新兴的哲学家的巨大权威所压制下去。

德国在19世纪是世界上产生哲人最多的唯一国度，而20世纪却产生了法西斯狂人的灾难。于是，海德格尔要求彻底清算西方思想的异化历程，提出哲学回到原点——回到柏拉图之前的状态。但是，如何回去呢？在柏拉图的对话体之前，并没有更古老的哲学文本留存下来，怎么办呢？

就在哲学止步的地方，文化人类学开始启程了。人类学所关注的主要是那些处于世界边缘的无文字社会，其文化传承由口耳之间的媒介来承担。盲人因为超常的听觉记忆能力而成为口传文化智慧的最高代表。[1]

《俄狄浦斯王》剧中一个配角——盲人忒瑞西阿斯的智慧，代表的是文明的对立面，即文明之前身，原始文化的智慧，口传文化的智慧。和俄狄浦斯代表的文明人智慧较量一场，结果还是原始文化的智慧获得全面胜利。俄狄浦斯的自刺双眼与自我流放，意味着文明的第一次自我否定与自我批判！

本章主要通过对2000多年文明史的两大事件——俄狄浦斯的自刺双眼、

[1]参看叶舒宪：《诗经的文化阐释》第四章“瞽诵诗——瞽蒙文化与中国诗的发生”，湖北人民出版社，1994年。陕西人民出版社，2005年新版。

高更的复归原始之壮举的分析，探悉寻根的哲学话语系谱的形成与演变，透视“根”与“跟”的对应与互喻，再从文化寻根的话语分析中审视对现代文明进行反思的理论意义。

一、俄狄浦斯的双眼

《俄狄浦斯王》作为古希腊文学乃至西方文明史中最富有哲理性和召唤性的作品，其理论蕴涵几乎是无穷尽的。我们对文明的反思和对文化寻根思潮的“寻根”也与这部作品息息相关。因而在谈论“现代性危机与文明反思”这样宏大的问题时，有必要从“俄狄浦斯的双眼”重新开启我们的思考。

为什么要这样呢？众所周知，从文明人产生自大狂以来，人类在文化上习惯于将自己的民族和文化看成“文明的”或“高等的”，而将没有文明的人蔑称为“原始的”“蒙昧的”“野蛮的”人。文明的“明”就是与这些概念相对的。摩尔根的《古代社会》全称就是《古代社会或人类从蒙昧时代经过野蛮时代到文明时代的发展过程的研究》[1]。俄狄浦斯神话则暗示我们：在古希腊城邦文明建立之际，古希腊的神话就对文明的问题展开了非常深刻的反思。在该神话的结局中，我们知道俄狄浦斯最后自刺双眼。他的双眼不是天生的瞎，当然也不同于笔者在《〈诗经〉的文化阐释》中所提到的中国上古朝廷中的“瞽”“矇”“瞍”，因为代表盲人智慧而出任国王的老师，俄狄浦斯自己就要称王。

那么俄狄浦斯为什么要自刺双眼呢？这故事的深刻性就在于俄狄浦斯是当时人心目中最智慧、最聪明的人。他一开始就有一个对立面——“斯芬克斯的谜语”。当时所有的人都猜不透“斯芬克斯的谜语”，因而凡是路过忒

[1] 杨东莼等译，商务印书馆，1977 年版。

拜城邦的人都要被它吃掉、丧命。而我们的主人公俄狄浦斯猜破了这个谜语，这使得“人妖大战”到此结束。斯芬克斯落了个或“跳崖而死”，或“落荒而逃”的结局。不管怎样，“人妖大战”以人的“胜利”而告终。“人”这一主题的开拓确定了文明城邦人的无上权威。如果我们把斯芬克斯看成是大自然的暴力，是野蛮和原始的，那么战胜它的就是文明城邦新的领袖——俄狄浦斯。俄狄浦斯自然而然地成了文明城邦的国王。做了国王以后的俄狄浦斯的悲惨和苦难在索福克勒斯的《俄狄浦斯王》中被表现得淋漓尽致。而作为剧本的结局，俄狄浦斯虽然被看成是人间最有智慧、最聪明的人，是当时的文明城邦人的最高代表，是最高文明中的最高代表。只有他能猜破斯芬克斯的谜语，只有他能战胜斯芬克斯。结果这个最文明、也就是心最明眼最亮的代表证明他自己的眼睛在某种意义上是“有眼无珠”的，或者说是有眼睛而没有视力的。在此，古希腊人就把“明”和“矇”的辩证关系通过塑造“俄狄浦斯”这样一个形象永久地告诉后人。

俄狄浦斯自刺双眼在许多人看来是非常不可思议的，自刺完了还要自我流放。他再也不是文明城邦的一员了，他要到蛮荒、荒野中去寻找他的生命延续的可能性。这种自我惩罚的力度是惊人的，这其实也象征着对“文明”自大及其后果的极为严厉的惩罚。

这样，俄狄浦斯的双眼就告诉我们这样一个深刻的道理：我们自以为是“明”的东西，文明人自以为看得非常分明的东西往往可能是你根本看不清或看不到的。而没有眼睛或者没有视力的盲人却能洞察之。也就是说，“盲”可能是“明”，“明”可能是“盲”。索福克勒斯在这剧本中又给我们提供了一个跟盲诗人歌手荷马一样具有生理缺陷的人物，也就是相当于《诗经》和《周礼》中提到的那些“瞽”“矇”“瞍”——一个盲人忒瑞西阿斯。他在宫廷中被认为是一个“盲预言家”。这个作品流传了2000多年，人们都记住了斯芬克斯和俄狄浦斯的对立关系，这位配角“盲预言家”却基本上被大部分人淡忘了。实际上这个故事的深刻哲理就寄寓在这个盲人形象中。是他在俄狄浦斯一进宫的时候就预言俄狄浦斯要遭难。忒瑞西阿斯没有视力，看不见，但是他能看透最微妙的东西：命运。古希腊人特别相信神谕，相信有人能在“阿波罗神庙”领取神的意志。而在他们眼里只有预言师或占卜师等宗教神职人员才具有这种能力。那么为什么把文明城邦的最高智慧落实在俄狄浦斯，而把盲人看成是一个宫廷中可有可无的人，这是一个值得深思的问题。

不争的事实却是：虽然他被视为一个可有可无的人，虽然他说的话没人信，但是他恰恰说中了。所以说，如果这是索福克勒斯的独立创作，那么这个剧作家本人可以说就是一位哲人，一位深刻懂得“盲”与“明”、“盲目”与“盲心”之间的辩证关系的哲人。所以该剧本一开始是俄狄浦斯与斯芬克斯的斗争，后来却慢慢变成了俄狄浦斯当上了王以后，与忒瑞西阿斯的斗争：当时天下降下大瘟疫了，要找出罪魁祸首才能消除瘟疫。俄狄浦斯悬赏缉凶，并要“先知”道出真相：“你说是谁就是谁”。后来一个小孩领着忒瑞西阿斯登场了。当时歌队长（古希腊戏剧都有歌队长）唱：“可能指认罪犯的人来啦。看，他们把神似的先知请来了，只有一个人能知道真情。”试想，这么多心明眼亮的视力正常的人都不知道真情，唯有一个盲人能知道真情。

作者为什么要这样安排剧中人物？他这样的构思就是对自以为“明”的理智的自大和理性的自大的一种反思。接下来俄狄浦斯开始说话了：“啊！忒瑞西阿斯，天底下的一切事情，能说的，不能说的，你全告诉我吧！虽然你看不见，不管是用鸟声，还是别的预言术，你千万不能隐藏预兆，由你自己拯救城邦，拯救我。”在通常情况下，神谕不是通过直接教训的语言说出来的，往往通过大自然的一些征兆、天象和一些动物的反常暗示出来。所以俄狄浦斯请求：“你说出征兆，救的不是我，也包括你，也包括我们全部城邦。拯救我们全部的人，我全靠你了。”我们不妨想想，这盲人有什么本领能看到这一切呢？我们用道家的话说，这叫“内视”。盲人看不见外在世界，但他有一种所谓的“内视”。好比道行高的人能看见自己的“五脏六腑”，把自己的内心当作了解世界的一面镜子，从里面看世界过去和未来所发生的种种。忒瑞西阿斯这样一位预言家深知俄狄浦斯就是罪犯，但他没法说，怎么办？他就在那儿绕圈、装糊涂。他越是这样，俄狄浦斯越着急：你不说，罪犯就找不出来。所以最后俄狄浦斯就采取了激将法，激得忒瑞西阿斯来指控：“如果你不说，你这瞎子就是凶手，我们就把你就地正法。”盲人被逼得走投无路的时候才说明了真相。这一说让人不寒而栗：“我告诉你吧，你大声追查的杀死拉伊俄斯的凶手就在这里，就在他的眼前。凶手虽然是以外乡人身份来到忒拜，但是，实际上他是真正的忒拜人。凶手将要遭到厄运。他将由明眼人变成瞎子，由富翁变成穷汉。他将被驱逐出忒拜，丧失掉一切。”[1]

为什么呢？他的眼睛虽然看不见当下，但是他能看见后边、前边。过去怎么样？未来怎么样？“靠着拐杖，看着路，向外邦走去。”他这话说的完全是对俄狄浦斯的过去和未来的一种洞察和预见。后两句话可以说是预言俄狄浦斯自刺双眼、自我流放的命运。这个台词说出来，当场所有的人都被震惊了。舞台上、舞台下的观众，不管是古希腊的观众还是今天的观众。一个瞎了眼的人依靠神赐的认知天赋，心眼独开，看到凡人无法看到的东西。而那明眼的、盲心的国王在逼迫盲眼而明心的占卜师道出真情以后，自己落到了心眼兼盲的悲惨境地。这个故事与古希腊时代的神话信仰息息相关。在他们看来，人智和神智是判然有别的。虽然俄狄浦斯是人间最了不起的英雄，谁见了他都要俯首称臣，连女妖斯芬克斯也落荒而逃。但他的智慧不能通天探地，更广大的智慧在背后，他不能理解，也无从捉摸。对这种真正大智慧而言，他完全是个盲人。只有那些占卜师、先知们才是代神立言者，他们虽然在人间看起来不起眼，却是神意（更高智慧）在人间的代言人。

[1] 参见 H·A·库恩：《古希腊的传说与神话》，秋枫、佩芸译，三联书店，2002 年，第 450 页。

因而，人们可以从古希腊这个最著名的悲剧中，从俄狄浦斯和忒瑞西阿斯的对立与斗争的关系中清楚地看到，人的自我意识和智慧在当时是非常有限的。而在文明刚刚建立的时候，对文明的深刻反思就这样开始了。这个反思本身就预示着一个“根”的问题。俄狄浦斯所犯下的一切都是有前因后果的。弑父也好，娶母也好，俄狄浦斯从他出生就注定要背负着这个命运。虽然他父母从占卜师那儿得知他的这一命运后，千方百计地想改变它。但结果却是，孩子虽然被远远地扔掉了，这“弑父娶母”的悲剧最终却没能避免。可以说，索福克勒斯的作品思想之深沉足以让万代以后的人体会到无穷的余味。它告诉我们：当时普遍认为人可以利用他们的智慧避免一些不好的命运。事实证明人的智慧是有限的，在某些方面是无能为力的。而文明人自以为掌握大智慧的这种自大是最可怕的。人不自大的话可能是“眼盲心亮”，也可能是“心盲眼亮”。如果你自大的话就会像俄狄浦斯一样落个“心眼兼盲”的下场。这实质上是对所谓文明人自大心态的一种警示。（文明的智慧之根离不开文明以前的原始的口传文化的智慧）

二、高更的背弃文明

高更作为19世纪末著名的西方画家，与索福克勒斯相距了2000多年。文明初始的城邦也已经发展成了资本主义的现实。跨越了2000年历史长河，法兰西首都巴黎的艺术家高更，用自己独特的方式延续了索福克勒斯对文明的反思这一主题。他厌弃了最高文明的象征——巴黎都市的繁华，先是辞去了证券交易所的工作，以全部身心投入绘画事业；随后又只身一人来到了一座没有文明的太平洋岛屿——塔西提岛，与所谓的蒙昧的、原始的人们为伍。他用完全不同于资本主义文明艺术家的视野描绘出塔西提岛的所谓野蛮人的形象，其中女性居多，偶尔还有一些祭祀、崇拜和神像。他的取材、境界、润色和风格可以说和以前的西方艺术史分道扬镳，开辟了一个崭新的天地，向西方古老的绘画传统宣告了一个转向。在此之后，有很多人都对高更的艺术产生了近乎疯狂的回应。

高更有一幅画的题目更能引起我们共鸣——《我们从哪里来？我们是谁？我们往哪里去？》。从这幅画的名字我们不难看出，艺术家也背负着文明反思沉重的十字架。他在那一片充满原始人生活的岛屿上看到的是他的伊甸园理想的复原。如果说在资本主义原罪深重的欧洲大陆上已无法找到复乐园的希望，那么高更在有生之年就只能到地球上的另外空间拓展上实现其复乐园的理想。他既是这样想的，也是这样去做的——去实现他的理想。遗憾的是虽然这画的标题对所有 20 世纪的人都应富有启示，但 20 世纪早期的人们在忙着去做他们要做的事而无意留意高更在画标题中像预言诗那样警示我们的东西。但在 20 世纪结束的时候，当再一次重温高更的这句话，人们才发现一个世纪以前厌弃文明社会的他，是一位天才的、具有超前智慧的思想者。他的思想不是能够用书本文字、词典、词条传达给人们的，而是潜藏在他的五彩斑斓的塔西提岛的绘画中。

1893 年 9 月，高更离开塔西提岛时有如下的总结之词：

再见了，你这殷勤好客、美不胜收的土地，你这自由与美的国度！我比来时长了两岁，却年轻了 20 年；我比来时更像个蛮子，却拥有更多的知识。不错，这些野蛮人，这些无知的化外之民，教给我这个文明老头的东西太多太多了。他们传授给我的是关于生活的科学和关于幸福的艺术。[1]

21 世纪即新千年的开端，在世界上发生了一个与俄狄浦斯自刺双眼类似的事件——“9·11”，纽约世界贸易大厦双塔——人类文明的最高成就的象征——遭到摧毁。从俄狄浦斯的自刺双眼到 21 世纪的人类自毁“双塔”，这

[1] 高更：《诺阿·诺阿》，郭安定译，中国人民大学出版社，2004 年，第 115 页。

不能简单地视为巧合对应。这似乎在向我们暗示，在当今世界，有谁像美国那样骄傲和强大，那样傲视全球呢？结果又会怎样？古老的对文明反思的课题，是伴随人类文明始终的最重要的问题。这问题不解决，人类的宿命就可能像俄狄浦斯一样一次次自戕自毁。在当今世界，没有一个像忒瑞西阿斯一样的预言家能预见未来必然发生的事。因而，现在我们最需要提出的问题就是要对文明进行不断的反思。高更厌弃文明向往原始，实质上就是文化寻根的自觉诉求，这也就是文明反思的问题。他是在寻找文明的根，他就是想要越过现代化的物质繁华去看那个文明建立前最真诚的东西，所谓“豪华落尽见真纯”。所以说，文化寻根的问题说到底是对文明自身进行反思的问题。

三、“根”与“踉”

高更的三个问题其实是环环相扣的，它一环扣一环地引导人们对“根”的思考。他逃离文明去海岛上寻原始之根的实质是面向未来的问题，即“我们向何处去”的问题。在古代神话中则一而再、再而三地告诫人们，千万不要忘记你是从哪里来的。一旦忘记，小则犯点小错误，大则你的生命在这世界的存在就可能随风而去了。因而“根”的问题其实是一个生死攸关的问题。在古希腊神话中，另一意象“踉”也使“根”这一基本原型得到了鲜明的体现。在 2004 年好莱坞大片《特洛伊》中，我们姑且不谈英雄阿喀琉斯的辉煌和英勇战斗，我们来看看他是怎么死的。他是人间的英雄，和俄狄浦斯一样是人间最聪明最勇敢的。他母亲为了让他永生，在他出生之际白天用神酒擦他的身体，夜里在神火中煅烧，还把他倒提着放在冥河中浸泡，以使他刀枪不入。只有他母亲手捏的脚踉，没有浸到冥河水，这就成了他全身唯一可以致命的弱点。长大后，他在特洛伊战争中屡建功勋，所向无敌，然而最后却被探知他的弱点的希腊王子帕里斯用毒箭射进他的脚后踉而死。在这里，“踉”

成了他的致命弱点。

在古代社会人的意识中，人的头和谷子的头（谷穗）是对应的、具有共同本质的东西。表面上看，头颅高高在上，似乎比“跟”重要得多。其实不然，人是生在天地之间的，所谓“顶天立地”。如果你只“顶天”不“立地”，你有劲吗？所以这个神话所启示出的道理太深刻了。阿喀琉斯的这个“脚后跟”明确地告诉人们两个意象：一是这世间唯一英武的英雄是与他的来源、他的根、他的母亲连在一起的，一旦离开他的母亲，他就什么也不是，或者说只有失败和死亡。二是他的一切能量、一切神武都有前因后果，都来自他母亲。他这脚后跟在神话中看似表达了一个很荒诞的情节，其实不然。那个情节用精神分析的眼光看，脚后跟的表象相当于人在没脱离母体前与母亲连在一起的脐带。如果让弗洛伊德分析这个神话，那么，阿喀琉斯的脚后跟连着他母亲的手，其实就是给个体赋予生命力、让孩子获得成长养料的“脐带”之象征。一旦把你和你的生命来源割断，你就只有离开这个世界。神话中这根本的情节就在于阿喀琉斯最后被帕里斯王子一箭射中脚后跟，就把他置于死地。当然他事先并不知道被射中的脚后跟是那么致命的地方。这一切偶然之中有生命的必然。

无独有偶的另外一个神话英雄是巨人安泰。在古希腊神话中，英雄安泰是大地母亲的儿子。他只要身体不离开大地，就具有无穷的力量，就能所向无敌。但他有一个弱点，就是他一旦双脚离地，就虚弱得像个侏儒。为什么？同样道理。人类来自大地母亲。母亲是个最深沉的神话意象，可以说是滋生各种英雄神话的温床。而在中国，先秦道家著名的思想家庄子就非常看中“脚后跟”。庄子曾说世人都生活在平庸的现实中，只有理想化的人、真人才生活在自由境界中。这些人与常人不一样的是：凡人用口、鼻呼吸，而“真人吸以踵”。“踵”就是人与大地接壤的地方。他呼吸的是什么？古人常说人是“钟天地之灵秀”的、“人杰地灵”。这在今天的人们看来只不过是一种修辞而已。而在庄子那儿，用“踵”呼吸的“真人”吸入的是苍茫的生命星球的无尽能量。他们是“吸风饮露、不食五谷”的。庄子在文章中用了大量的诸如此类的词语意象把那些所谓的“真人”与沉溺在俗世中没有获得精神觉悟的俗人区分开来。

20 世纪 80 年代后期德法合拍的著名影片《得克萨斯州的巴黎》，通过用大量的镜头描绘人的脚步和鞋。此外，男主人公还坚决不愿上飞机。一上飞机就马上逃下来。这些都是用隐喻来告诉我们人的根就在于人的身体和大地母亲接触的地方——脚跟。“根”的重要性则在神话的智慧中一而再、再而三地得到强调。在汉语中就说“根深才叶茂”“落叶归根”“鸟飞返故乡”等。这些被一代又一代人重复言说着的话语的产生都是农业社会的人把对文化寻根的强烈认同投射到动植物身上。[1]2004 年奥斯卡最佳纪录片奖获得者——一部非常具有震撼力的影片——《迁徙的鸟》，更是把这种寻根意识表现得淋漓尽致。它让你看到人的残忍和鸟如何在后工业社会的垃圾中挣扎、求生存。可以说它是一部鸟的史诗，更是一部回归自然、关爱自然和大地母亲的史诗。

总之，不管是西方的阿喀琉斯、安泰，还是中国的老庄，他们这些被视为是最勇敢、最智慧的人留给我们的重要遗产就是揭示这样一个道理：人类与大地母亲之间是息息相通、性命攸关的。如果离开了根，离开了大地母亲，你的生活将是平庸的，你的生命也将是脆弱和危险的。

四、文化寻根的话语分析

熟悉中国当代文学的，都知道在中国 20 世纪 80 年代出现了一个文学流

[1] 参看叶舒宪：《归根情结说》，《天涯》1997 年，第 1 期，收入《两种旅行的足迹》，上海文艺出版社，2000 年，第 118—129 页。

派——寻根文学。其代表人物韩少功就曾写过《文学的“根”》。在文中他明确提出：“文学有‘根’，文学之‘根’应深植于民族文化的土壤里，根不深，则叶难茂。”[1]当代作家的这种对“根”的自觉关注可视为20世纪以来世界性的文化寻根思潮在当代中国的一种表现。那么对文明的反思、对文化的寻根为什么在20世纪以来会成为世界性的、超越国家和语言界限的具有广泛意义的一种文化思潮，这种文化寻根的实质到底是什么？我们可以从文学寻根的话语分析入手探讨和思考这些问题。

文化寻根的话语分析主要有两个层面：一是日常语言和文学语言中的寻根；另一层面就是哲学话语中的寻根。前者主要是一种自我确证的方式，后者则是一种自我超越的方式。那么何谓自我确证和自我超越呢？

1. 日常语言和文学语言中的寻根

在西方，知识人中有所谓“言必称希腊”的说法；在中国，儒家则要“祖述尧舜、宪章文武”，这都可以看成是一种自我确证。它所反映的是一种文化认同感：如果我是一个西方人，我讲我的文明历史肯定从《圣经》之上帝或者希腊城邦守护神雅典娜女神开始。女神庇护下的雅典城邦出了众多伟大的文学家、哲学家、智者，如苏格拉底、柏拉图、赫拉克利特、毕达哥拉斯、亚里士多德……我们可以说我们的一切思想成果都是从古希腊开始的。“言必称希腊”实质上表现了西方文明人的一种自我认同，可以说是一种文化上的认祖归宗，其目的就是通过自我身份的确认找到自豪和自满的力量。同样如此，中国儒家文化的“祖述尧舜、宪章文武”也一样是给自己的文化找血脉之来源。这也是一种寻根。这种寻根一而再、再而三地发生在我们的日常生活和文学艺术中。我国学界最大的社会科学研究项目——1996年5月正式启动的“夏商周断代工程”，也是一种文化寻根，其目的就是要把我们中国

[1] 韩少功：《文学的“根”》，见《夜行者梦话》，知识出版社，1994年，第14页。参看：张木荣《论韩少功的寻根理念》，载《当代文坛》，2000年第4期，第39—41页。

有文字记载的文明史用科学的、严谨的、确凿的年代排序下来，就是要使中国文明能够和其他三大古文明并驾齐驱，从而寻找我们民族的自信心。这样一种把自己的文化追溯到一个光荣的祖先时代的文化寻根，是远古以来每个文明和每个社会都要做的。现今世界所谓原始的澳洲原住民虽然有些部落的生产水平尚处于旧石器时代，但他们的神话中同样追寻一个光辉灿烂的先祖时代——梦幻时代（the Dreaming）。在澳洲原住民看来，在他们的远古确实存在这样一个令后人向往不已的时代。

由此可见，人的这样一种寻根和追溯的要求几乎与人类历史一样长久。但各个社会寻根的方式和内容却有着不同特征：在狩猎社会，人类不种庄稼，主要靠狩猎和采集获取大地母亲天然提供的东西以维持生命，不用织衣服，就直接拿树叶取暖和遮羞，用道家的话说就是“不耕而食，不织而衣”。在狩猎和采集社会，人随着狩猎对象而迁移是必然的，人类并没有把自己的生存和特定的空间固定在一起。在游牧社会里也是如此。放牧牛羊的牧民们按照自然的变迁寻找最美好的水草，喂养自己的牛羊。在农业文明发明以前，这种寻根往往只是在时间上追溯自己的远祖。而到了农业社会，人们的生活被束缚于土地，农民不能离开他辛勤开垦、耕耘的、为他提供粮食给养的土地。人类开始用改造过的天然谷物种子，人工种植为自己生产口粮。这食物已不再是大地母亲天然赐予的。农业的发明就把人和特定的土地、空间联系起来。因而在文化寻根方面就突出表现在对植物的礼赞。如我们现在讲的“根”，英文是“Root”，汉语中是“根”，就是农业社会所赖以生存的植物的概念。虽然如前分析，有人把人类与大自然母亲接触的地方称为“脚后跟”，这“跟”还是从植物那儿类比来的。植物从地上拔起来露出根就难免枯萎和死亡，而安泰和阿喀琉斯们如果割断了与给他生命的母亲的联系，也只有死路一条。

其实，这样的根与跟的互喻，在农业社会一开始就形成了。当人类进入农业社会以后，人们开始把植物生长的结构与自己的生活、生长联系起来。所谓春播、夏耘、秋收、冬藏，所谓春种秋实，这些有规律的活动都是农业社会提供给我们的。所以到了农业社会，根的意识超过了以往所有时代。与此同时，诸如“鸟飞返故乡兮，狐死必首丘”（屈原语）、“绿叶对根的情意”“落叶归根”“浪子回头思故乡”等话语，反映出农业社会要把人类束缚于土地而建构出来的一种归根心态。这种心态一旦建立起来，你就不能离开生你养你的那个地方。即使迫不得已离开，你也会想尽各种办法加以弥补。如孔子说的“父母在，不远游”之类。这样一些观念在中国这个数千年未曾中断过的农业文明的国度尤为明显。每逢清明节、重阳节，一些海外华侨都要来到黄帝陵前抓一把黄土带回去，这或许也能将其视为对故乡之思的诠释。工业社会促进了科技和生产力的高速发展，但另一方面却使得人类把1万年农业社会以来建立起的对土地、大自然的依赖情感也连根拔起。经济的飞速发展也导致了现今世界储存了足以在顷刻之间把地球60多亿人连同我们所赖以生存的星球全部夷为平地的高端武器。

人类由于忘本忘根，就像安泰离开地面一样，处于这样一个高危险的状态中，必须时刻提防这些“悬在头顶上的剑”。广岛、长崎的惨剧是半个世纪以前的事了，但留在人们心目中的惨痛和恐怖是永远也无法忘却的。日本作家大江健三郎的小说中塑造的许多人物都留下了那场战争的记忆和阴影。再往前看，德国，那曾是一个令人向往的国度。在19世纪，那里是思想的摇篮，是哲学家的故乡，出现了马克思、恩格斯、谢林、康德、黑格尔、费尔巴哈、叔本华、尼采这样一些世界闻名的哲学家和思想家。但在20世纪却在这里出现了一个向人类挥舞屠刀的“疯子”。他是“疯子”吗？不，他这样做有其观念上的理由——种族主义。他从理性上就认为日耳曼人作为世界最优秀的人种应该统治这个世界。这些都已经成为历史。但值得我们深思的是：为什么这样一个极端理性的国度就控制不了这样一个“疯子”，甚至全民追随这个狂人，让他掌握至高权力呢？

把考察的视野从德国推向全球，环境问题似乎已经使整个人类走向了狂人！刚刚出炉的世界自然基金会《2004年地球生态报告》指出，人类每年的消耗量已经超出地球产出量的20%。我们所追逐的现代化的生产生活方式已经大大透支了子孙后代的生存资源！人与生物圈、大自然的矛盾更是成为工业社会时代无法回避和解决的大问题，由环境导致的人类健康问题时刻在吞噬着今人的生命，也在提前吞噬着未来人的生命。今人的这种疯狂的追逐生产与消费之互动的所谓现代性时尚生活方式，其后果实际上相当于提前对后代人进行的整体性的屠杀！因为等他们降生到这个星球上时，已经没有充足的、纯净的空气和水资源了。今天的人类盲目追求的物质繁华所付出的代价，相当于把宇宙间唯一的生命摇篮——地球变成一个灭绝生命的毒气室，一个生态的奥斯威辛集中营！

这不是耸人听闻。根据《2004年地球生态报告》的估算，人类的“生态足迹”，从20世纪60年代以来已经增长了2.5倍。当今人类的平均生态足迹为：平均每个人使用了2.2公顷土地所能提供的自然资源。这是将地球的113亿公顷富有生命力的土地和海洋区域除以全球61亿人口计算得出的。然而，地球实际所能提供的资源限度是每个人1.8公顷，人均生态赤字达到0.4公顷。由于人类过度开发过度使用，导致湿地、草原、森林、海洋等良性生态区域面积减少，或者遭到不可恢复的破坏。[1]

可以说，今天的人类看似非常强大，所向披靡，但其实也非常的脆弱。人类的历史已经一次次地告诉我们，人类的理性不是万能的。极度的理性和极度的疯狂之间有时仅仅一步之隔，或者说两者之间就是一张纸的两面，理性翻过脸来就成了疯狂。所以说，人类对于根的问题的反思从来没有像今天

[1] 参看腾月：《“2004年地球生态报告”显示：地球得病》，《北京青年报》2004年12月27日，B4版。

这样迫切。如果对未来抱着盲目的乐观，结果就会像俄狄浦斯一样陷入危机而不能自觉，更无法自拔。我们应该清楚地意识到人类作为一个物种，他的发展是有最大限度的。就像俄狄浦斯的智慧永远也超不出神的智慧一样，人类来自自然，永远也不要想凌驾于自然之上。

事实胜于雄辩。“悬在人类头顶上的剑”时刻在提醒着：谁也无法肯定地说 300 年来的这种飞速发展就是合理的，就能把人类引向美好的未来。如今已经不能不思考：人类如果不走这条路，有没有其他更好的路可走？“To be or not to be， that is a question”这句莎士比亚放在丹麦王子哈姆雷特口中的名言，今日可以用来反思整个人类文明的存亡问题。一位美国人类学者威泽福德曾写了一本书——《Savages and Civilization：Who will Survive ？》翻译成中文就是：《文明人与野蛮人：谁将存活？》，这个题目即对文明进行了反思和警醒。威泽福德要质询和探讨的就是：对今天 60 亿人生活在一个拥挤的星球上的这种情况，采取哪一种生存方式更符合人类未来的理想。从这本书中，可以清楚地意识到所谓文化寻根就是重新寻找人类未来“survive”（存活）的希望。而在今天，西方学院派的知识分子和非西方的民间知识分子看到了世界的能源危机和生态污染，感受到了悬在头上的剑，也意识到了大地母亲由于 300 年来工业化的破坏而百孔千疮，不堪重负。因而他们提出“重新向原始人学习”的口号，以求在原始社会这面镜子中寻找未来通往伊甸园的一线希望。这，正是当年高更以艺术家眼光看到的那种希望。

2. 哲学话语中的寻根

忒瑞西阿斯神话作为西方文学史中不可多得的经典人物，意味深长。前面已经解读出：该神话的根本意义在于揭示了“目盲”与“心盲”之间的辩证关系。而要挖掘其中更深的哲理思想，还不能就此止步。如果更深地思考，就会发现忒瑞西阿斯是盲人，但他与中国的瞽、矇完全不同。他不是天生的盲人，而是因为犯了罪过而遭到惩罚。“罪”与“罚”这个主题实际上是西方文明几千年来的核心文学主题。无论是《圣经》的伊甸园神话还是古希腊的神话，这种犯罪遭罚的意象随处可见。那么忒瑞西阿斯究竟为何获罪呢？大概有三种说法：一是，忒瑞西阿斯偷窥了他不该知道的神之间的秘密；二是，忒瑞西阿斯在宙斯和赫拉的一次争执中，作为裁判得罪了赫拉；三是，在不完全成熟的少年时代，他不小心偷窥了母亲洗浴。不管是哪种原因获罪，都体现了一种思想：你不该看的、不该知道的东西，你就不要看，不要知道。否则你将会遭到严酷的惩罚——把自己的眼睛弄瞎。而在其隐喻层面上，这不仅仅是因为他看了不该看的东西。实际上隐喻了母子之间的关系。弗洛伊德一眼就看出，该神话虽然没有直接写这种“恋母情结”，实际上却暗含这种情结。但是我们应该看到，在古希腊神话语境中，虽然看起来忒瑞西阿斯是受了惩罚——双目失明，实际上是神赐的一种目盲，在目盲的同时获得了预知事物的能力，可以看见常人所无法看见的事物。这实际上是神把其独有的那种内视和洞见能力赐给了这位盲人。所以说，他的目盲是获得“心明”的代价。这样，对这神话进行细致入微的品读，就会发现它实际上体现了罪与罚、盲目与洞见的辩证法的哲理。如果把这神话理解透了，还会意识到，忒瑞西阿斯的盲是原型，而俄狄浦斯的盲只不过是这种原型的置换变体而已。如果说忒瑞西阿斯窥见母体隐喻他犯了乱伦，那么俄狄浦斯是实际犯了乱伦，他已经娶了自己的母亲。所以这两个神话是息息相通的。而作品的关键就在于这个能预知天下灾难和人的命运的大智者，他的智慧和文明社会是毫无关系的。盲人作为最高智慧的化身的传统是有10万年之久的口传文化。这似乎告诉我们：如果文明人不知真正的智慧源头在哪里时，你要回望口传文化、原始文化的智慧。不要以为你进入了文明，坐在王位上就可以为所欲为。这个故事的深刻性就在于他把寻根的主题穿越了整个文明的建立回到史前。希望在那个被文明人称为愚昧的、原始的地方寻找真正大智慧的源头。这就是古希腊留给后人的文化遗产。

在文明社会中，当人类看不清自己的方向，找不到自己的路时，就可以也应该利用这些文化遗产。如果把忒瑞西阿斯这样一个代表文明以前的蒙昧时代智慧的形象与俄狄浦斯遇到的妖怪斯芬克斯联系起来，又一次可以验证这个道理。

斯芬克斯是一个妖怪。可以把她视为城邦文明的对立面。她残暴、好杀。人到她面前，都要猜她设下的谜语，猜不透就会被她吃掉。俄狄浦斯作为文明城邦的代表，表面上战胜了斯芬克斯，让她落荒而逃。实际上她设的谜语是一个陷阱。凡是猜中了那谜语的人都要陷入陷阱，猜不中就得死。所以面对她的人，实际上没有胜者。精神分析学家对斯芬克斯的形象进行了深入挖掘，发现斯芬克斯在神话中是跟原始的、混沌的母神系统联系在一起的。他是作为最原始的因素出现在文明城邦的。表面上看是文明人猜破了谜语，斯芬克斯落荒而逃，结果猜中谜语的人必然要陷入杀父娶母的厄运。这种做出违反人伦的事情的人还算人吗？

可见，在这神话中，作者刻意安排了两组冲突。首先是俄狄浦斯与斯芬克斯的冲突。表面看来是俄狄浦斯战胜了。结果实际上是他陷入了陷阱。忒瑞西阿斯进了宫以后，就成了他与俄狄浦斯的冲突。俄狄浦斯一再要求找出祸乱的真凶。忒瑞西阿斯开始还躲闪，不好意思回答。最后俄狄浦斯逼他说出真凶，否则就把他作为凶手杀掉。这时候忒瑞西阿斯才把真实情况说出来。这两种非常具有戏剧性的冲突实质上就是一种冲突——文明与原始、蒙昧的冲突。在古希腊神话中，两种冲突的胜者没有一个是俄狄浦斯。俄狄浦斯先是被惩罚，然后是自我惩罚；先是陷入了乱伦的泥潭而不能自拔，后是生理上自我惩罚、流放。这多重的惩罚和严重的后果告诫后人：文明，实质上什么也不“明”。在这里，所有的正价值都被放在文明以前的时代。这是一种文化的再认同。你究竟在文化冲突中认同文明还是原始？作者通过神话告诉你，要回到文明之前去，即超越文明重新寻找希望。

这种回溯到智慧源头的思想，在历史上不断地重复发生。文艺复兴，就是要越过中世纪回到古希腊寻找思想资源，浪漫主义就是要越过资产阶级上升时代回到中世纪去，向前人、前一种文化形态中去寻找智慧和克服对当下现实不满的思想资源。所以说，文明与原始的冲突从一开始就以原始的胜利而告终。20 世纪 90 年代的美国人类学家威泽福德，在美国的印第安部落、摩洛哥和太平洋的岛屿进行了大量的田野调查，积累了丰富多样的生存经验。他在 *Savages and Civilization：Who will Survive？* 一书中，把我们的文明比喻成“Social Dinosaur”。这个比喻具有充分的警醒作用。他虽然未必对神话进行过多少研究，但实际上提出的问题在 2000 多年前的神话中就已经提出。但他用理论的语言告诉我们今天的文明是“社会恐龙”。恐龙曾经在数千万年前称霸星球，是当时世界的主宰，但今天世界上只剩下它们的蛋和化石啦。如果说文明是社会恐龙，那他就是用这个隐喻来警示人们不要被现代文明表面上的强大浮华所遮蔽。正是这种高瞻远瞩的哲学思考，透过浮华的表象背后看到危机：人口与资源之间的比例已经构成了一个大限。60 多亿人口和 300 年的经济飞速发展使人与自然的关系严重失衡。“人为财死，鸟为食亡”，非常有限的资源和庞大的人口之间的紧张关系将会导致人与人之间的仇杀关系。

在中国，第一位大哲人老子的《道德经》对文化寻根的问题就颇为关注。众所周知，道家之所以得名就是因为“道”。老子在书中用两个表现方式不同、但意思一致的两个字概括了“道”的运行特征：一曰“返（反）”，一曰“归”。这两个字成为贯穿《道德经》全书的一个中心主题。[1] 我们可以通过此二字准确地理解中国古人所谓的“道”，这个玄而又玄的“道”，这个不可言说的、

[1] 参看叶舒宪：《老子与神话》，第三章第一节“老子的‘返’与‘归’”，陕西人民出版社，2005 年。

难以名状的至高本体，究竟是什么意思。《道德经》第二十五章讲述“道”的运行规律时说：“大曰逝，逝曰远，远曰反。”这表现形式似顶针，一环扣一环，最后归结到反。《老子想尔注》以“还返”释此“反”字，今人就干脆写成“返”。《老子》第十四章又有另一种表述：“反者道之动，弱者道之用。天下万物生于有，有生于无。”著名古汉语学者王力写过一本《老子研究》，在该书中，他想通过《老子全书一贯图》把 5000 年来最深奥的东西概括出来[1]：

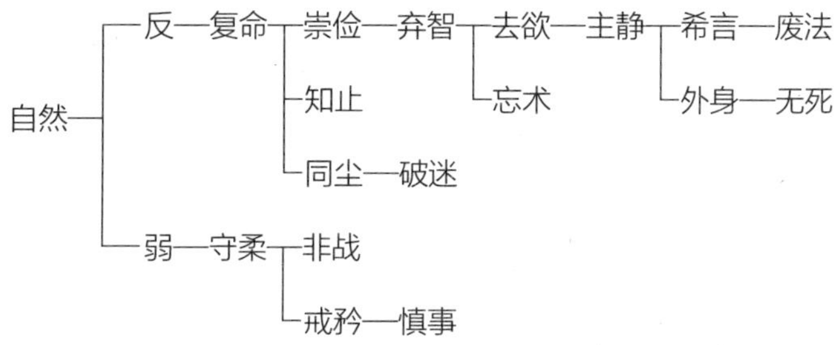

从上面这个简单的图表，我们不难得知老子的思想实质上就是阐明人生活在宇宙自然之中，一定要效法大自然提供的范本这一道理。而大自然运行的规律就是“反”。所谓“复命”就是“死而复生”的意思，《老子》在第十六章把万物归根视为生命的重复发生——“复命”，并认为此是“常”，即“事物规律”：“归根曰静，静曰复命，复命曰常，知常曰明。”“柔弱”“守柔”就是叫人们不要战争，要谦让，要柔而下。所以在老子看来，雌性更柔，“上善如水”。他在第二十八章又比喻说：“知其雄，守其雌。”在他看来，水往下流，人往上走。如果人人都像水一样甘居下流，这样祸害就不会发生在你身边。“守柔”就是“非战”。这智慧看似有点过于苍老，其实想在这世界上做到这一点，需要一些自我训练和修行的方法，就是所谓的“忘术”。

[1] 王力：《老子研究》，天津市古籍书店影印本，1981 年，第 1 页。

这在老子的书中没有详细地讲，但庄子把它发挥出来了。而《老子》第十四章说："绳绳不可名，复归于无物。""有"之前是"无"，所以要"复归于无物"！现在你已经有了，让你再回到无。这或许有点抽象，不容易理解。那么在第二十八章，他又说道："知其雄，守其雌，为天下溪。为天下溪，常德不离，复归于婴儿。""知其白，守其黑，为天下式。常德不忒，复归于无极。""知其荣，守其辱，为天下谷。为天下谷，常德乃足，复归于朴。"这样，他用一组排比和有生命意象的人（婴儿）作比喻，有利于使抽象的概念具象化，让人更容易理解其中的思想。面对人类死亡这个永恒主题，老子用其"反""归"的命题提出"视死如归"观念，让人明白，看似生命已结束，实质上长眠可以是新生的准备。道家坚信人的"灵"和"魂"是不会就此中止的。道家在人"生"的时候，就要学会各种"复归"的技术，所以提出"忘术"，它实际上是告诉你怎样在死亡到来之后延续死后的生存。死亡不是终结。他为什么要讲"复归婴儿"，因为他认为"婴儿"比一切出生的人都要强大。他所谓的"婴儿"是指在母胎中还没出生的"婴儿"，那里也是老子一再强调的贵食母、"玄牝"、"天地之根"的所在，也就是弗洛伊德等精神分析学家所说的"复归子宫"的最后目标。道家就这样用归根、"复归于婴儿"来表示一种再生或新生的准备，以打消人对必然要到来的死亡的恐惧。看似人死进了坟墓，实质上是复归到大地母亲再孕育的生命源头。

综上所述，我们从文学作品、诗歌、楚辞中种种恋根的说法，回到远古的神话，看到人类文明建立以来一直面对的一个根本冲突——文明与原始的冲突。5000年来，人们一直认为文明是好的，原始是坏的。文明取代原始是必然的。当今人使用这些词的时候就潜含着价值判断。一个是文明的，一个是蒙昧的，谁也不想自己陷入蒙昧之中。结果人类却在追求文明的过程中无意走入了人类沙文主义的歧途，从后果上讲，这也就是一条通向"社会恐龙"的道路。恐龙曾经像人类一样在整个地球上不可一世地称霸万物。可是它终究无法意识到自己的生存危机，难逃灭绝的厄运。而人意识到自身的生存危机，进而改变自己的行为方向，采取补救和治疗的措施，则是真正的希望所在。

从这种存亡攸关的背景看，20世纪的人类对自己文化的由来和发展道路不得不进行彻底的反思：这个道路究竟走得合理不合理，前途究竟是光明的，还是暗淡的？而这问题是追根溯源的问题，是向后看：今天这样的生活方式是从哪里来的，道路是怎么走过来的；实际上从深刻的哲学意义上看，洞悉"从哪里来"的问题是预知"向哪里去"的前提。寻根寻的不只是过去，它是出于对人类的前途命运的一种忧患，对未来不确定性的一种潜在的前瞻。

文化寻根所达到反思和反省的效果，是一场新的启蒙，新启蒙如果能够普及到10亿—20亿人口之中，那将是人类在地球上可持续生存的希望所在。

APPENDIX

附录

《哈利·波特》的异教想象及其原型

——兼论西方后现代文化寻根思潮

- 透视《哈利·波特》的异教想象
- 异教想象的诸原型
- 异教想象的文化寻根意蕴

一、透视《哈利·波特》的异教想象

20世纪后期，资本主义的现代性危机在思想文化领域产生了重要的回应。后现代主义的文化寻根便是这种反叛现代性的激进表现。如詹明信《晚期资本主义的文化逻辑》所言："不论从美学观点或从意识形态角度来看，后现代主义表现了我们跟现代主义文明彻底决裂的结果。"[1]《哈利·波特》这部轰动当今世界的通俗文学作品，便可以作为这种"跟现代主义文明彻底决裂"的标本来读。可惜的是，当人们惊叹这部小说的巨大市场效应和儿童文学幻想的得失时，它所代表的后现代文化寻根的思想倾向就被批评理论界所忽略。本文拟从《哈利·波特》的异教想象入手，考察它与现代性彻底决裂的种种表现方式，揭示其与西方民间的精神运动的内在联系，借此把握当代资本主义社会内部非主流思想的脉络。

按照马克斯·韦伯的观点，资本主义现代性是建立在基督教新教精神的大背景之上的。因此，反叛现代性可以表现为反叛基督教的世界观。于是，作为基督教的历史对立面的巫术，便通过《哈利·波特》的儿童文学形式得到重新的推崇，而和西方文学传统息息相关的基督教教义、教堂、仪式等统统被异教性质的魔法所代替了。

这位曾经穷困潦倒的英国女作家罗琳为什么要这样表现她对魔法的青睐呢？因为她在自己的艰苦生涯中已经充分意识到资本主义的物质主义具有非人性的发展倾向，她希望借助于巫术魔法来抗衡这种市场社会的非人化力量。按照詹明信的判断："当前西方社会的实况是：美感的生产已经完全被吸纳在商品生产的总体过程之中。也就是说，商品社会的规律驱使我们不断出产

[1] 詹明信：《晚期资本主义的文化逻辑》，张旭东编，三联书店，1997年，第421页。

日新月异的货品（从服装到喷射机产品，一概得永无止境地翻新），务求以更快的速度把生产成本赚回，并且把利润不断地翻新下去。”[1] 市场导向的一种为追逐利润的最大化而疯狂生产与倾销的生活机制出现了，它正在以无情的吞噬本能消磨和改造着人的天性，把无数的个人引向那种根本没有节制的走火入魔局面之中。看看《哈利·波特》中只为公司订单而生存的姨夫德思礼及其一家吧，这和当年马克斯·韦伯所设想的那种“经济生活理性化”的资本主义图景，显然是大相径庭的，甚至是南辕北辙的。罗琳用悲怜加调侃的口吻，把这种将生命完全陷入生产和消费的恶性循环状态而不得觉悟和自拔的人称为“麻瓜”。相应地，她将巫术魔法的世界作为从麻瓜世界获得解脱的对照面，这就必然使巫术世界乌托邦化。《哈利·波特》的异教想象就此得以展开。为了理解异教想象在当代文学中复兴的大背景，先简略回顾一下学术史上的相关动向。

给 20 世纪西方民间的文化寻根运动提供异教动力的最重要学者应该是荣格。1997 年英国出版的《神秘教辞典》指出，荣格是当代思想史上对异教思想给予高度关注和再检讨的一位大师。他在 1912 至 1926 年间悉心研究异教与早期基督教的关系，成就显著。他认为，西方文化因为对异教思想的压制而限制了自身的活力，他在异教思想中找到了原初的深层心理学的种子，并且希望西方知识界摆脱成见而将异教思想吸收到现代文化中来。[2] 像西藏佛教、禅宗、易经、炼金术等，都可以成为对西方思想传统进行补充和改造的宝贵资源。可以说，通过关注异教的心理学家荣格和同样关注异教的神话学家坎贝尔（Joseph Campbell）及其大批著述的广泛影响，异教和非西方宗教在当代西方学院派和非学院派的普遍接受和持续反响，终于获得了权威的中介和重要的基础。

[1] 詹明信：《晚期资本主义的文化逻辑》，张旭东编，三联书店，1997 年，第 429 页。

[2] Dictionary of the Occult，Geddes & Grosset，1997，p.106.

英国人类学者苏珊·格林伍德（Susan Greenwood）撰写的《巫术实践中的性别与权力》一文指出：巫术和巫师通常被看作是异教信仰的一种形式。[1] 异教（pagan）这个词出自拉丁文 pagus，意为乡村。当代自诩为异教的人则在宽广的意义上使用这个词，指称“尊重自然的人”。《异教欧洲史》的两位作者琼斯（P.Jones）和彭尼克（N. Pennick）指出，对异教信仰的当代定义是：“一种崇敬自然的宗教，致力于使人类的生活与季节循环所体现的宇宙韵律相和谐。”[2] 我们在这个定义中不难看到，由于基督教信仰的衰落，原来作为基督教对立面的异教思想已经在今人心目中改换了价值色彩，由负面的变成了正面的。

在史前和早期文明时期，崇敬自然似乎是天经地义的人类价值取向。这是和初民的古朴纯真的思维和感知方式密切相关的。列维 - 布留尔在《土著人如何思维》（How Natives Think， New York，1910，1966）中率先提出，人类具有两种并存的精神状态：一种是理性—逻辑的（rational-logical）；另一种是神秘的（mystical）。人类学家斯坦利·坦比亚（Stanley Tambiah）发展了列维 - 布留尔的观点，认为可以区分出面对宇宙的两种方式：男男女女们在各种地方都可以体验到的两种现实秩序。前一种是因果性的，它强调原子的个体和距离，通过实证科学的范畴、规则、方法和数理逻辑的理性来表达。后一种是参与性的，它是这样一种面对世界的方式：把个人完全包容到作为整体的世界中，人的行动则通过神话和仪式来表现。[3] 这两种面对世界的方式，同哈诺（Michael Harner）主张考察生活现象时注意区分的“意识的正常状态”（Ordinary State of Consciousness，OSC）与

[1] Susan Greewood，Gender and Power in Magical Practices，Steven Sutcliffe and Marion Bowman ed.，*Beyond New Age：Exploring Alternative Spirituality*，Edinburgh University Press，2000，p.137—154.

[2] P.Jones and N.Pennick，*A History of Pagan Europe*，London：Routledge，1995，p.1—2.

[3] *Stanley Tambiah，Magic，Science，Religion，and the Scope of Rationality*，Cambridge University Press，1991，p.128.

"意识的萨满状态"（Shamanic State of Consciousness，SSC）[1]形成对应。所谓萨满，指的是作为原始宗教的萨满教中具有超常法术的巫师。换言之，巫师在作法和另一世界进行沟通时，正是通过意识的萨满状态来实现的。

从人对待世界的两种态度中，出现了两种截然不同的世界，二者的关系是排他性的，无法交融的，犹如水与油。用正常状态的意识无法进入和了解萨满状态的意识，反之亦然。所以，萨满的凭灵与飞翔（幻游）等特殊本领，只有从这种特殊的意识状态获得理解。

从改变意识状态的技术角度来理解萨满教，它可以说是通过意识状态的改变来改变人类生命的专门家所掌握的一项神秘技术，这些专门家认为他们所追求的那个另外世界的现实要比日常经验的世界更为根本，也更为重要。比较宗教学的权威学者艾利亚德也正是从脱魂技术角度来定义萨满教的。而今日流行西方发达社会的新萨满主义则希望通过萨满意识的训练达到人与宇宙自然的交融状态，在基督教之外重新获得恢复人的精神灵性的途径。

人们在什么情况下需要这种改变意识的专门技术呢？《哈利·波特》给出的答案是相当具有反讽性的：当你沉溺在麻瓜的世俗世界里觉得现实生活完美无缺的时候，当然无须去改变你的意识状态。这就是德思礼一家为什么那样坚决的反对巫术，尽量避免与巫师一类人有什么接触的原因。而当你在现实中感到压抑和禁闭，要求精神的解脱和飞升时，魔法世界的使者猫头鹰就会降临到你的面前。通过在霍格沃茨魔法学校的学习培训，巫术的脱魂技术就可以为你派上用场了。从这一意义上看，巫师—萨满的特殊致幻术的存在犹如一种能够帮助个人超脱现实的技术毒品。早在漫长的史前时代，脱魂术的广泛运用本来就同草药植物的仪式性服用密切相关。只要浏览一下保

[1] Michael Harner，*The Way of the Shaman*，San Francisco：Harper，1990.

罗·德弗罗的《漫长旅行：药物致幻的史前史》（1997）[1]，就会对此种已有数万年历史的人类最古老的调控精神技术肃然起敬，从而对文明史上屡遭压抑和迫害却顽强延续下来的巫术传统的精神根源有所领悟。那绝不是用“迷信”和“愚昧”等简单的贬义词就可以轻易打发掉的。

研究西方巫术历史的专家基思·托马斯讲到基督教信仰中的魔鬼观念的必然性时写道：“最重要的是，无所不在的魔王乃是无所不在的上帝的观念中的一个基本成分。早期的希伯来人无需将邪恶原则人格化，他们可以把它归咎于其他敌对神祇的影响。唯有一神论取得胜利后，人们才有必要解释：既然上帝是善良的，那么为什么世界上还有邪恶？于是魔王就有助于维持完美神的观念。”[2]在基督教传统中，异教想象通常被等同于来自上帝的敌人——撒旦魔鬼世界的一种召唤。“魔王也起着支持基督教正统派的作用。正如早期的基督教会把异教神祇看成是魔鬼一样，16 和 17 世纪好斗的各宗派也声称他们的对手是崇拜撒旦的。”在资本主义借助理性的权威而建立起对科学技术的崇拜的历史过程中，可以说正是巫术的废弃才使技术高涨成为可能，而不是相反。诚如马克斯·韦伯所强调的那样，巫术是“经济生活理性化的最严重障碍之一”。到了 20 世纪中叶，昔日的神灵上帝的威严已经丧失殆尽，而科学对于自然界的控制程度已使得它在某些人眼里成了神灵。[3]于是，过去上帝的对立面——巫师，又成为今日反叛科技迷信的急先锋。

今天，对于有些人来说，精神病医生和心理分析家未能为之提供满意的取代物，他们继续赞助占星家和算命者。报纸上的算命天宫图和轿车上的吉祥物是与最近一位研究者的结论一致的：“约有四分之一的人持有这样的观点：宇宙可以恰当地称为巫术的。”事实上，巫术在现代社会里发挥的作用

[1] Paul Devereux，*The Long Trip：A Prehistory of Psychedelia*，New York：Penguin /Arkana，1997.
[2] 基思·托马斯：《巫术的兴衰》，芮传明译，上海人民出版社，1992 年，第 336 页。
[3] 基思·托马斯：《巫术的兴衰》，芮传明译，上海人民出版社，1992 年，第 552 页。

要比我们所理解的更大。马林诺夫斯基关于巫术填补了科学空白的论点有着同义反复的特征，因为凡是未被专门研究者承认为真正科学的东西都被认为是巫术的，反之亦然。[1] 从往昔巫术与基督教的对立发展到今日巫术与科学的抗衡，我们不难理解为什么在科技所向披靡的发达社会里，会出现回归巫术—魔法世界的空前浪潮。

自拉什迪《撒旦的诗篇》（1989）问世以来，在当代文学表现中，异教与魔鬼一方已从昔日的妖魔化转向了如今的乌托邦化。《哈利·波特》给我们提供的巫师群体已经作为取代近代科学教育的正面形象出现了。作者采用原型和象征命名的办法来展示他们的异教实质。

基思·托马斯考察西方巫术历史的数十万言巨著的最后一句话是意味深长的："如果给巫术下的定义是在缺乏有效的焦虑缓解技术的情况下所使用的低效缓解技术，那么我们必须承认，没有一个社会可以少得了它。"就《哈利·波特》的儿童文学创作而言，从另外一个相反的角度来看，托马斯定义巫术的话可以反过来说：如果在缺乏有效的幻想满足技术的情况下使用某种不伤害他人的幻想满足技术，那就是巫术幻想（魔幻想象）。

的确，没有一个社会少得了巫术；也没有一个社会的儿童没有幻想。借儿童幻想文学的形式来凸显异教思想的正面意义，虽然不是从罗琳开始的，但是确实在罗琳这里取得了空前的成功。人类学家鲍维在他的新著《宗教人类学》中提出，当代的异教主义是20世纪的一种创造（虽然许多团体声称与传统有联系），它提供了对占支配地位的西方思维模式的一种回应。现代的科学的宇宙观不能提供一种包容了人类和生态的整合性的宇宙图景，如格雷厄姆·哈维所说：

异教的宇宙观"复魅"于世界。异教的人们谈论神与精灵，并不是因为

[1] 基思·托马斯：《巫术的兴衰》，芮传明译，上海人民出版社，1992年，第556—557页。

信仰它们，而是因为他们认真看待许多文化的如下暗示：世界并非只居住着动物、植物和矿物，而且也居住着新加入进来的人类。世界是一个令人激动的、神圣的生存场所。[1]

《哈利·波特》在某种意义上就是要用“复魅”方式给我们重新展现这个神奇而神圣的生存场所，异教想象的各种原型在此发挥着重要作用。下文从几个方面扫描这些原型。

二、异教想象的诸原型

1. 女神与女巫

基督教作为典型的父权制人为宗教，其排斥女神的思想倾向尽人皆知。著名的“三位一体说”教义建立在人间社会的父子关系模式上，并未给女性的神圣性留下余地。而当代女性主义神话学启发之下的圣经研究打破了这一性别禁忌，试图在男性中心话语形成的背后去发现被埋没的原始基督教的女神形象。[2]2001 年各大英文书店都在显赫位置推出弗雷克和甘第合写的新著《基督与女神：原始基督教的秘传教义》[3]，认为罗马教会全然掩盖了原始基督教所信奉的女神。这部书启发人们：现存的父权制文本中除了显形的女神以外，还潜藏着一批有待发掘的隐形的女神。《哈利·波特》无形中为这种再发掘提供了线索示范。如果我们了解到，罗琳自上中学起就迷上了女性主义作家杰西卡·米特福德的自传《荣誉与反抗》[4]的话，那就不会怀疑《哈利·波特》或隐或显地流露出的女性主义倾向了。

[1] Fiona Bowie，*The Anthropology of Religion*，Oxford：Blackwell，2000，p.54.

[2] 参看叶舒宪：《发现女性上帝：20 世纪的女性主义神话学》，《民间文化》2001 年第 1 期。

[3] Timothy Freke and Peter Gandy，*Jesus And the Goddess*，London：Thorsons，2001.

[4] 参看：西恩·史密斯：《〈哈利·波特〉背后的天才：J.K. 罗琳传》，宋润鹃等译，时代文艺出版社，2002 年，第 46 页。

其一，女神隐形方式之一是命名中的原型意向。如格兰芬多学院（Gryffindor）的名称隐含了神话怪兽格莱芬（Gryphon），她又被认同为报应女神的化身。[1] 在西方异教传统的神话怪物谱中，格莱芬是出现频率仅次于人面狮身女妖斯芬克斯的一个。[2] 罗琳让她钟爱的男女主人公在这样一所学院里学习，的确是耐人寻味的。她还给霍格沃茨学校的副校长取名叫麦格（McGonagall），这个名字影射着希腊的智慧女神雅典娜，其罗马名为密涅瓦（Minerva）。[3]

其二，女神隐形的另一种方式是化身为女巫。魔法世界与麻瓜世界的对立，如果从性别尺度去划分，那么魔法世界也就等同于女巫的世界，阴性的世界，而麻瓜们的世界则为阳性的世界。《哈利·波特与魔法石》叙述魔法学校开学时，新同学互相介绍自己的家庭出身：

“我是一半一半。”西莫说，“爸爸是一个麻瓜，妈妈直到结婚以后才告诉爸爸自己是女巫。可把他吓得不轻。”

“那你呢，纳威？”罗恩问。

“哦，我是由奶奶带大的，她是女巫。”纳威说，“不过这么多年来我们家一直把我当成麻瓜……”[4]

少年主人公们逃离麻瓜世界来到女巫的世界，在象征的意义上就是逃离了基督教的父权统治，重新回到女神的怀抱。霍格沃茨学校中典型的场景是学生们骑着扫帚飞行。熟悉西方巫术史的人一看就知道扫帚是古代女巫的标准坐骑。据女性主义的解释，扫帚与女巫的特殊关系来自现实社会中妇女打扫的职业：家庭主妇常不离扫帚，那是父权社会的性别分工的产物。我们中

[1] 戴维·科尔伯特（David Colbert）：《哈利·波特的魔法世界》（*The Magical World of Harry Potter*），麦秸译，人民文学出版社，2002 年，第 95 页。

[2] J.E.Cirlot，*A Dictionary of Symbols*，New York：Philosophical Library，1971，p.213.

[3] 戴维·科尔伯特：《哈利·波特的魔法世界》，第 147 页注 1。

[4]《哈利·波特与魔法石》，苏农译，人民文学出版社，2001 年，第 76 页。

国人在汉字“妇女”的“妇”字中，至今还可以直观地看到一把扫帚！

2. 埃及宗教与巫术

《哈利·波特》的主要冲突除了魔法世界与麻瓜世界的对立，还有魔法世界内部的善恶对立，而表现后一对立的原型是古埃及的鹰蛇之战的传统神话母题。伏地魔（Voldemort）代表蛇的一方，魔法学校代表鹰的一方。如前所述，哈利所在的学院“格兰芬多”影射鹰头狮身怪兽。由于狮子与老鹰分别是大地和天空的生物之王，所以鹰头狮身的格莱芬成为阳界的主宰，统治力量与德行的象征，成为阴暗与邪恶的蛇的对立面。在《哈利·波特与火焰杯》中，作者告诉我们伏地魔是靠一条巨蛇的毒汁维持生命的。作为小说中头号的恶魔，他同哈利的争斗就这样再现着鹰蛇之战的异教主题。除此之外，德拉科（Draco）这个词在拉丁文中是龙或蛇的意思。德拉科·马尔福作为坏人出现为哈利的对立面，就不足为奇了。

伏地魔是人类欲望和贪欲的化身，其欲望的对象主要是长生不死。这从巴比伦史诗时代开始就一直是神话英雄们追求的理想。但是在今日的女作家罗琳笔下，追求长生已经具有了人类罪恶的性质，因为它是违反自然的。是人类狂妄自大的一种表现。也是最大的物欲，最大的贪婪。在托尔金和罗琳看来，希望无限延长人体自身的物质存在，当然是一切物欲的终极目标。于是，必须动员人间的一切力量去战胜我们每一个人内心深处的心魔。就像《指环王》（《魔戒》）的主人公竭力要销毁那只象征无边法力和长生不老的魔戒一样。

龙（dragon）蛇不分，是东西方幻想文学共同的困惑。《新约》中上帝警告说：“我要把耶路撒冷变成废墟和龙的窝穴。”龙的窝穴象征魔鬼的老巢，而今天的魔幻作家却对此情有独钟，《指环王》的作者托尔金说，因为龙代表着幻想的世界，因此我对龙有一种刻骨铭心的向往。罗琳对于《指环王》这部魔幻小说也有一种铭心刻骨的向往。她外出旅行时随身带的一本书就是《指环王》。她在改造埃及的鹰蛇之争母题时融入某些英国式成分也是合情合理的。英国历史上把入侵的北欧异族海盗加以丑化和妖魔化，表现为火龙。而代表正义的英雄圣乔治，他屠龙的故事则是古代英格兰最流行的传说。邓布利多发现龙血的12种用途，是他巫师生涯的主要成就。这正像巴比伦创世神话中主神马杜克用混沌恶龙提取阿马特的血创造人类一样。

埃及作为古代魔法的一个重要发源地，对于巫术文学创作者来说具有无穷的吸引力。罗琳在《阿兹卡班的囚徒》中写道：赫敏羡慕去埃及旅行的一家人说："我真的妒忌啊——古埃及的巫师真令人着迷。"赫敏为什么会这样艳羡去埃及的人呢？理由是到埃及学习巫术—魔法具有真正的寻根索源的意义。英语中表示巫术—魔法的词 magic 出自希腊文 mageia。而希腊文的 mageia 则是埃及巫术神赫卡（Heka）传到希腊后的称谓变音的产物。《埃及巫术》一书的作者，大英博物馆东方文物部的馆员巴奇（Sir Wallis Budge）说："从很早的时代起，埃及人就被认为是一个巫师和魔法师的民族。希伯来、希腊和罗马的作家提到埃及人时称之为神秘学的专家（experts in the occult sciences），或是那种根据情况变化能够行善也能够伤人的神秘力量的掌握者。"[1] 英国人的文化寻根想象钟情于埃及的最新例证是：2001年问世的一部新书《方舟王国：古代不列颠人种是埃及法老后裔的惊人故事》[2]，在最后一章使用了"失落的殖民地"这样的标题，把英伦三岛的文化根脉追溯到古埃及的殖民远航登陆所带来的影响。这位名叫艾文丝的女作者，在魄力上可以说远远超出了为古希腊文明寻根的《黑色雅典娜》一书。《黑色雅典娜》的作者伯纳尔争辩古希腊可能做过埃及的殖民地；而艾文丝却要论证英国人的若干祖先来自埃及。据说这是"一本让传统的专家们脸红的书"。

[1] Sir Wallis Budge，*Egyptian Magic*，The Citadel Press，1978，p.4.

[2] Lorraine Evans，Kingdom of Ark，*the Startling Story of How The Ancient British Race is Descended from the Pharaohs*，London：Pocket Books，2001.charpter13，the Lost Colony，pp.275—287.

也不知是让他们气得脸红，还是羞愧得脸红。书的封底介绍说，这是一部修正历史的新著，综合了考古线索和发生学的证据，语言学与埃及学的知识，具有挑战性地提出不列颠人种来源的真相。从体例上判断，《方舟王国》显然不是科幻小说，因为书后附有参考书目和引用文献索引，明眼人一看就知道这是典型的学术书写法。

在第十三章（末章）的叙述里，艾文丝生动描述了爱尔兰如何成为埃及人登陆之岛屿，同时发问：这一重要历史事件为什么长期被学界所忽略呢？一个主要原因是，这样的信息假如被人们接受，那么学院派将很快重写整个历史，引起对传统的"历史事实"怀疑。重要的是要指出：许多学者的生涯就建立在这些"事实"之上。这样就把知识人的既得利益与他们的学术假面之间的关联和盘托出了。作者还以大英博物馆的中世纪馆中重要文物为证，试图让读者相信她的书是有实证根据的，而不是异想天开。我想，有心的读者如果能把学术书《方舟王国》和非学术书《哈利·波特》对照着看，一定会对西方民间的寻根与文化再认同问题有更加深入的体认。

3. 希腊神话

影片《哈利·波特》发挥了小说所没有的视听技术手段，一开场就造成强烈视觉效果的场景：猫头鹰送信的母题被夸张表现为惊人的神奇一幕：德斯礼家满屋子里飘信的情形如同雪花漫天飞舞。对于习惯看基督教的教堂壁画的信徒来说，这样的异教景象是匪夷所思的。罗琳在这里采用的猫头鹰信使的母题直接来自希腊神话。本来，猫头鹰在古埃及神话中是死亡和黑夜的象征，它伴随着死去的太阳在地平线下面的阴间世界运行。[1] 古希腊都城雅典的象征就是一只猫头鹰。智慧女神的化身动物也是猫头鹰。小说中后来出现的斯芬克斯怪兽、马人（Centaurs）等也都脱胎于希腊神话。霍

[1] J.E.Cirlot，*A Dictionary of Symbols*，New York：Philosophical Library，1971，p.247.

格沃茨魔法学校的占卜术课的教师名字叫西比尔（Sibyll），这显然是希腊神话中著名的预言家西彼拉（Sibyl）的再生形象。[1] 而哈利的女同学郝敏（Hermione），从发音上就可以判断是从希腊奥林帕斯山上著名的众神使者赫尔墨斯（Hermes）的大名中转化出来的。当今哲学领域流行的“解释学”（hermeneutics）原来也脱胎于赫尔墨斯之名。难怪郝敏在小说中以机敏和智慧著称，许多难解的哑谜一经她手即可迎刃而解。她不仅爱读《古代魔文入门》一类偏门书，而且“一有疑问，就上图书馆”。[2] 不过，与希腊神话原型不同的是，罗琳在郝敏形象上更多地表现出女巫的特征，批评家们一致认为这也是书中最能体现作者本人的人物。这位曾经被牛津大学拒之门外的女作者，也许正因为没有进那所古板的世界名校，才一直有幸保留着来自民间的神话想象力吧。[3]

4. 凯尔特文化

较早自欧洲大陆移居到英伦岛屿上的是凯尔特人。他们和后来入侵并且占了上风的盎格鲁。撒克逊人的文化之间长期处于对抗状态。由于凯尔特人在人口和技术上处于劣势，不得不退让出英格兰的较富庶而平坦的土地，据守在北部的岛屿和山地高原。这就是今日与英格兰貌合神离的苏格兰国家和北爱尔兰共和国的由来。当代西方的凯尔特文化复兴运动对居住在苏格兰的罗琳产生了明显的影响。该运动在学术上的表现是强调和重新发掘被压抑的凯尔特文化传统，甚至把凯尔特传统抬升到足以同西方文明两大源头相提并论的高度去认识。简·马凯尔著《凯尔特人：重新发现西方文化的神话与历史根源》[4] 一书认为，历史学家把凯尔特人当成一个比罗马人次要的民族，

[1] 戴维·科尔伯特：《哈利·波特的魔法世界》，第 42 页。

[2]《哈利·波特与密室》，马爱新译，人民文学出版社，2001 年，第 149 页。

[3] 参看：西恩·史密斯：《〈哈利·波特〉背后的天才：J.K. 罗琳传》，宋润鹏等译，时代文艺出版社，2002 年，第 59 页。

[4] Jean Markale, *The Celts: Uncovering the Mythic and Historic Origins of Western Culture*, Inner Traditions International, Rochester, Vermont, 1993.

然而事实上，西方世界的萨满的、神话的和精神的传统却根植于凯尔特文化。虽然史书记载不详，但通过详尽地探讨凯尔特人神话，进而揭示其所滋生的文化，就可以把凯尔特人作为从古欧洲先民到希腊罗马统治的过渡，恢复凯尔特人文化在欧洲文明发展中的重要性。

与基督教文化不同的是，凯尔特文化的宗教倾向较为古朴，保留着很多原始宗教的特征，尤其是在萨满教和巫术传统方面异常深厚。用哈利·波特购买魔杖的那家奥利凡德商店来做证，其金字招牌上写着“自公元前 382 年即制作精良魔杖”。[1] 这就提示出，巫术传统是比救世主基督的降生人世以来的历史还要久远得多。当然也要比给英伦带来基督教的盎格鲁人文化早得多。凯尔特神话中，人变身为鹿、天鹅、野猪和渡鸦都是司空见惯的。

英国最早的巫师来源于凯尔特人，这可以从语源学方面得到清楚的证明：早期的巫师被称为德鲁伊特（Druid）。这个名字来自凯尔特语，意思是“知道橡树”。而橡树在印欧民族信仰中是一种神圣的树。因为它常常是神圣的槲寄生德寄主。也就是人类学家弗雷泽名著《金枝》得名的那种圣树枝。“古时候的巫师，异教的斯堪的纳威亚人和凯尔特人都非常崇拜橡树。”[2] 借助于橡树的威力，可以保护人不受魔法黑巫术的攻击。古代的这些“知道橡树”者，他们是英国和高卢（今天的法国）的一批有学识的人。德鲁伊特一般担任当地的祭司、教师和法官。《美国传统辞典》的解释是：“德鲁伊特教的祭司，古代盖尔或不列颠人中一个祭司品级的成员，他们在威尔士及爱尔兰传说中是预言家和巫师。”

小说中讲到的“塞尔基”（Selkie）和“麦罗”（Merrow），前者为英国北部岛屿的海豹人，后者是爱尔兰人鱼。从地域划分上看，都属于古代凯尔特人地区。罗琳想象中的这些异教成分说明她在苏格兰生活的这些年岁中

[1]《哈利·波特与魔法石》，苏农译，人民文学出版社，2001 年，第 49 页。
[2] 霍莉：《西方民俗传说辞典》，徐广联等译，黄山书社，1990 年，497 页。

的确对凯尔特文化有所认同。凯尔特人在历史上反抗盎格鲁—撒克逊人的入侵，坚守英伦北部并竭力维护自己文化独立性的精神，对于一向同情弱小的罗琳来说，显然是会引起共鸣的。现代史上日耳曼人的德国威胁英国的情景，似乎又重新演绎了盎格鲁—撒克逊人压迫凯尔特人的古老原型。这个在英国人心目中挥之不去的种族文化冲突的历史阴影，也以变相的形式出现在《哈利·波特》一书中：与学习黑巫术防御术的霍格沃茨学校形成对立的是，位于欧洲大陆的魔法学校德姆斯特朗，那里以传授邪恶的黑巫术而闻名。“不准泥巴种入学”的录取禁规表明一种典型的种族主义倾向，那正是对纳粹德国的日耳曼纯种优越论意识形态的影射。戴维·科尔伯特把英国和欧陆的这两所魔法学校的对立解说为是影射东西欧对立，[1]这似乎显得过于牵强。不过《火焰杯》结尾处，两个方面为了共同的敌人而联合起来的情节，则是意味深长的：莫非是回应亨廷顿文明冲突说，让西方历史上的种族矛盾得以化解，去共同对付新的敌人？

除了以上几个主要的异教传统，罗琳的神话想象取材于印度、北欧和阿拉伯等文化的内容还有不少。在某种意义上，可以把《哈利·波特》当作一部异教知识大全来看。

三、异教想象的文化寻根意蕴

罗琳不是哲学家，但她毕竟是受过正规大学教育的知识分子，是有独立思考能力、有广阔的见识的当代作者。她对宗教、神话、民间传奇等想象世界尤为熟悉，对于欧洲的精怪、妖魔故事以及魔法巫术的历史了解得如数家珍。所以我们当然可以期望从她悉心创造的魔幻故事里解读出相当分量的思

[1] 戴维·科尔伯特：《哈利·波特的魔法世界》，第 59 页。

想蕴涵和文化蕴涵。

人们原来以为，韦伯所说的被资产阶级的理性和资本主义精神“祛魅”以后的世界，将是一个更合理的、更接近理想状态的社会。然而，现实的景象却呈现出韦伯等人完全没有预料到的一面：“祛魅”以后的世界，失去了原有的宗教力量的牵制，使得世人更容易为自己的物欲而痴迷而疯狂。万能的科学取代了万能的巫术，成为新的迷信的源泉。马克思所揭示的新宗教——商品拜物教，在市场魔鬼的助长之下已经让世人陷入的另一种“魅”而不能自拔，那就是物的丰富对人的存在的剥夺，对生命意义的彻底歪曲。在理性的解释之下，世界已没有任何神秘，发展生产满足物欲，并且催生更大更强烈的物欲，由此而陷入恶性循环，乃至打着经济全球化的旗号把全世界都拖入这种恶性循环，这可以说是在理性旗号下推行的最广泛的现代愚昧！当60亿之众的人类都沉溺到“财富”的美梦之中，都开始合理合法地追逐自己的发财之梦时，我们地球的末日也就一定为期不远了。

这不是危言耸听。因为地球只有一个，茫茫宇宙间能够承载生命的星球仅仅这一个，它所能承载的生命当然是有限度的。当每一个人都在响应时代的召唤而努力为自己的发财致富梦而奋斗的时候，他当然不会想到这种致命的限度，这种终极的大限（它使我想起如来佛的掌心这个比喻）。只要拉开一些距离，从历史的长焦距上回顾一下人类的来路，问题就会比较容易地凸显出来了。

1万年前，这个星球上的人类个体数量只有2000万，而且除了果腹之外没有更多的贪欲。那时的人与自然之间的关系是可以想象的：以全球的未遭破坏的生态和资源养活相当于今日的一个大都市的人口，而且是内心平和的、没有启动物欲的淳朴之人口，他们不挖煤也不开采石油，不追逐黄金更没有令现代人丧心病狂的生产崇拜和增长癖。那时的地球母亲当然也不会为她的不肖子而流血流泪。而今天呢？地球对生命的承载能力由于人类的狂妄行为而大打折扣，不得不以牺牲大量其他生命物种的代价来维系人类这一种生物的一意孤行的物欲满足。温室效应，厄尔尼诺现象，沙漠化的森林，赤潮化的海洋，毒化的黑色河流，天上的酸雨加地上的人造垃圾山、核污染和艾滋病，所有这些我们的祖先根本无法想象的新恶魔都一个又一个地加速降临到我们眼前。执迷不悟的人类啊！仍然心安理得地陶醉在自己的理性、自大狂、狂妄与想象中。的确，宇宙间的生命进化迄今只出现了一种理性动物，可是它的理性究竟要把它领向何方呢？天造孽，犹可说，自造孽，不可活。生态的毁灭性后果虽然也引起有识之士的忧虑和呼吁，但是与市场和物欲魔鬼的力量相比，竟然显得像螳臂当车一般滑稽和无奈。

前资本主义社会毕竟还有权威的上帝和外在的魔鬼力量相抗衡，如今基督教的信仰早已失去号召力，“上帝已死”的世界成了物欲魔鬼独大的世界，而且魔鬼已不是外在的幽灵，变成了内在于人心中的可怕驱力。商海横流和物欲横流的世界充斥着推销商声嘶力竭的广告欺诈，人们良知的声音微弱得几乎完全被市场的叫卖嘈杂所湮没无闻。这种财富之魅，物欲之魅，由于有市场和利益的看不见的手的强力驱使，光靠伦理的说教来祛除它，显然无济于事。代表人类中最敏感神经的现代艺术率先起来发难了：毕加索完全扭曲了人类的面相，把理性疯狂的实质昭然揭示于天下。现代文学紧跟着揭竿而起了。超现实主义打出的自动写作大旗向理性自大狂发起空前猛烈的攻击。魔幻现实主义则根本无视什么理性与非理性的界限，现实与梦幻的划分。经过一番爆炸效果，文学的魔幻世界从南美移植到英伦，我们看到一所足以对全世界儿童实施再教育的霍格沃茨魔法学校，女作者罗琳莫非要让世界级的大巫们，而不是大科学家们，来重新指导这场人类精神的再启蒙？

借异教想象的复活，当代文学艺术好像是在为世界复魅，而实际上是以魅祛魅，即用前基督教精神的魔法来祛除商品拜物教之“魅”，以及为商品拜物教乔装打扮的理性之“魅”。

早期人类学家弗雷泽建构的“巫术—宗教—科学”的人类精神进化三段式模式，难道至今已经走到了尽头，又要重回三阶段的初始，开始另一轮循环吗？若是这样，迎接新一轮的巫术—魔法思维高潮的到来，是不是意味着要同时祛除已经走火入魔的科学崇拜之“魅”？哲学家海德格尔曾忧虑科技的自我膨胀会超出人类主体的控制，把我们从这个地球上连根拔起。他对与科学共谋的哲学理性的批判，要求思想重新回到西方哲学的开端——柏拉图之前的状态。他或许没有意识到，回到思辨哲学以前也就意味着回归巫术思维。那么，摆脱了理性异化的“诗意的栖居”理想，是不是必然落实到神奇虚幻的魔法世界？

罗琳在回答采访时说，她曾患抑郁症，有强烈的治疗的冲动，摄魂怪（Dementors）（《阿兹卡班》）即为心理抑郁症的人格化表现。[1]我们可以发问：是什么东西摄走了当代人的魂灵，使他陷入迷茫和苦闷而不得自拔？回想一下现代心理学大师荣格的一部书名《现代人寻找灵魂》，我们或许能够有所领悟：魔法的复魅其实是要为丧失了灵性的当今人类招魂。

[1] 戴维·科尔伯特：《哈利·波特的魔法世界》，第 40 页。